领导力阶梯

敏捷领导的五层修炼

[美] 比尔·乔伊纳(Bill Joiner)
斯蒂芬·约瑟夫斯(Stephen Josephs) 著

慈玉鹏 杜守栓 译

LEADERSHIP AGILITY
FIVE LEVELS OF MASTERY FOR ANTICIPATING
AND INITIATING CHANGE

中国人民大学出版社
·北京·

图书在版编目（CIP）数据

领导力阶梯：敏捷领导的五层修炼/（美）比尔·乔伊纳，（美）斯蒂芬·约瑟夫斯著 ；慈玉鹏，杜守栓译．--北京 ：中国人民大学出版社，2023.1
ISBN 978-7-300-30544-8

Ⅰ．①领… Ⅱ．①比… ②斯… ③慈… ④杜… Ⅲ．①领导学 Ⅳ．① C933

中国版本图书馆 CIP 数据核字（2022）第 086277 号

领导力阶梯
——敏捷领导的五层修炼

[美] 比尔·乔伊纳　　著
　　　斯蒂芬·约瑟夫斯

慈玉鹏　杜守栓　译
Lingdaoli Jieti——Minjie Lingdao de Wu Ceng Xiulian

出版发行	中国人民大学出版社			
社　　址	北京中关村大街 31 号		邮政编码	100080
电　　话	010-62511242（总编室）		010-62511770（质管部）	
	010-82501766（邮购部）		010-62514148（门市部）	
	010-62515195（发行公司）		010-62515275（盗版举报）	
网　　址	http://www.crup.com.cn			
经　　销	新华书店			
印　　刷	北京联兴盛业印刷股份有限公司			
规　　格	160 mm×230 mm　16 开本		版　次	2023 年 1 月第 1 版
印　　张	19.5 插页 2		印　次	2023 年 1 月第 1 次印刷
字　　数	239 000		定　价	79.00 元

版权所有　侵权必究　印装差错　负责调换

引言 元能力

领导力敏捷度不仅是管理者的一个工具，更是在当今不断变化的经济环境中持续成功的元能力。本书用大量真实的例子描述现实中的领导力敏捷度，并将证实你的直觉，介绍目前只有极少数高度敏捷的领导者践行的新型领导力。

30多年来，我们面向美国、加拿大、欧洲企业的领导者开展咨询、教练与培训活动，其间获得的丰富经验以及做的大量研究共同为《领导力阶梯——敏捷领导的五层修炼》奠定了坚实的基础。本书中的故事和例子多数来自商界，但也适用于政府和非营利组织、专业公司、学术机构中的管理者。实际上，本书适合所有想要实现个人成长并成为更高效领导者的人。

如果你是一名领导力开发专业人员，认识到全球经济形势要求新的个人才能和领导能力，那么本书也适合你。本书不仅首次深入探讨了领导力敏捷度，而且介绍了在掌握这种能力的过程中领导者需要经历的五个层次。[①] 值得注意的是，本书引用的研究表明，只有不到10%的管理者达到了在当今的商业环境中取得持续成功所需的敏捷度层次。[②]

[①] 此处的五个层次不能与吉姆·柯林斯（Jim Collins）在《从优秀到卓越》（*Good to Great*）中提出的"第五级领导者"混淆。根据我们的分析，柯林斯的"第五级领导者"对应我们提出的实干家，实干家是本书提出的第二个层次的领导力敏捷度。

[②] 引言仅简单介绍奠定本书基础的相关经验与研究，详细介绍请参阅附录A。

整合方法

当前流行的领导力开发方法往往采取由外而内的路径：识别领导者面临的外部挑战，然后确定有效应对挑战所需的能力。近年来出现了一种由内而外的方法，聚焦高效领导力所需的心智才能与情感才能。①

《领导力阶梯——敏捷领导的五层修炼》基于整合视角，采用由外而内和由内而外相结合的领导力开发方法。② 从由外而内的角度看，本书强调在复杂多变的环境中开发敏捷领导力所需的技能，具体包括下述三个行动领域中的敏捷领导力：

- 关键对话：直接面对面进行关乎重要成果的讨论。
- 团队领导：旨在改善团队及其与环境之间关系的举措。
- 领导组织变革：旨在变革组织及其与环境之间关系的举措。

本书也从由内而外的角度探讨了领导力敏捷度：提出了相互匹配的心智才能与情感才能，在上述三个行动领域实现敏捷领导力有赖于这些才能。第 3 章将详细介绍这些才能，它们有助于你更敏捷地预测并发起变革，同利益相关者展开合作，解决具有挑战性的难题，并从自身的体验中学习。

---

① 近年来人们强调的"情商领导力"（emotionally intelligent leadership）是该方法的一个例子，参见戈尔曼（Goleman）：《情商实务》（*Working with Emotional Intelligence*）；戈尔曼、博亚兹（Boyatzis）和麦基（McKee）：《高情商领导力》（*Primal Leadership*）；博亚兹和麦基：《和谐领导力》（*Resonant Leadership*）。

② 我们之所以使用"整合"（integral）的方法，部分是因为本书的方法与肯·威尔伯（Ken Wilber）在《整合心理学》（*Integral Psychology*）、《万物简史》（*A Brief History of Everything*）等著作中提出的整合方法一致。需要指出，若本书描述的是组织与社会如何通过一系列平行层次发展和演变，那么采取的方法会"更整合"。然而，这远远超出了本书的范畴。

个人的成长阶段

从由内而外的角度，本书揭示了个人成长与领导力有效性之间的重要关系：随着自身的潜力逐步得到发挥，成年人会形成一系列心智才能与情感才能，这正是敏捷领导力所需要的。例如，随着自身的成长，成年人能够更充分地理解并欣赏不同的观点。这种才能是我们所谓的"利益相关者敏捷度"的重要组成部分，即在你与利益相关者存在不同观点的情景中成功进行领导的本领。

在成长过程中，人会形成各种才能。对这些才能的理解是领导力敏捷度的核心，因此我们想要解释其来源。在职业生涯的初期，我们学习了东西方国家多学科的知识，接受了各种专业培训，这使我们能够帮助管理者（作为个人和领导者）成长。我们有幸接触成长阶段心理学，该学科认为人的成长过程可以划分为若干明确的阶段。

请想象人的整个成长过程，从弱不禁风的婴儿到地球上最聪明、最成熟、最全面发展的成年人。80多年来，成长阶段心理学家不断研究探索该过程。通过对比研究成果与现实经验，我们发现，该学科为理解人的成长过程描绘了一幅非常有用的示意图。下面简要介绍该示意图。①

前因循阶段和因循阶段

20世纪50年代末，让·皮亚杰（Jean Piaget）②和爱利克·埃里

---

① 此处关于成长阶段的介绍（以及附录B中更详细的介绍）立足于对现有成长阶段框架的广泛研究，所有这些研究都来自西方心理学家。我们认为存在其他划分方式，如托伯特（William R. Torbert）、威尔伯等人的划分方式，但本书没有进行详细介绍，可参见托伯特等：《行动探询》（*Action Inquiry*）；威尔伯、恩格勒（Engler）和布朗（Brown）：《知觉的转化》（*Transformations of Consciousness*）；威尔伯：《整合心理学》。

② 让·皮亚杰是瑞士心理学家，提出认知发展理论，该理论是20世纪发展心理学领域的权威理论。——译者

克森（Erik Erikson）[1]等心理学家绘制出从婴儿到成年人的成长阶段示意图。所谓前因循阶段是指从婴儿到小学结束。[2] 接下来是因循阶段，包括服从者阶段、专家阶段和实干家阶段。[3]

多数儿童在开始读中学时进入服从者阶段。该阶段的前青春期儿童具备了最基本的抽象思考能力，可以生动地想象自己在他人心目中的形象。他们强烈渴望得到心仪团体的接纳，因此非常愿意遵守该团体的社会规范。[4]

---

[1] 爱利克·埃里克森是美籍德裔发展心理学家，提出认同危机概念。——译者

[2] 与年龄相关的参考资料仅针对发达工业国家的儿童。尽管儿童在前因循阶段的成长与年龄紧密相关，但随着年龄的增长，越来越难以根据年龄预测个体所处的阶段。因此在这个领域中，成年阶段并非指特定年龄的人生阶段或两个阶段之间的"通道"（如中年危机），而是指心智和情感更成熟的阶段。

也有人认为成年人的成长阶段与年龄相关，这种观点来自生涯发展心理学（lifespan developmental psychology），该领域聚焦个人生涯中特定年龄需要解决的社会心理任务。20世纪70年代，丹尼尔·莱文森（Daniel Levinson）等出版了《人生四季》（*The Seasons of a Man's Life*），概述了18~47岁的美国男性面临的与年龄相关的问题，以及如何成功解决这些问题。盖尔·希伊（Gail Sheehy）在《通道》（*Passages*）中从相似视角介绍了男性与女性所经历的与年龄相关的生命阶段（我们称为人生阶段）。在这本书中，通道是指两个人生阶段之间的过渡期，包括一个人从30多岁至40岁出头的中年通道。1978年，埃德加·沙因（Edgar Schein）出版了《职业发展动力学》（*Career Dynamics*），介绍了如何运用这些观点更好地理解并促进企业员工的职业发展。

[3] 我们借鉴托伯特和苏珊·库克–格罗伊特（Susanne Cook-Greuter）的用法，也采用前因循、因循、后因循等名称。（参见苏珊·库克–格罗伊特：《论领导力发展框架中9个行动逻辑的详细发展过程》（A Detailed Description of the Development of Nine Action Logics in the Leadership Development Framework）。）这些术语源自心理学家劳伦斯·科尔伯格（Lawrence Kohlberg）的研究，他在道德发展阶段领域的工作具有开创性。有些研究者批评科尔伯格的观点，认为他对两个后因循阶段的描述存在哲学或性别偏见。参见墨菲（Murphy）和吉利根（Gilligan）：《青春晚期与成年阶段的道德发展：科尔伯格理论的批判与重构》（Moral Development in Late Adolescence and Adulthood: A Critique and Reconstruction of Kohlberg's Theory）；里德（Reid）和亚娜瑞拉（Yanarella）：《批判性政治理论与道德发展：论科尔伯格、汉普顿–特纳与哈贝马斯》（Critical Political Theory and Moral Development: On Kohlberg, Hampden-Turner, and Habermas）。我们认为上述批评不无道理，但并未推翻道德发展可划分为一系列阶段的观点。尽管如此，本书在关于因循与后因循阶段的描述中，仅借鉴了科尔伯格理论中已得到其他研究者（包括我们自己）证实的部分。

[4] 在服从者阶段，每个人觉得必须要遵守的特定社会规范各不相同，具体因每个人想要归属的团体而异。教会团体和摩托车团体具有截然不同的规范。然而，服从者阶段的人都潜在地渴望通过遵守团体规范而得到接纳。

有人终生停留在服从者阶段。我们认为，成年人的真正成长（成为独立的个人）始于专家阶段。专家阶段的人具有强烈的问题解决导向，想通过提出某些观点并发展专业素养来脱颖而出。绝大多数高中毕业和进入大学的 20 多岁的青年人开始进入专家阶段。①

少数人会成长至实干家阶段，但这部分人的数量仍然相当可观。实干家阶段的成年人具有强烈的个人认同感，经深思熟虑形成价值观、信念、人生目标体系。按照传统标准，实干家阶段意味着成年人实现了全面发展。多数最高管理者和行政人员、国家与州的政治人物、著名科学家以及其他成就卓著的专业人员都处于实干家阶段。即使在世界上经济最发达的国家，超越实干家阶段的人也很少。

后因循阶段

在过去的几十年中，研究者已经确定了成年人发展的更高阶段，称之为**后因循**（post-conventional）阶段，只有很少人能够到达该阶段。②研究表明，后因循阶段的人目标更明确、眼光更长远，并且在应对变革与不确定性时有更强的适应能力。他们更欢迎不同的观点，并且具备更强的能力解决同他人的分歧。他们具有更深刻的自我意识，更愿意总结经验教训，更重视他人的反馈意见，更擅长处理内心矛盾。

某些识别并描述了这些阶段的研究者已经在领导力研究领域声名远扬，他们分别是：《行动探询》及其他一系列著作的作者托伯特，《不断完善的自我》(*The Evolving Self*) 与《超越我们的头脑》的作者罗

---

① 专家阶段的人往往受到社区学院学习或参军经历的影响。
② 我们把这些阶段命名为促变者阶段、共创者阶段、协同者阶段，详见本书附录 B。第 6～8 章介绍了这三个层次的领导力敏捷度。研究表明，在大学毕业的成年人中，只有约 10% 超越了实干家阶段。这个估算结果基于罗伯特·凯根（Robert Kegan）在《超越我们的头脑》(*In Over Our Heads*，第 195 页) 中选取的四个高学历人群样本以及苏珊·库克 - 格罗伊特在《论领导力发展框架中 9 个行动逻辑的详细发展过程》中使用的更大规模的高学历人群样本。

伯特·凯根，十几本著作的作者肯·威尔伯，他们的作品都立足于一个成长阶段框架。[1] 尤其是威尔伯，他的思想已经在日渐壮大的全球前沿性思想家与变革推动者网络中广泛流行。[2]

领导力敏捷度层次

20世纪80年代初，一系列学术研究表明管理者具备更高阶段的才能会对领导方式产生影响，确定了两者在统计上显著相关。这些研究还表明，相比因循阶段的管理者，后因循阶段的管理者在绝大多数情况下工作更高效。为什么？因为他们的思考更有战略性与合作性，他们能够更主动地寻求反馈，更有效地解决冲突，更积极地培养下属，更有可能重新界定问题并充分利用问题间的相互关系。[3]

我们借鉴了这些观点，认为成长阶段通常对管理者采用新领导方式的能力有重要影响。例如，后因循阶段的管理者往往发现，鼓励直接下属参与关键决策相对容易。教导实干家阶段的管理者采取同样的做法时，他们可能会征求意见，希望赢得支持，但可能不愿意让直接

---

[1] 关于凯根、威尔伯和其他学者划分的阶段与我们划分的阶段的详细比较参见附录B。附录B也提供了一份全面的研究者与理论家清单，我们在构建自己的理论时借鉴了他们的观点。

[2] 威尔伯提出的成长框架非常独特，因为他同时借鉴了古代与现代的观点来描绘人的整个成长过程，最终超越了后因循阶段。威尔伯的著作已经被翻译成20种语言。要了解他的思想，我们推荐阅读《整合心理学》与《万物简史》。关于威尔伯著作的概述，参见弗兰克·维萨（Frank Visser）：《肯·威尔伯：充满激情的思想家》（*Ken Wilber: Thought as Passion*）。

[3] 多数研究都在波士顿学院卡罗尔管理学院的托伯特的监督下开展，表明自我成长阶段是一个在统计上衡量领导力敏捷度层次的重要指标。关于自我成长阶段的更多论述，请参阅洛文杰（Jane Loevinger）的《自我成长》（*Ego Development*）。该研究采用一种经过充分验证的心理测量工具——华盛顿大学填句测验（SCT）——来评估管理者的自我成长阶段。参见希（Hy）和洛文杰：《测量自我的成长》（*Measuring Ego Development*）。关于托伯特在该领域的研究概述，请参阅托伯特等人的《行动探询》第二部分；鲁克（Rooke）与托伯特发表在《哈佛商业评论》上的《领导力的七个转变》（Seven Transformations of Leadership）。

下属对自己的想法产生重大影响。

随着时间的推移，我们想要更系统地了解成长阶段与有效领导力之间的关系。为了阐明该主题的知识现状，我们制作了表 I-1，涵盖前文提到的三个行动领域（关键对话、团队领导、领导组织变革）中成年人的五个成长阶段。当我们把现有知识填入表格时，发现依然有许多空白。

表 I-1 成长阶段对领导力的影响

成长阶段	关键对话	团队领导	领导组织变革
专家			
实干家			
促变者			
共创者			
协同者			

为完成该表格，我们启动了一项持续多年的研究项目，通过问卷调查、深度访谈、案例研究、学习日记等，审视数百位管理者在每个行动领域中采取相关举措时的思考过程与行为特征。[①] 第 1 章概述了完成后的表格。随着本书内容逐步展开，我们还会更详细地论述。

我们的研究围绕下列两个核心问题展开：当个人从一个阶段成长至另一个阶段时，究竟是什么发生了变化？当领导者成长至更高阶段时，如何变得更高效？概言之，我们认识到：当个人从一个阶段成长至另一个阶段时，会形成一系列心智才能与情感才能，这些才能有助于个人更有效地应对变革和复杂状况。也就是说，当领导者成长至更高阶段时会变得更高效，因为在该过程中，他们越来越擅长应对当今

---

① 关于该项目的更多信息以及采用的研究方法，详见附录 A。

工作场所中复杂多变的情况。总之，研究表明，当领导者从一个阶段成长至另一个阶段时，领导力敏捷度层次会提高。

对于上述由内而外的观点，我们需要补充若干由外而内的考虑：如你所料，体验很重要。通常因为缺乏体验，某些管理者未能形成与成长阶段匹配的领导能力。由于相似的原因，某些管理者在三个行动领域的领导力敏捷度层次并不一致。这些发现凸显了采取整合方法发展领导力敏捷度的重要性：提高敏捷度的最有效方式是在日常举措中同时发展与成长阶段相匹配的素质与领导能力。我们将在第三部分详细论述。

内容简介

本书是一个分阶段的指南，提出了一个包含五个层次的领导力敏捷度的框架，有助于个人和领导者挖掘自身的潜力。

第一部分

在第 1 章中，我们将解释"敏捷度势在必行"的原因。当今全球经济的发展趋势要求几乎所有组织及其领导者都高度敏捷。本章讲述了一个敏捷领导力的生动例子，概述了这项元能力的五个层次，简要介绍了各个敏捷度层次在三个行动领域（关键对话、团队领导、领导组织变革）的具体表现。通过阅读本章内容，你可以初步了解五个敏捷度层次，并思考所在组织最常用的是哪个层次。

在第 2 章"五位艾德的故事"中，我们通过五个场景帮助你更全面地理解五个敏捷度层次。本章首先介绍了一项普遍的领导力挑战：

聪明乐观、经验丰富的艾德是一家中型企业的首席执行官，该企业遭遇发展困境。在经典电影《土拨鼠之日》(Groundhog Day)的启发下，我们首先讨论了若艾德处于专家敏捷度层次，他会如何应对挑战。接下来，艾德会四次重复相似的经历，每次都处于更高的敏捷度层次。你可以借鉴本章内容非正式地评估自己以及其他管理者的领导力敏捷度层次。

第1章和第2章从由外而内的视角探讨领导力敏捷度，介绍了基础概念模型的两个部分：五个敏捷度层次以及三个行动领域。第3章介绍了这个概念模型的其余部分：领导力敏捷度的四种能力以及支持它们的心智才能与情感才能。

第二部分

第二部分包含五章，分别用真实的故事更详细地阐述了五个领导力敏捷度层次。每章都从一个小故事开始，论述了领导力对特定敏捷度层次的管理者意味着什么。其他故事展示了相应敏捷度层次在三个行动领域（关键对话、团队领导、领导组织变革）的具体表现。在每章的最后，我们都概括了支持相应敏捷度层次的心智才能与情感才能。这些章节可以帮助你微调根据第2章所做的自我评估，并阐明了如何才能成长至更高层次。

第三部分

最后两章帮助你运用从第一部分和第二部分学到的知识来提高自己的领导力敏捷度。第9章引导你进行一次更个性化的评估，帮助你识别自身敏捷度方面的优势与不足。第10章从一个故事开始，介绍如何能够在当前的敏捷度层次内变得更高效。第10章讲述的第二个故事表明了从一个层次发展至新层次需要采取的措施。两个故事都附有相应的解释，这些解释基于我们的研究以及多年来与领导者共事的经验。

其他内容

本书有两个附录。附录 A 介绍所研究领域几十年来的发展状况（这奠定了本书的基础）以及我们的研究方法。附录 B 介绍我们界定的个人成长阶段，并提供了一张表，比较我们的模型与该领域其他研究者的模型。

脚注部分更详细地论述了许多关键点。除非你是一名领导力开发专业人员，想要更详细地了解某些知识点，或者想更多地了解领导力发展领域或成长阶段心理学，否则你可能希望每章的内容更流畅，而非仔细阅读这些注释。你可以暂时跳过注释内容，以后再详细阅读。

本书的最后介绍了相关资源，告诉你在何处能找到发展领导力敏捷度所需的各种帮助。

行文说明

关于本书使用的术语，在此有必要简单作出说明。

超越领导者 – 管理者两分法

我们混合使用**领导者**（leader）和**管理者**（manager）指代在组织中扮演一定角色的人。然而，我们认为，当前流行的领导与管理（两种类型的活动）两分法确实是有道理的。在过去的 30 年中，这种区分发挥了积极作用。但我们的领导力敏捷度层次框架提供了一种更深刻地审视这种区分的方法。①

一般而言，相比于成熟的管理，专家层次的领导力敏捷度更接近监督式领导。从事管理（在这个词的经典意义上）所需的才能形成于实干家层次。更有远见的领导方式（有人干脆简称为领导力）出现在促变者层次。现有文献很少涉及共创者层次与协同者层次的领导力。

在本书中，**领导力**（leadership）是一种行动方式，而不是某个组织角色或职位。由于我们区分了五个不同的领导力敏捷度层次，因此本书的领导力定义非常宽泛，适用于这五个层次：领导力是一种行动

---

① 1975 年，沃伦·本尼斯（Warren Bennis）在联邦行政学院的一次演讲中首次明确区分了领导与管理。现如今，本尼斯被公认为世界上最权威的领导力研究专家之一，他也是一位杰出的领导理论家。本尼斯对领导与管理的区分参见本尼斯：《无意识的共谋：为什么领导者无法领导》(*The Unconscious Conspiracy: Why Leaders Can't Lead*)。

本尼斯区分了两种类型的活动：领导与管理，实际上就是区分了两个领导力敏捷度层次：实干家层次与促变者层次。那么，认为领导者与管理者是两种根本不同的人，这种观点源自何处？本尼斯在《无意识的共谋：为什么领导者无法领导》中区分了领导与管理，一年后亚伯拉罕·扎莱兹尼克（Abraham Zaleznik）在《哈佛商业评论》上发表了颇具影响力的论文：《管理者与领导者：他们是不同的人吗？》(Managers and Leaders: Are They Different?)。扎莱兹尼克认为，管理者与领导者的个性"完全不同"，源于他们截然不同的童年经历。这意味着，只有那些具备特定个性的人才能成为卓有成效的领导者。扎莱兹尼克的观点后来被哈佛大学领导力大师约翰·科特（John Kotter）有条件地采用，科特认为，是扎莱兹尼克而非本尼斯最早论述了领导与管理的区别。参见科特：《变革的力量：领导与管理的区别》(*A Force for Change: How Leadership Differs from Management*)，第 166 页尾注 10。

扎莱兹尼克的理论仅基于不可靠的数据，至少两项重要的实证研究直接证伪了这一点。20 世纪 70 年代后期，本尼斯采访了 90 位经验丰富的领导者，发现他们在个性方面的差异性远比相似性更显著。有人具备敏锐的直觉和丰富的想象力，有人擅长分析；有人外向，有人内向；有人擅长表达，有人拙于表达。这项研究引导本尼斯得出结论：杰出领导者具有魅力的观点是一个误区。本尼斯指出，多数领导者没有魅力。参见本尼斯和纳努斯（Nanus）：《领导者》(*Leaders*)。

20 世纪 80 年代后期，约翰·科特开展了数个研究项目，审视各种企业中执行官的行为，得出一项关键结论：最有效的执行官既进行领导又从事管理，两种活动往往相互交织。该结论进一步证伪了扎莱兹尼克的理论，并且表明，能区分领导与管理是有用的，但最好能同时了解领导和管理。参见科特：《变革的力量：领导与管理的区别》，第 104 页。

方式，这种行动方式具有积极主动的态度和使事态变好的意图。①

领导举措（leadership initiative）是指以这种态度和意图采取的任何行动。这意味着，一个人不需要处在掌权职位就可以践行领导力。所有敏捷度层次的领导者都发现，这种关于领导力的思考方式有助于他们以更积极主动、意图更明确的方式开展工作。

能力与才能

本书广泛使用的术语"能力"是指有效执行任务所需的知识、技能与本领。在本书中，当由外而内审视领导力时，我们讨论的是与各个敏捷度层次相关的能力。当由内而外审视领导力时，我们讨论的是支持这些能力的心智才能与情感才能。我们发现，以上述方式运用这两个术语有助于坚持领导力发展的整合方法。

匿名讲述真实的故事

本书共讲述了22个真实的故事，它们都来自我们与客户打交道时的经历和深度访谈。每个故事中的人物都是匿名的，我们在不违反保密原则的前提下阐述重要细节。我们更改了相关的人名和组织名，并且会改变统计特征（如行业或公司所在地等），偶尔也会改变性别或种族。在某些故事中，我们虚构了领导者的部分背景以适应其"虚拟身份"。②

---

① 你可能会想，"领导力不仅关乎意图，而且聚焦取得成果"。这正是本书对有效领导力（effective leadership）的定义，但领导力本身并不总是有效。

② 我们没有改变的一个变量是企业规模。在极少数例子中，为充分说明某个行动领域中特定的领导力敏捷度层次，我们会把某个简短例子插入到一位领导者的故事中，这个例子来自对另一位相同敏捷度层次领导者的访谈。从技术上讲，我们可以说这几个故事是合成的，但这可能有点夸大，因为插入的部分仅占几个段落。

引用

书中绝大部分引用都来自对领导者的访谈。在访谈过程中，谈话内容确实有点漫无边际。因此，本书对许多引用的访谈对话进行了编辑加工，但并不改变其意义，只是为了表述更清晰、更明确、更通俗易懂。[①]

[①] 本书中的许多故事都源自两位作者与客户的交流。他们有些是比尔的客户，有些是斯蒂芬的客户，还有些是两人共同的客户。尽管本书的大部分研究和撰写由比尔完成，但本书是两位作者密切合作的成果。由于不断提到比尔或斯蒂芬似乎有点尴尬和多余，因此本书使用"我们"来指代两位作者。

目录

第一部分 领导力敏捷度是什么?

第 1 章 复杂多变环境中的敏捷度 / 003

敏捷度势在必行 / 005

五个领导力敏捷度层次 / 007

敏捷度层次与性格类型 / 014

第 2 章 五位艾德的故事 / 016

领导力挑战 / 016

第一位艾德:专家 / 019

第二位艾德:实干家 / 021

第三位艾德:促变者 / 024

第四位艾德:共创者 / 028

第五位艾德:协同者 / 031

初步自我评估 / 035

第 3 章 四种领导力敏捷度类型 / 036

领导力敏捷度罗盘 / 037

整　合 / 045

意识与意图层次 / 047

第二部分　五个领导力敏捷度层次

第 4 章　专家层次：解决关键问题 / 051

领导力对专家意味着什么 / 051

专家层次的关键对话 / 054

专家层次的团队领导 / 059

专家层次的领导组织变革 / 062

专家层次领导力敏捷度的能力 / 065

第 5 章　实干家层次：实现所需成果 / 076

领导力对实干家意味着什么 / 077

实干家层次的关键对话 / 079

实干家层次的团队领导 / 085

实干家层次的领导组织变革 / 089

实干家层次领导力敏捷度的能力 / 094

第 6 章　促变者层次：努力实现突破 / 107

领导力对促变者意味着什么 / 110

促变者层次的关键对话 / 112

促变者层次的团队领导 / 118

促变者层次的领导组织变革 / 124
促变者层次领导力敏捷度的能力 / 128

第 7 章　共创者层次：实现共同使命 / 142

领导力对共创者意味着什么 / 143
共创者层次的关键对话 / 148
共创者层次的团队领导 / 153
共创者层次的领导组织变革 / 159
共创者层次领导者的才能 / 166

第 8 章　协同者层次：引发意想不到的可能性 / 180

领导力对协同者意味着什么 / 184
协同者层次的关键对话 / 187
协同者层次的团队领导 / 193
协同者层次的领导组织变革 / 200
协同者层次领导者的才能 / 208

第三部分　成为更敏捷的领导者

第 9 章　评估领导力敏捷度 / 223

常见问题解答 / 223
微调你的自我评估 / 227
评估当前层次内的敏捷度 / 232

第 10 章　发展领导力敏捷度　/　235

树立领导力发展目标　/　235
实施自我领导　/　238
反思性行动的力量　/　242
意识与意图层次　/　246
成长至新的敏捷度层次　/　248
注意力练习　/　254
注意力与领导力敏捷度　/　257
未来的挑战　/　260

附录 A　本书立足的研究　/　262

三个时期的研究项目　/　262
研究方法　/　267

附录 B　个人的成长阶段　/　271

三个前因循阶段　/　272
三个因循阶段　/　275
三个后因循阶段　/　279
关于成长阶段的常见问题　/　282
超越协同者的阶段　/　285

相关资源　/　288

鸣　谢　/　289

01

第一部分

领导力敏捷度是什么？

LEADERSHIP AGILITY

第1章
复杂多变环境中的敏捷度

罗伯特（Robert）是加拿大一家石油公司的主管，刚被提拔为炼油和零售分公司总裁，正面临职业生涯中最严峻的领导力挑战。在竞争方面，该公司处于一个利润敏感的成熟市场的中间位置，预计该市场需求长期将保持平稳。由于同其他分公司没有太大区别，该公司营业收入也不断下滑。实际上，该公司前景非常黯淡。

在公司内部，士气空前低落。所有员工都深感沮丧，对未来忧心忡忡。前任总裁采取了许多提高效率的措施，包括裁员，但并未达到预期效果。整个公司人心惶惶。前任总裁私下一直在考虑出售或关闭某些部门。罗伯特履新时，该公司已到了必须采取行动的地步。

在上任后的三年中，罗伯特带领公司实现了惊人的转变。三年后，公司不仅没有出售任何部门，而且进入了高速增长阶段。在商业媒体的报道中，这家公司从"糟糕的选择"变为"股市的宠儿"。为什么前任总裁遭遇失败，而罗伯特取得了成功？

短期内，该公司亟须股价上涨，但罗伯特想做的远不止这些。他想把这家普通公司打造成北美地区最优秀的企业。事实上，罗伯特的愿景是打造一家业务绩效和运营方式堪为各行业标杆的组织。通过把股价目标置于更宏观的环境中，罗伯特推翻了前任总裁的假设，即公司只能选择难以推进的成本削减方案。相反，他决定制定一系列突破性战略，打造一个更具创新性的组织。

罗伯特认识到，自己以及最高管理团队可能无法给出所有答案，因此聘请了一家世界级战略咨询公司。他还设立了10家"创意工厂"：召开战略思考研讨会，让员工和其他利益相关者提出想法，供最高管理团队考虑。与会人员热情响应，提出了大量想法。

罗伯特随后举办了一场为期两天的外出静思会①，他和最高管理团队把战略咨询公司的想法与创意工厂提出的想法综合起来。罗伯特后来说："我们试图让尽可能多的人参与战略评估过程。我们投入时间和精力倾听人们的意见，建立信任，团结所有人。因为所有人共同为一件事情努力，所以这些举措获得了丰厚的回报。我们可以理解并支持彼此的决策，而不是相互掣肘。"

新战略远远超越了罗伯特、最高管理团队和战略咨询公司各自提出的想法，决定打造一种规模更精简、业务更集中的组织结构，该组织具有更健全的"人员战略"，以推动公司转型为高绩效组织。罗伯特及其最高管理团队确定新战略后，首先向员工公布，然后才向市场公开。

向员工公布的消息中包含负面内容，但依然受到热烈欢迎。在接下来的几个月里，罗伯特及其最高管理团队在各种场合反复传达新战略及其对员工的影响。随着新战略的实施，最高管理团队让所有人都了解了最新的业务绩效状况。每年罗伯特都会与公司的20个管理团队会面，讨论目标与战略并审查两者是否一致。

罗伯特的参与式组织变革不仅孕育了创新型战略，而且造就了承

---

① 外出静思会是指暂时放下手头事务，离开公司，到某个地方安静地思考、讨论一些重要的问题。——译者

诺、信任与联盟，可靠、有效地实施新战略恰恰有赖于此。结果，在罗伯特担任总裁的前三年里，公司的年收入从 900 万美元增至 4 000 万美元，年现金支出减少 4 000 万美元。这家一度前景黯淡的公司成为北美效率最高、最有成效的炼油公司之一，也是最具市场竞争力的零售商之一。①

敏捷度势在必行

罗伯特的故事反映了下述宏观趋势：全球的组织都在努力适应快速变化的世界经济形势。其背后是两种深刻的世界性趋势：日益加速的变革，不断增加的复杂性与相互依赖性，这两种趋势从根本上改变了取得持续成功所需的条件。

新技术、新市场以及新竞争者每年都以越来越快的速度涌现。随着变革的加速，不确定性与新颖性也在增加：未来的威胁与机遇更难预测，新出现的挑战包含越来越多全新的要素。此外，随着经济全球化以及"连接技术"②的发展，我们在多样化的地球村里生活，其中的一切都相互连接，这一点越来越明显。在相互依赖的世界中，那些与客户、供应商以及其他利益相关者有效建立起牢固的、即时的联盟和伙伴关系的公司将取得最大成功。

这意味着，虽然未来的具体发展越来越难以预测，但可以确定，变化的节奏将越来越快，复杂程度和相互依赖程度将不断加深。敏锐

---

① 罗伯特是我们的一位客户。第 6 章将详细讲述这个故事。此外，我们设计并推动了具有创造性的战略思考研讨会，罗伯特及其最高管理团队借此制定了突破性战略。该项目的首席顾问是希拉·舒曼（Sheila Shuman），她后来改行成为一名荣格派心理医生。要了解制定该突破性战略的更多信息，请访问 www.changewise.biz/os-bsp-overview.html。

② 连接技术包括电信技术，互联网、电子邮件及其他以计算机为媒介的通信技术，以及个人通信技术。

地意识到这些重大趋势的组织变革推动者强调打造敏捷公司的必要性。这类组织能够高效地利用内外部关系，预测并应对快速变化的环境。①

把管理团队打造成一个有凝聚力的领导团队，进而把公司转变为一家敏捷组织，罗伯特是少数成功做到这些的敏捷领导者之一。许多领导者已经认识到，打造真正的敏捷团队和敏捷组织是一项全新的艰巨任务。如果放任自流，当今绝大多数管理者都不会像罗伯特那样应对挑战。迄今为止，很少企业开发出所需的敏捷度层次以应对商业环境中日益加速的变革和不断增加的复杂性。②

这种敏捷度差距之所以存在，主要是因为多数大企业虽然重视敏捷

---

① 20世纪90年代初，组织设计专家最早使用"敏捷"来形容某些制造型企业，这些企业能够迅速适应环境，满足不断变化的客户需求。参见基德（Kidd）:《敏捷制造》（Agile Manufacturing）；奥利森（Oleson）:《通往敏捷度之路：大规模定制》（Pathways to Agility: Mass Customization in Action））；达夫（Dove）:《应对敏捷度：敏捷企业的语言、结构与文化》（Response Ability: The Language, Structure and Culture of the Agile Enterprise）；贡内松（Gunneson）:《向敏捷度转型：打造21世纪的企业》（Transitioning to Agility: Creating the 21st Century Enterprise）。世纪之交，敏捷度概念已经扩展至"预测并迅速应对环境变化的本领"，参见麦卡恩（McCann）:《在动荡的变化中打造敏捷度与复原》（Building Agility and Resiliency During Turbulent Change）。敏捷度也被应用于服务部门的IT项目以及敏捷组织所需的IT系统，参见戈德曼（Goldman）和格雷厄姆（Graham）:《医疗保健业的敏捷度》（Agility in Health Care）；普赖斯（Preiss）、戈德曼和内格尔（Nagel）:《从合作到竞争：构建敏捷的业务关系》（Cooperate to Compete: Building Agile Business Relationships）；IT领域关于敏捷度的大量著作与文章。2003年，伦敦经济学院针对8个国家的50个政府机构开展了一项研究，得出的结论是：敏捷机构不仅存在，而且几乎在所有指标上的表现（从工作有效性到员工和客户满意度）都显著优于其他机构，参见贝克（Baker）、杜兰特（Durante）和萨宁-戈麦斯（Sanin-Gómez）:《敏捷政府：并非一种矛盾修饰法》（Agile Government: It's Not an Oxymoron）。也可以参阅劳勒（Lawler）和沃利（Worley）:《促进变革：如何获得持续的组织有效性》（Built to Change: How to Achieve Sustained Organizational Effectiveness）。

② 组织理论家指出，为获得持续的成功，企业需要具备一定程度的组织敏捷度，从而适应商业环境中日益加速的变革和不断增加的复杂性。有些组织理论家认为，"组织敏捷度"（应对持续变化的环境）和"组织复原力"（应对更加动荡不安的、颠覆性变化的环境）已经成为常态。参见哈梅尔（Hamel）和凡雷坎格斯（Valikangas）:《追求复原力》（The Quest for Resilience）；麦卡恩:《组织有效性：改变观念以应对不断变化的环境》（Organizational Effectiveness: Changing Concepts for Changing Environments）。根据我们定义敏捷度的方式，极端动荡的环境要求组织、团队、领导者具备更高层次的敏捷度，我们把复原力定义为敏捷度的必要非充分条件。关于个人层面复原力与敏捷度的关系，详见第10章。

领导力发展计划，但很少去理解和提升敏捷领导力发展所需的技能，在其他组织也是如此。针对北美、欧洲、亚洲企业的首席执行官开展的一项调查显示，91%的受访者认为培养领导者是企业实现成长的最关键因素。[1] 另一项调查显示，《财富》500 强企业的执行官把敏捷度视为未来企业取得成功最需要的领导能力。[2]

领导力敏捷度与组织敏捷度非常类似，是在复杂多变的环境中采取明智有效的行动的本领。在该调查中，执行官表示，相比"灵活性""适应性"，他们更喜欢"敏捷度"这个词。为什么？因为就本质而言，灵活性与适应性意味着一种被动反应的姿态，而敏捷度意味着一种积极主动的姿态。

五个领导力敏捷度层次

根据 600 多名管理者反馈的信息，我们发现领导力敏捷度有五个不同的层次：专家、实干家、促变者、共创者、协同者。[3] 表 1-1 概括了每个敏捷度层次的管理者如何在三个行动领域（关键对话、团队领导、领导组织变革）中开展活动。请注意，随着掌握的敏捷度层次的提高，你需要的能力也会不断提升。然而，每当发展至新的层次，你仍能够运用在先前层次中培养的能力，并保持这种本领。

---

[1] 参见泰勒（Taylor）：《领导力的现状与培养未来领导者的战略》（The Present State of Leadership and Strategies for Preparing Future Leaders）。

[2] 2004 年，全球职业生涯管理服务企业领德公司（Lee Hecht Harrison）开展了这项调查，研究人员向企业、大学、专业服务机构的 130 位高管和人力资源专业人员发放了一份领导能力清单，询问对他们的组织而言哪些能力最关键。结果显示，最关键的三种能力是："交付可衡量的业务成果""帮助他人履行职责发挥领导力""敏捷度"。

[3] 专家和实干家的名称出自托伯特的开创性著作。参见托伯特等：《行动探询：适时转变领导力的秘诀》（Action Inquiry: The Secret of Timely and Transforming Leadership）。

表 1-1 五个领导力敏捷度层次简明列表

敏捷度层次	关于领导力的观点	关键对话领域的敏捷度	团队领导领域的敏捷度	领组织变革领域的敏捷度
英雄式				
前专家（约10%）				
专家（约45%）	战术导向，问题解决因导向。认为领导者因掌握的专业知识和权威而受到他人的尊重与追随。	要么独断地坚持己见，要么为包容他人的观点而退缩。可能会从一种风格变为另一种风格，在面对不同的关系时也是如此。往往避免给出或征求反馈意见。	与其说是一位管理者，不如说是一位监督者。创建一个由个人组成的团体而非团队。主要采取一对一方式与直接下属共事。过于注重工作细节，不能以更具战略性的方式进行领导。	组织活动主要聚焦内部的渐进改变，很少关注利益相关者。
实干家（约35%）	战略成果导向，认为领导者激励他人的方式是使为组织的重要成果作出贡献具有挑战性，并能从中获得满足。	主要是独断风格或包容风格，并具有一定本领。包容不太喜欢的风格。如果有助于实现想要的成果，愿意接受甚至主动给出反馈意见。	像一名老练的管理者那样开展工作。通常会精心策划讨论重要战略或组织问题的会议，从而让自己的观点赢得支持。	组织活动包括行业环境分析。赢得利益相关者支持的策略涵盖从单向沟通到征求意见等。

续表

敏捷度层次	关于领导力的观点	关键对话领域的敏捷度	团队领导领域的敏捷度	领导组织变革领域的敏捷度
后英雄式				
促变者（约5%）	愿景导向，促变导向。认为领导者应阐述一个创新性的、鼓舞人心的愿景，聚集一群合适的人共同把愿景变为现实。领导者赋权他人，并积极促进其成长。	在特定情景中，能够熟练地平衡独断风格与包容风格。有可能阐明并质疑潜在的假设。真正有兴趣了解不同的观点，积极征求并应用反馈意见。	意图创建一个高度参与性的团队。作为团队的领导者和推动者开展工作。围绕棘手问题，提供自己的看法并公开交换意见。赋权直接下属，把团队发展作为领导发展的工具。	组织活动通常包括文化变革，这种变革可以促进团队合作，参与，赋权。主动接触各类利益相关者，这反映了下述信念：征求他们的意见，不仅为了赢得支持，还为了提高决策质量。
共创者（约4%）	共同使命导向，合作导向。认为领导力归根结底是为他人服务。不同领导者相互合作以形成共同愿景，每个人都视之为重要的使命。	在关键对话领域整合独断风格与包容风格，并敏捷地采用这两种风格。即使情绪高度紧张，也能够处理并认真考虑负面反馈意见。	打造一个合作型领导团队，成员不仅对自身所在的领域负责，而且对共同管理的部门或组织负责。现实中在任何决策型决策，作出共识型决策，但在需要时会毫不犹豫地运用权威。	打造与关键利益相关者的关系，其特点是深刻地相互影响和真正对分公开组织单位，可能创建企业或深度合作是其中企业责任与深度合作是不可或缺的组成部分。

续表

敏捷度层次	关于领导力的观点	关键对话领域的敏捷度	团队领导领域的敏捷度	领导组织变革领域的敏捷度
协同者（约1%）	整体导向。体验式领导力，践行有意义又使命，该使命不仅使他人受益，也有助于实现自我改变。	深入独断与包容风格的内部而非处于两者之间，根据情况随机应变。即使在具有挑战性的对话中，也能注意当下的意识，重视外部反馈信息，支持与他人建立紧密而微妙的联系。	能够在不同的团队领导风格之间游刃有余地转换，适应当前情景。能够塑造或加强特定情景中发挥作用的能量动态，带来互利的成果。	对于利益相关者相互冲突的利益（包括领导者本人的利益），培养并保持一种深刻的同情意识。能够获得协同直觉，把貌似棘手的冲突转化为对所有各方都有利的解决方案。

说明：每个领导力敏捷度层次都包含并超越了处于先前层次时形成的能力。百分比根据相关研究估算得出，代表每个敏捷度层次的管理者在全部样本中占有的比例。在本表中，每个敏捷度管理者的百分比是一个近似值，根据顾斯研究中共计 384 名管理者的状况估算得出。要了解得出这些近似值的更多信息，请参阅附录 A 的最后部分。

专家层次

每个敏捷度层次的名称都凸显了各自的优势。该层次之所以命名为专家，是因为相应的管理者强烈渴望掌握特定领域的专业知识，并认为管理者的合法权力来自专业知识与职位权威。在表 1-1 中，专家（在所有管理者中大约占 45%）是最低的敏捷度层次，但比处于前专家层次的约 10% 的管理者更敏捷。由于他们的战术导向和分析解决问题的才能，专家敏捷度层次最适合的环境的特点是：可以通过渐进改变现有战略而取得成功。

实干家层次

现如今，大约 35% 的管理者已经发展至实干家敏捷度层次。这些管理者强烈渴望实现组织的重要目标，并且认同他们的组织。他们认识到，领导者的合法权力不仅来自专业知识与职位权威，还来自激励他人。具体的激励方式是：使为组织的重要成果作出贡献具有挑战性，并且能从中获得满足。凭借自身的战略思考才能，实干家层次的管理者在中等复杂的环境中极为高效，在这种环境中，变革的节奏要求企业阶段性调整战略。

英雄式领导力与后英雄式领导力

在《活力领导：通过共享领导实现组织变革》(*Power Up: Transforming Organizations Through Shared Leadership*) 中，戴维·布拉德福德 (David Bradford) 和艾伦·科恩 (Allan Cohen) 区分了英雄式领导力与后英雄式领导力。[1] 我们发现，前专家层次、专家层次、

---

[1] 英雄式领导力与后英雄式领导力的区别如下：前者主张领导者负责，领导者指出方向、打造管理团队、发挥下行影响力；后者主张人人负责，领导者与团队成员共同创造愿景、打造共同负责的团队、发挥相互影响力。——译者

实干家层次的管理者（占所有管理者的 90%）都具有英雄式领导力的思维方式。① 具体而言，他们专门负责确定组织目标，协调下级人员的活动，管理下级人员的绩效。

在特定情景中，英雄式领导力可以极其有效。在多数企业中，以专家层次和实干家层次为主的敏捷度组合相对有效，然而在 20 世纪最后几十年，经济全球化塑造了一个变革日益加速、相互依赖性不断增强的时代。新环境对合作解决问题、团队合作、持续性组织变革的需求持续增加，英雄式领导力对下级人员的控制过多，难以发挥其优势。英雄式领导力不鼓励人们为自身职责范围外的事务负责，抑制了最优的团队合作，并潜在地鼓励下级人员在自己的部门内采取英雄式做法。

在 21 世纪，只有后英雄式领导力才能取得持续的成功。超越实干家层次的管理者保留了正式领导角色的最终责任与权威，与此同时，他们致力于打造高度参与的团队与组织（以共同的承诺和责任为特征）。② 不幸的是，正如引言中提到的，现如今只有约 10% 的管理者处于后英雄式敏捷度层次，具体而言，约 5% 处于促变者层次，约 4% 处于共创者层次，约 1% 处于协同者层次。

促变者层次

故事中的罗伯特可作为后英雄式领导力促变者层次的典型例子。在适当的时候，他会运用专家层次和实干家层次的权力，但他重视愿景和参与的权力，并以这种方式领导公司。虽然实干家层次的前任总

---

① 在《活力领导：通过共享领导实现组织变革》中，布拉德福德和科恩区分了两种英雄式领导力：技术型（technician）和指挥型（conductor）。尽管他们没有使用敏捷度层次这一术语，但技术型领导力相当于本书所说的专家层次，指挥型领导力相当于实干家层次。读者也可参阅他们更早的著作：《追求卓越的管理》(*Managing for Excellence*)。

② 从概念上看，布拉德福德和科恩的后英雄式领导者（他们称为开发者），囊括了本书提出的促变者层次和共创者层次。然而，《活力领导：通过共享领导实现组织变革》讲述的主要故事似乎着眼于领导者从实干家层次向促变者层次的转变。

裁把企业的现有文化视为既定因素，但与其他促变者层次的管理者一样，罗伯特大力营造参与式文化，这种文化有助于实现有价值的长期增长。促变者层次的管理者拥抱变革，以愿景为导向，愿意重新思考基本假设，代表了在当今复杂多变的商业环境中能够取得持续成功的第一个敏捷度层次。

共创者层次

之所以命名为共创者，部分是因为该层次的领导者明白，工作和生活的方方面面都相互依赖。由于对公共利益的坚定承诺，我们样本中的许多共创者层次的领导者已经创立了新组织，在这些组织中，企业责任是不可或缺的底线。无论是否创立了新组织，共创者层次的领导者都致力于发展真正具有合作精神的团队关系与组织关系，并且这些关系都植根于深刻的、共同的使命感。在 21 世纪初迅速变化且往往具有颠覆性的全球经济中，凭借情感复原力、对话才能、提出创造性双赢方案的本领，共创者层次的领导者具备了取得长期成功的条件。

协同者层次

在撰写本书的过程中，我们发现，随着领导者发展至更高的敏捷度层次，不同层次之间的区别变得更微妙。共创者与协同者之间的区别尤其如此。不同于其他敏捷度层次，协同者层次更多地从由内而外的视角加以理解。协同者层次的领导者卓尔不群的部分原因是，他们能够完全进入当下体验的瞬间心流状态。随着这种才能（注意当下的意识）的发展，协同者层次的领导者能够在有争议和混乱的情景中身处风暴中心屹立不倒。这种在相互竞争的需求中保持中心地位的本领，使协同者层次的领导者能够获得协同直觉，把貌似棘手的冲突转化为对所有各方都有利的解决方案。我们认为，这种才能和能力代表了 21 世纪领导力发展领域的最前沿。

敏捷度层次与性格类型

在第 2 章，我们将更详细地介绍上述五个领导力敏捷度层次，帮助你确定自己以及同事的敏捷度层次。本书第二部分将讲述各个敏捷度层次领导者的真实故事，你能够随之微调根据第 2 章内容作出的初步评估。

在第 2 章之前，我们想谈谈首次听到五个领导力敏捷度层次时可能产生的误解。你可能把敏捷度层次理解为不同的性格类型或管理风格。在过去的几十年中，许多区分不同性格类型与管理风格的工具得到广泛应用，迈尔斯 – 布里格斯（Myers-Briggs）性格分类测试、DISC 人格特质分析系统是两个典型例子。[1] 在这种思维方式的影响下，你可能会认为，有些人天生具有专家层次的性格，有些人天生具有协同者层次的性格，等等。

我们认为，理解性格类型如何影响领导风格非常重要。然而，我们所谓的敏捷度层次并非性格类型。你可能还记得引言中提到的观点，每个领导力敏捷度层次都与个人特定的成长阶段相关。数十年的研究

---

[1] 此类工具往往用来帮助人们理解不同性格对团队工作的影响。迈尔斯 – 布里格斯性格分类测试把性格分为四种基本类型，即理想主义者、理性者、护卫者、巧匠，这些性格进一步细分为十六种。参见克勒格尔（Kroeger）和苏森（Thusen）：《类型谈话》（*Type Talk*）；柯塞（Keirsey）：《请理解我 II》（*Please Understand Me* II）。四种基本性格的名称出自贝伦斯（Berens）和纳迪（Nardi）编写的一本非常有用的小册子：《十六种性格》（*The 16 Personality Types*）。DISC 人格特质分析系统确定了四种基本性格：果断型、影响型、稳重型、顺从型。详情可访问 www.discprofile.com，或参阅里索（Dan Riso）和赫德森（Russ Hudson）：《九型人格的智慧》（*The Wisdom of the Enneagram*）。

证实，人们以特定次序经历这些阶段。同样，我们概括的敏捷度层次是一个掌握领导力敏捷度的相继阶段。具体而言，这意味着领导者不可能从专家层次跳到共创者层次。要稳定地在共创者层次开展工作，你首先需要到达实干家层次和促变者层次。迄今为止，我们尚未发现例外情况。①

我们的所有研究都表明，敏捷度层次与性格类型是两个完全不相关的变量。各个敏捷度层次的管理者可能是任何性格。这意味着，无论你是哪种性格，都有潜力掌握更高的敏捷度层次——这是阅读第2章时需要谨记的一个重要观点。②

---

① 参见皮亚杰（Piaget）：《皮亚杰文选》(*The Essential Piaget*)；科尔伯格：《道德发展论文集（第1卷）：道德发展哲学》(*Essays on Moral Development, Volume 1: The Philosophy of Moral Development*)；洛文杰：《自我成长》；罗伯特·凯根：《不断完善的自我》。

② 例如，本尼斯和纳努斯在《领导者：管理的策略》(*Leaders: Strategies for taking charge*) 中进行的经典研究发现，性格类型（包括克里斯玛性格）与有效领导力无关。最近，我们深入研究了代表七种迈尔斯 – 布里格斯性格类型的 12 位管理者，发现 MBTI 性格类型（内向 – 外向、直觉 – 实感、思维 – 情感、判断 – 知觉）与领导力敏捷度层次无关。

第 2 章

五位艾德的故事

现在你可能会问：目前我处在哪个领导力敏捷度层次？如果发展至更高层次会发生什么？你可能还想要评估同事的敏捷度层次。第 1 章简要介绍了各个层次。本章将展现每个敏捷度层次更完整、更真实的状况，以帮助你评估自己和同事。本章提供了五个场景，旨在展现五个敏捷度层次的领导者如何应对相同的领导力挑战。在第二部分，我们会更详细地论述每个敏捷度层次。

领导力挑战

艾德（Ed）是 Overmyer AMT 公司的新任首席执行官。近些年，公司一直在应用于制造工厂的设计和安装技术领域处于行业领先地位。塞塞莉娅·奥弗迈耶（Cecelia Overmyer）原本经营着自己的出版社，父亲因车祸去世后，她成为该家族企业的董事长。上任后她很快意识到公司已经丧失了创造力，时任首席执行官是主要问题所在。后来，该公司聘请艾德担任首席执行官。

艾德当时40来岁，非常聪明，完全符合岗位要求。他拥有工程学学士学位以及MBA学位，在该行业工作多年。艾德的业绩非常突出，工作积极主动，擅长准确把握商业和技术问题。在上一份工作中，他带领一家规模不大但非常先进的制造技术公司顺利成为Overmyer AMT公司的客户。

塞塞莉娅给艾德下达了一道明确的命令：两年内恢复盈利，三年内夺回市场领导地位。相比于艾德先前所在的公司，Overmyer AMT公司的规模更大，产品线和客户更多元，因此艾德面临的挑战更艰巨。竞争将会异常激烈，客户对先进制造技术的需求将以非常快的速度持续变化。

塞塞莉娅告诉艾德："我们现在需要真正的领导力。我相信你是这份工作的合适人选。"她只能祈祷选对了人。

发挥想象力

当阅读下文的五个场景时，你需要稍微发挥想象力。总体来看，这有点类似于电影《土拨鼠之日》。在电影中，比尔·默瑞（Bill Murray）饰演一名对工作丧失热情的天气预报播音员菲尔（Phil），在宾夕法尼亚州的庞克瑟托尼报道一年一度的土拨鼠之日庆典。他在这个讨厌的城镇中度过了沮丧的一天，第二天醒来后发现自己重新经历了昨天的事情。这个奇怪的时间循环日复一日，菲尔认识到自己可以从这种经历中有所收获，于是决定把每一天作为改变人生的一次机会，从而逐步改变自己。最后，他保留了几个基本的怪癖，但总体上变成了一个更快乐、更睿智、更有同情心的人，也更乐见人生中的惊喜与不确定性。

阅读下文的五个场景就像看着菲尔在重复的"同一天"中逐渐发生改变。每个新场景都展示了同一个人（艾德）如何应对相同的领导力挑战。不同场景的唯一区别在于，艾德的领导力敏捷度已发展至更高层次。在所有场景中，艾德的年龄、智商、性格等完全相同。

评估你的领导力敏捷度层次

在阅读五位艾德的故事时，你不妨思考，哪种场景最接近自己应对类似领导力挑战的方式。这将帮助你初步评估自己目前的领导力敏捷层次。通过最接近自身状况的场景之后的场景，你可以了解更高的敏捷度层次。

如果你与绝大多数管理者一样，那么会有一个能够代表自己基本层次的敏捷度层次——在工作中频繁采用的运作方式。但你的敏捷度层次在工作中也会发生一定程度的变化。例如，你可能多数时间处于实干家层次，有时处于专家层次，偶尔处于促变者层次。

每个场景都展示了特定敏捷度层次的领导者如何领导组织，如何构建团队以及开展关键对话。在阅读这些内容时，注意你的敏捷度层次是否因行动领域的不同而变化。例如，在领导组织和构建团队时你可能处于实干家层次，但在开展关键对话时，你可能更多地处于专家层次。①

我们假设了更多细节：你和艾德是朋友，但并不经常见面。担任首席执行官 7 个月后，艾德邀请你共进晚餐叙旧。每个场景都以简短的非正式对话形式呈现，并且你都会询问同样的问题，如工作进展如何等。

---

① 这意味着，你已经具备了实干家层次（即发展到实干家阶段）的心智才能与情感才能，但仅在两个行动领域中把这些才能转化为实干家层次的行为。我们将在第 9 章进一步讨论。

在第一天傍晚，你将与第一位艾德交谈，在过去的 7 个月中他处于专家层次。谈话结束后，你会花一点时间思考。接下来你将与艾德一起经历"土拨鼠之日"。第二天傍晚，你将坐在同一张桌子旁与第二位艾德交谈，在过去的 7 个月中他处于实干家层次。依此类推，你将先后与五位艾德交谈。需要注意的是：你记得每次谈话的内容，但我们假定艾德患有"土拨鼠之日失忆症"，只记得自己当前的敏捷度层次。

让我们开始吧……

第一位艾德：专家

你：你好，艾德。你担任首席执行官已经 7 个月了，工作进展如何？

艾德：与鳄鱼搏斗时，别忘了你最初的目标是抽干沼泽，你记得这句话吗？嗯，几乎到处都是鳄鱼。这份工作不好干，但促使我不断成长：必须利用掌握的专业知识来处理业务。我学习很快，并且喜欢解决问题。一旦需要，我就会深入研究，找出问题所在，拿出合适的解决方案。实际上，在这方面我的绩效记录非常不错。

你：你是怎么开始的？

艾德：在掌握了必要的信息后，我马上投入工作，与每位主管谈话，主要是研发、制造、销售、营销四个职能部门的主管。我研究了公司的报告，迅速了解了销售预测、财务收支、制造效率以及产品开发渠道等信息。我拎着两个公文包在家和办公室之间奔波，这有助于保持好身材！

不过，我必须承认，该公司有很多不同的产品，面向不同类型的客户，比我预想的更多元。学习过程非常艰难，我掌握所需知识的速度并没有原先预计的那么快。

但没过多久，我就确定了若干显然需要优先处理的事项。我让研发部门加速开发某些非常重要的产品，让销售部门和营销部门更快地发布新产品。我要求制造副总裁把今年的成本削减15%，并且向他指出了几个需要削减的预算项目。为了在明年进一步改善，我、研发副总裁、销售副总裁与营销副总裁共同分析了所有产品的利润率。此外，我还要求财务副总裁按时提交月度财务报告。我让他采用一种新的数据形式，以便更容易地分析成本。

你：和该公司的执行团队共事，你感觉如何？

艾德：当我和各位主管单独交谈时，能够共同完成更多实际工作。让所有人定期坐在一起开会，而不考虑我们是否需要开会，这种做法没什么成效。请不要误会。如果确实需要召开会议，我不会拒绝，但主要利用这些会议来向每个人传达最新的想法，评估已取得的进展。我通常从销售业务和营销业务开始，接着聚焦制造，然后是研发。

总体而言，会议不会取得什么成效。开会时人们往往有所保留。当你评估进展时，人们更关注的是维护良好形象，而不是聚焦事实。所有人都想往后面坐，看起来他们不想待在会议室。我试过所有鼓励人们积极参与的常用技巧：激烈的争论、启发性的问题等。我甚至试过让人们围绕某个问题开展辩论。因此我常常想："难怪这家公司会遭遇困境。所有人都无动于衷，坐以待毙。"

老实说，我对此非常沮丧。几位副总裁似乎不像我一样有紧迫感。我不确定最高管理团队成员是否称职，但我认为这不是进行大规模人事调整的时机。现在，我致力于让企业重回正轨，让一切得到控制。

你：迄今为止，你有没有遇到特别具有挑战性的谈话？

艾德：这让我想起，上周人力资源副总裁问我是否可以讨论一下公司的士气问题。我说没问题，接着她开始谈论我刚刚与研发团队召开的会议。显然，关于如何运作一流的新产品开发流程，我的评论冒犯了某些人。当有人反对我的做法时，我必须立刻打断。嗯，我不得不立刻打断她，因为真正的问题在于他们坚持认为一切正常。我想说，看到他们对新想法如此排斥，我深感失望。我的意思是，当初塞塞莉娅为什么要聘请我担任首席执行官呢？因为在上一份工作中，我正在蚕食这家企业的市场份额！我只希望这里有更多的人表现出与我一样的热情，从而打造一家优秀企业。有时候，我真希望能够克隆自己。

和艾德分开后，你开始思考他说过的话。艾德对自己的知识和专业能力非常自信。但你会产生一种很清晰的印象，他过于关注细节问题，深陷错综复杂的业务问题难以自拔。你想知道，执行团队的消极被动在多大程度上反映了他们认为一切正常的心态，又在多大程度上与艾德的做法有关。最后，在与人力资源副总裁谈话时，艾德打断了对方，如同之前他打断了研发副总裁一样。艾德在过去的工作中非常成功，你不禁想知道这次的结局会如何。

第二位艾德：实干家

你：你好，艾德。你担任首席执行官已经7个月了，工作进展如何？

艾德：正在推进。最艰巨的挑战是改变人们的思维方式。这家企业的历史非常有趣。私下里，塞塞莉娅的父亲是一个非常有创意的人。20世纪90年代，该公司是当之无愧的行业领导者，如今产生了成功综合征的心态。你知道，当一切顺风顺水，你对自己所做的一切感到自豪时，就会倾向于一直这么做下去。很快，你就会忘记关注外部，忽视市场变化，接着竞争对手就会开始抢你的饭碗。这正是公司面临的基本问题。我正在让所有人重新围绕市场进行思考，考虑更长远的问题，并从客户的角度看问题。

你：你是怎么开始的？

艾德：最初的6周左右，我主要是听取各方的意见，熟悉执行团队，同各层级的员工谈话，联络现有以及流失的客户，到工厂走动，让自己四处露面，甚至召开了一场员工大会。我认为，领导力同履行使命时表现出的个人品质关系密切，是挑战和激励他人超越自身极限的本领。

我非常熟悉这个行业。公司最大的战略问题在于丧失了创新优势。在这个行业，新技术会迅速涌现，因此我们需要重振公司的创新型领导力传统，改进新产品开发流程和其他业务流程，这样才能更好地满足客户需求。从战略角度看，我们还需要通过改进服务并扩大服务范围来解决商品化问题。

上任至今，我始终在做的另一件事是审视公司的人员。合适的战略和结构非常重要，但落到实处有赖于合适的人员。

你：和该公司的执行团队共事，你感觉如何？

艾德：除非发生重大事件，否则我们通常一周开一次会。开会时，我首先会更新并分享若干重要信息，然后把大部分时间用来讨论重要问题，包括战略性问题和操作性问题。我明白，我需要促使执行团队更关注外部形势，所以每次开会时，我都尝试引入某个议程，并让他们朝议程方向讨论。例如，我制定了一套更容易理解的客户调查程序，以确保高管层能够讨论取得的成果和造成的影响。

上任几个月后，我开始进行一项战略规划，效果非常不错。战略规划不能事无巨细或过于冗长。我主要用它来确保团队和各位主管都掌握相同的信息，更重要的是确保我们在追求同样的成果。通过让他们思考如何执行塞塞莉娅下达的命令，我让他们真心接受了该命令！不仅如此，我还让他们采纳了某些在我的前一份工作中行之有效的新策略。

尽管如此，我不能说所有事情都一帆风顺。我不认为每个人都能应对当前的挑战。有一个人尤其让我担忧，他就是制造副总裁拉伊（Ray）。我看得出来，他只是在敷衍，并未真正认识到需要作出改变。目前，最高管理层的其他几位成员也有疑虑。但是拉伊确实表现得非常明显，所以我必须作出回应。

你：迄今为止，你有没有遇到特别具有挑战性的谈话？

艾德：上周我与拉伊的谈话是最具挑战性的谈话。这种谈话从来都不轻松，但经验告诉我，如果不采取措施解决主要的绩效问题，将来一定后悔。从上任起，我与拉伊多次交谈。没过多久我就告诉他，如果他想与我们共同努力，那么需要怎么做。我请求人力资源副总裁帮助确保我采取的方式恰当无误。实际上，人力资源副总裁帮了我很多忙。

前任制造副总裁是达恩（Dan）。塞塞莉娅的父亲从首席执行官兼董事长变为专职董事长之后，提拔达恩担任首席执行官，达恩随后任命拉伊为制造副总裁。不幸的是，拉伊被提拔到了一个无法胜任的职位。他只能硬撑，像乌龟那样把头缩到壳里，希望不被人发现。

总之我认识到，若拉伊待在现在的岗位上，我就不可能完成塞塞莉娅下达的命令。上周，我坦率地告诉拉伊必须让出制造副总裁的位子。我们给了他很优厚的待遇，可能会请一位外部人士接替他。我们可能还需要撤换另外几个人。

比较两次谈话，你会发现第一位艾德与第二位艾德采取的方法截然不同。第一位艾德关注的主要问题彼此无关，而第二位艾德以成果为导向，认为首要工作是执行塞塞莉娅的命令。第一位艾德似乎主要通过下达命令进行领导，而第二位艾德希望促使人们接受一种更关注客户和市场形势的战略性思维方式。不同于第一位艾德，在进行具有挑战性的谈话时，第二位艾德似乎更擅长作出妥协，发起关于重要绩效问题的讨论，并接受了人力资源副总裁的反馈和建议。

进而，下述问题就会浮现出来：艾德认为自己的目标和战略得到了副总裁的支持，果真如此吗？在前一份工作中奏效的策略，在当前企业中会同样奏效吗？下一个层级的经理（如海外分公司经理）是什么态度？副总裁最终是否会像第一位艾德那样通过给各自的下属下达命令来完成任务？第二位艾德是否会让副总裁处于这种境地？

第三位艾德：促变者

你：你好，艾德。你担任首席执行官已经7个月了，工作进展如何？

艾德：挑战非常艰巨，但我对前景非常期待！塞塞莉娅的父亲卸任首席执行官后，公司无疑丧失了优势，但我一直尊重其卓越和创新的传统。在武术中，你得首先瞄准对手，然后才能超越对手。这就是我想要根据塞塞莉娅的命令所做的事。我设想的企业将成为一家绩效卓越的参与型组织，也是理想的工作场所，它不仅将重获行业领先地位，还将成为其他行业的标杆。要实现该目标，人们需要学会以新方式进行领导和管理。这对每个人而言都是一项挑战，但我相信绝大多数人都能做到。

你：你是怎么开始的？

艾德：我首先了解最高管理层成员，同时四处走动，关注某些社交网络。我寻找开展创新的人员，了解他们在做什么，给予一些鼓励。我还与关键客户会面，包括某些以前的客户，并且要求副总裁及其下属做同样的事。然后，我们会讨论了解到的情况。

几个月后，我召集副总裁及其直接下属、海外分公司经理举行了一场为期两天的外出静思会。为了帮助设计并推动此次会议，我请来了一位在前一份工作中共事的主持人。我首先介绍了自己的情况，然后表达了对公司和员工的尊重。我说，我曾经多次处在新领导者上任后他们今天所处的位置，能够理解他们可能对企业的规划以及自己的前途怀有疑虑。我重申了旨在提高利润率并成为行业领导者的命令，并说道："为实现这些目标，从本次会议开始，我们需要所有人最大限度做好本职工作，提出最佳创意。这样才能保住我们各自的工作。"

接着我指出，现如今，要想保持行业领导者地位，需要的不仅仅是创新性的知识和开拓进取的态度。放眼各个行业，我相信最优秀的企业正致力于营造一种注重参与、相互尊重、坦率沟通的组织文化——这也是我希望从本次会议开始就着手的事情。当然，这样的谈话会让参会者感到紧张，因为他们不习惯以该方式管理或被管理。但我通过询问几个问题迅速进入会议正题，几位勇敢的参会者对问题作出大声回应。两天内收获颇丰。虽然我们仅仅触及冰山一角，但主持人记录了所有内容，这确实打开了局面。

你：和该公司的执行团队共事，你感觉如何？

艾德：在许多方面，这家企业犹如一个实验室。我正在努力打造一个执行团队，并将其作为参与式文化的典范，然后慢慢扩展到组织的其他部分。这非常重要，因此我每周都会花两个小时和团队成员共同处理重要的战略性和操作性问题。他们知道，最终决定由我作出，但他们也能够发挥重要影响力。我可能把自己的想法公开说出来，请他们评论；或者我仅抛出话题，让他们讨论。在我露面前，他们可能昏昏欲睡，但他们确实对这家企业非常了解。有时，我会改变自己的观点，有时不会。但最重要的是，他们明白我可能采纳他们的想法，这不只是一场赢得他们支持的博弈。我已经根据他们的意见作出了许多更好的决策，若只靠自己，我将无法作出这些决策。不仅如此，这种共事方式还营造了一种氛围，任何人都可以参与决策并发挥建设性的领导作用。此外，他们也可以模仿上述做法在各自的团队内开展工作。

我正使用的另一个工具是战略规划流程。除了执行团队开展工作时各自下属发挥辅助作用的常规流程，我想要打造一种向所有层级的员工征求意见的方法。该方法不仅让人感觉良好，而且由于所有层级的员工都能提出有趣的创意（战略性的与操作性的），确实可以发挥重大作用。

这个团队对该想法反复讨论了一段时间，然后就予以落实。几周前，我们开始采用各种焦点小组从各部门的员工那里收集创意。我们还让几个小组听取外部利益相关者的意见。该流程正在产生强大的推动力，这正是我们当前真正需要的，而且根据我以往的经验，我们会获得某些真正值得重视的创意。当副总裁看到这些措施产生的成果时，我想他们会改变自己的领导方式。这是营造新企业文化的第一步。

我们还需要重新审视核心业务流程，尤其是产品开发流程。我们也可以大幅提高制造流程的效率，同时对环境更负责。这样可以节省大量成本。

你：迄今为止，你有没有遇到特别具有挑战性的谈话？

艾德：有几次。我一直在指导几位副总裁。大约 3 个月前，关于我的领导方式，我向他们征求反馈意见。有人只是客套几句，有人模棱两可，最后终于有人说出了真实想法！部分讨论有点艰难，但总体而言非常有帮助。

我与制造副总裁拉伊的一系列谈话最有挑战性。几个月后，我认识到如果他继续待在原位，我们将无法扭转局面。这种谈话总是很艰难，但关于他的态度与绩效，我最后还是直截了当地说出了自己的看法。我检验了自己持有的几个假设，问他如何看待整体形势，并且给他充分的时间作出回应。他很快就坦率承认，自己无法担当管理一家国际型企业的重任。

话已至此，我问："如果能选择工作岗位，你会选择什么？"拉伊表示愿意做一名工厂经理。经过与最高管理团队其他成员讨论，我得出结论，拉伊将会成为一名非常优秀的工厂经理。他说自己喜欢从事工厂经理的工作，即使薪酬降低也无所谓。在这里我没必要详细说明后续的安排，但这为其他几项重要的人事调整拉开了序幕。

与第三位艾德分开后，你思考这次对话与前两次对话的不同。让人印象深刻的第一点是，第三位艾德的愿景更远大，不仅要推动该企业成为行业领导者，还志在培育堪称典范的组织文化。事实上，在短短7个月内，为改变组织文化他已经在下列几个方面作出努力：由三个层次管理者参加的外出静思会；领导执行团队的方式；他及其团队制定的战略思考流程。对于解决你与第二位艾德晚餐后想到的承诺与执行问题，这些努力可能大有帮助。

让人印象深刻的第二点是，第二位艾德与第三位艾德对待制造副总裁的方式不同。面对同样的问题，第三位艾德设法与拉伊坦诚交流，提出了更有创意的解决方案。实际上，第三位艾德的解决方案听起来非常妥当。你可能想知道，他会如何处理下列两类人之间的紧张关系：致力于推动变革的人和宁愿照旧开展工作的人。

第四位艾德：共创者

你：你好，艾德。你担任首席执行官已经7个月了，工作进展如何？

艾德：有点像坐过山车，非常有挑战性，但也令人兴奋。我觉得，我们正在设法让这家企业恢复活力。这家企业追求卓越和创新的传统为我们开展工作奠定了坚实基础。有一天晚上，我在准备睡觉时无意中看到一张图片，可以形象地概括我想做的一切。这张图片中有三个波。第一个是短期波动，代表提高利润率，成为行业领导者。第二个是中期波动，代表构建敏捷的、高绩效的组织文化和结构，这犹如吸引各类人才的磁铁。第三个是长期波动，代表成为未来AMT行业的领导者，不仅聚焦技术创新，而且承担社会与环境责任。

例如，如果你设想一下未来的先进制造业，就会发现高技能的由计算机控制的岗位正在淘汰低技能岗位。然而相比其他国家的学生，美国学生在数学和科学方面远远落后。我组建了一个任务小组，专门考虑我们为此能做些什么，该小组许多成员来自教育部门和某些企业客户。就像IBM为资深员工开发新职业选择，这些员工并未退休，而是留在公司向新员工讲授相关的技术课程，同样，任务小组也提出了许多好创意。

每次波动都比前一次更长久，但所有波动都始于当下，并且随着时间的推移不断积累。我认为，这可能是自己职业生涯中最有意义的任务。就我个人而言，我想要长期做下去。

你：你是怎么开始的？

艾德：上任后最初的6周时间，我走出办公室，亲身感受公司内的氛围，学到了很多，进行了多次"愿景谈话"，告诉人们我对公司前景的看法，激发他们对公司的梦想。我对公司怀有非常长远的愿景，很惊喜地遇到了许多志趣相投之士，当然，也有许多人认为保护环境会降低企业的竞争力。

我还与许多重要客户（包括以前的客户）面对面谈话，同许多其他利益相关者会面，并鼓励各位副总裁及其下属也这么做。我拟定了一套流程，大约每个月挑选某个区域的一家客户公司，邀请一些人（如工厂经理、制造工程师等）花一个小时与我们坦率讨论如何加强双方关系。

几个月后，我召集几位副总裁及其直接下属、海外分公司经理举行了一场为期两天的外出静思会。那时，我已经与每位参会者建立了联系，因此当我谈论公司的前途时，我知道自己不是在自说自话。接下来，我们进行了一系列坦率的讨论，把公司面临的问题都摆到桌面上。我不断询问下面两个问题：挖掘公司潜力的内外部障碍是什么？如何克服这些障碍？

你：和该公司的执行团队共事，你感觉如何？

艾德：如果这三波变革真的发生，那么我无法独自领导整个公司。我需要建立一个合作型领导团队，其中每位副总裁不仅对本职工作负责，还对整个公司负责。我无意放弃最终决策权，但我希望执行团队能够像首席执行官那样工作，公司层面的问题不仅属于我的职责范围，也是领导团队中每个人的责任。在一个货真价实的团队中，每位成员都可以帮助其他成员取得成功。

我们仍处于发展的起步阶段，但已经显露出朝正确方向前进的迹象。几个月前，我们决定创建一个基于场景的战略思考流程，它将吸收各部门员工以及外部利益相关者的意见。我们召开了一次大型会议来启动该流程，会议期间来自不同部门的人做了陈述。在此次会议召开前的一周，人们都认真从事准备工作，气氛非常热烈，充满活力和兴奋感。我对制造部门的几位主管组成的小组印象非常深刻，实际上是被打动了。几位主管非常忙碌，也非常真诚，他们提出了大量好创意，你可以看到他们为此付出的努力。

会后，我多次听到员工说非常喜欢那次会议。对几位副总裁而言，这也是一次难得的机会，他们能够亲身体验到领导团队既可以赋权他人，又可以赋权自我。这也让我有机会了解他们如何与不同层级的人互动。

我还希望执行团队成员相互信任，任何成员都可以插手相关事务并发挥领导作用。当拉伊不能身体力行时，我不想独自在办公室中面对他。必要时，我可以进行艰难的一对一谈话，但我想要更高程度的集体责任感，也告诉过他这一点。我认为已经取得了进展，但仍处于起步阶段。

你：迄今为止，你有没有遇到特别具有挑战性的谈话？

艾德：迄今为止，最艰难的是我与塞塞莉娅围绕社会与环境责任进行的谈话。首次谈论该话题是在面试期间，当时我提到会通过提高能源效率、减少环境方面的浪费来削减成本。我注意到，她对这种思维方式非常陌生，所以当时没有继续谈论。

后来，当在一家工厂中发现了几名在环保方面志趣相投之人时，我从可以自由支配的预算中拨付了一笔资金，让他们私下推进某个试点项目，从而表明环境效率如何能够削减成本。但厂里的几个老好人告诉了塞塞莉娅，说我"把钱浪费在不必要的地方"，于是她打电话把我训斥了一顿。塞塞莉娅非常生气，甚至态度有点粗鲁。她说曾经明确告诉过我不要做那些事。实际上，她从未明确告诉我，但我非常理解她的感受。

刚开始我只是坐着听她说话，她的咆哮在我心里引发了一些非常负面的感受。我不同意她的话，但设法不作出过分防卫性的反应。我回顾了一下她说的话，然后问她，是否想听一下我同意该试点项目的理由。她似乎已经平静下来，表示同意。我介绍了自己在前一份工作中如何大范围从事类似项目，并且迅速获得了不俗的投资回报。长话短说，最后她同意在我们共同审查试点项目的成果之前不下结论。

上面是我对工作进展情况的简要概述。你对老朋友有什么建议？你的帮助会让我受益匪浅。

你想了片刻，然后说："你花大量时间解决的问题，许多管理者认为是次要问题。当公司在为利润率苦苦挣扎时，你却试图营造一种合作型文化，让团队成员聚焦社会与环境问题。你真的确信自己能够同时发起三波变革吗？"

艾德回应道："这是个非常好的问题，实际上，执行团队会议上已经有人提出了该问题。就环境效率而言，该领域已有大量唾手可得的成果，这些成果有助于我们提高利润率，而非相反。类似 IBM 那种创意在短期内需要支付成本，但长期内会有回报：我们将不得不视情况而定。我正在努力创建一个能够认识并解决这类困境的执行团队。作为一名具有战略眼光的首席执行官，我认为合作和参与非常重要。我们越迅速地创建一个有凝聚力、直言不讳的执行团队，公司就能够越快地恢复利润率和行业领先地位。"

第五位艾德：协同者

你：你好，艾德。你担任首席执行官已经 7 个月了，工作进展如何？

艾德：令人振奋，并且需要全身心投入。现如今，我正在寻求工作与生活的更佳平衡。此刻我只是借此机会来理顺思路，和你重新联系，同时享受美食！

刚上任时，我心里对这份工作没底。实际上，当时我对这个行业非常怀疑。我的前一份工作非常成功，这证明了 Overmyer AMT 公司可以通过提高环境效率节省大量资金。但当我看到全世界正在发生的事情时，深感一家公司的变革似乎不过是沧海一粟。

我考虑过成为一名企业责任顾问，但实际上更倾向于成为一名领导者，制造业的基因已经融入我的血液，某天早上当我进行晨间冥想时，几个问题突然跃入脑海：对人类和世界有益的制造业（无论是生产的产品还是生产方式）会是什么样的呢？我是否可以把 Overmyer AMT 公司打造成一家新型企业，其首要使命是帮助在全世界范围内构建真正可持续的制造业？如果我们首先成为一家典范公司，进而通过顾问咨询来帮助客户向我们学习，那么会发生什么？

对此，我想得越多就越激动，也有点担忧。这似乎不是我能够胜任的事情。但不知何故，我有种挥之不去的感觉，确信这就是自己奋斗终生的事业。

你：你是怎么开始的？

艾德：我做了通常需要做的所有事情。现在看来，这些事情没什么独特之处，包括熟悉直接下属，着手建立关系，尝试理解社交网络等。围绕愿景与创新，我在公司的各部门进行了多次谈话，遇到了许多积极主动、极其能干的人，也见到大量志趣相投之士，给了他们很多鼓励。

我与客户以及其他利益相关者沟通，并且让几位副总裁及其下属也这么做。我还召集执行团队以及其他管理人员举行"机会谈话"。我们对客户需求、新技术、竞争对手采取的措施、环境问题甚至几位演讲嘉宾的意见等进行汇总，通过集思广益寻找最佳机会。

几个月后，我召集几位副总裁及其直接下属、海外分公司经理举行了一场为期两天的外出静思会。我做了简单的介绍，以便他们了解我，让他们知道我曾经处在他们的位置。我聚焦利润率和行业领先地位播下了一颗种子（行业领导者不仅仅事关市场份额），从那之后我一直进行浇灌。这个行业一直在变化，有时是以非常新颖和颠覆性的方式发生变化。成为真正的行业领导者意味着影响 AMT 行业的发展，甚至可能影响整个制造业的未来。我只是简单地植入了这种想法。

在就常见问题进行问答后，其余时间我们围绕两组问题开展圆桌讨论：首先，我们的优势是什么？哪些举措有助于我们占据行业领先地位，在此基础上如何进一步发展？其次，重回行业领先地位的障碍是什么？如何克服这些障碍？我感觉这是一个很好的开端。当我开始谈论公司的优势以及在此基础上如何进一步发展时，我能够感受到人们的兴奋之情。

你：和该公司的执行团队共事，你感觉如何？

艾德：我的目标是把执行团队转变为真正的合作型领导团队，从本质上讲，该团队可以作为首席执行官发挥功能，让我能够把更多精力用于倡导长期愿景和维护外部关系。团队成员已经作出了郑重承诺。他们召开了一次非常成功的会议，从而开启基于场景的战略思考流程。在那次会议上，参会者提出了大量的好创意，进行了许多深刻的讨论。几位副总裁正面临巨大的发展机遇。

在第一个月，我认识到制造副总裁难以胜任当前职位。我们进行了多次坦率的对话，他承认自己无法胜任当前职位。在双方同意的前提下，我们将把他调回工厂经理岗位，这样就可以进行其他人事调整。我们将用一位非常能干和具有创新精神的人替换他，此人与我一样，怀有非常远大的企业愿景，在创建高绩效的、基于团队的制造工厂方面经验丰富——这正是我们未来需要的。真令人兴奋！

你：迄今为止，你有没有遇到特别具有挑战性的谈话？

艾德：最有挑战性，也最有趣的是与塞塞莉娅的谈话。在最初几个月中，对她而言极为重要的是，我们采取的措施能否切实提高公司的利润率。随着我们相处得越来越融洽，她对我采取的措施越来越有信心。关于她的家族想要为世人留下什么遗产，我们已经能够轻松坦诚地交流。我鼓励她坦陈自己的价值观，并且开始讨论如何更充分地将其融入公司的经营中。

例如，她愿意支持我已经开始的试点工作，我们已经把环境效率标准纳入一家制造工厂正在重新设计的流程中。未来，她希望能够做些事情支持数学和科学教育。但她真正感兴趣的是我们几个人提出的下述令人激动的想法：在我被聘用前，前任首席执行官已在考虑出售公司的工具和模具部门，这个部门是塞塞莉娅的曾祖父创办的Overmyer工具和模具公司最后的象征。我们的想法是把该部门迁到第三世界国家，在那里它可以支持微型企业的发展，帮助那些最贫穷的人。这是一个令人激动的想法，一旦公司的利润率得以提升，我们就会设法予以落实。

总体而言，我箭在弦上不得不发！你是一位非常有耐心的听众。我想知道，你对这一切有什么看法。

你告诉艾德，你认为他非常勇敢，并且问他是否担心过于理想化——如果其他人最终不认可他的愿景，他会不会作出激烈反应，甚至可能崩溃。

他回应道："是的，有时候我确实会担心，有时候也感到信心满满，还有时候感到自己没有这方面的才能。谁知道结果会如何呢？最重要的是，这个潜在愿景如此吸引人，我觉得必须努力变为现实。并且，这个愿景确实能够激发我的斗志！"

你作出回应，并继续这场谈话。不久你就认识到，你正在谈论自己生活中的重要事情。第五位艾德已变为听众。

初步自我评估

看到上述场景时，有人可能怀疑我们介绍的后英雄式领导是否过于理想化，也有人甚至怀疑这些领导力敏捷度层次是否具备坚实的研究基础。① 实际上，尽管上述场景都是虚构的，但每种都基于精心设计的研究，符合特定敏捷度层次的客户和受访者在类似情景中的言行。当读到第二部分时，你会发现本章介绍的虚拟场景和各章节中介绍的真实领导力故事之间存在许多联系。

到时候你可以回顾这五种场景并考虑哪种最能代表自己践行领导力的方式。②（你也可以使用表1-1。）正如前文所言，你可能会发现，在不同情景中，你所处的敏捷度层次可能有所不同。果真如此的话，记录这些差异会很有帮助。你的敏捷度层次主要是在从一个行动领域转移到另一个行动领域时发生变化吗？有没有其他情景因素导致敏捷度层次发生变化？③

你也可以自问：在了解这些领导力敏捷度层次后，我对自己现在所处的层次满意吗？假如你通常处于实干家层次，并且想要发展至促变者层次，但你不确定是否想要成为共创者层次或协同者层次的管理者。没关系。从某个领导力敏捷度层次充分发展至新层次需要花费时间和精力，因此要循序渐进。一旦你稳定在新层次，那么再高一个层次可能会引起你的兴趣，也可能不会。但只有到了新层次后你才能确定到底应该如何。

---

① 关于本书立足的研究基础，更多信息详见附录A。
② 如果你觉得回答该问题时需要掌握关于领导力敏捷度层次的更多信息，请不要担心。了解了每个敏捷度层次的更多信息后，第9章将再次回到这个问题。
③ 例如，当你从一个组织转移到另一个组织时，尤其当需要适应不同类型的组织或了解一个新行业时，你的整体敏捷度层次会下降一段时间。当压力非常大时，你的敏捷度层次也会暂时下降。与此同时，提高你的敏捷度层次可以提升抗压才能。

第3章

四种领导力敏捷度类型

如何成为更敏捷的领导者？在第10章，我们将更详细地回答该问题，此处仅简要作答：整合方法是最快速、最可靠的方式。整合方法结合了常见的由外而内的领导力发展方法和由内而外的领导力发展方法。你可能会说，这到底是什么意思呢？

通过发展敏捷领导力并不断付诸行动，你可以由外而内提高敏捷度。第2章的五个场景清晰描述了与每个敏捷度层次相关的行为。然而，它们只是暗示了使这些能力成为可能的心智才能与情感才能。例如，为什么促变者层次的第三位艾德比实干家层次的第二位艾德能够以更具参与性的方式领导组织呢？要回答这类问题，我们需要由内而外理解领导力敏捷度。

在引言中我们提到，当领导者达到相应的个人成长阶段时，就会形成特定敏捷度层次所需的才能。经过广泛的研究和分析，我们发现，每个成长阶段本质上是八种心智才能与情感才能的集合。每当你达到某个新的成长阶段，这种才能的集合就会达到一个新的层次。所有八种才能都有助于提升你作为一名领导者的高效性。

成长才能的一个例子是理解利益相关者，即理解和同情不同观点（无论是否同意）的本领。第三位艾德的领导力比第二位艾德的领导力更具参与性，一个原因是前者理解利益相关者观点的能力更强。教练和顾问经常建议实干家层次的管理者像第三位艾德那样行动。然而，这些行为往往难以持久。为什么？因为通常实干家层次的管理者尚未形成支持参与式领导力的心智才能与情感才能。①

第 10 章将指出，领导力发展的整合方法可能让你在形成新才能的同时学会新领导行为。当运用整合方法时，新领导行为更容易养成，并且显得更自然。②

领导力敏捷度罗盘

为了帮助你充分利用整合方法，本章将介绍一种图形工具：领导力敏捷度罗盘。经研究，我们发现那些在不断变化的组织环境中最成功的领导者表现出下述四种相辅相成的敏捷度类型：

- 环境设定敏捷度。它能提高你认识环境，提出有待采取的举措，阐明需要实现的成果的本领。
- 利益相关者敏捷度。它能提高你与关键利益相关者沟通的本领，从而为你的举措赢得支持。
- 创造性敏捷度。这种类型的敏捷度有助于你把遇到的问题转化为所需的成果。

---

① 与新敏捷度层次相关的行为不能持久的一个症状是频繁作出旧行为，而很少意识到或关注这些失误。另一个症状是，领导者反复以符合当前敏捷度层次的方式作出新行为。例如：实干家层次的管理者向利益相关者征求意见，但仅仅为了赢得支持而不会虚心接受。

② 本书在第 10 章指出，该方法的效率非常高，有助于你（作为一名领导者）通过日常举措加速成长。

- 自我领导①敏捷度。这种类型的敏捷度是指把采取的举措转化为机会,从而成长为心目中理想的领导者的本领。

图 3-1 所示的领导力敏捷度罗盘形象地展示了上述四种敏捷度类型。罗盘的每个象限代表一种类型。外圈代表与每种类型相关的领导力实践。中圈代表支持每种敏捷度类型的才能。本章将介绍罗盘的四个象限,并用第 2 章五位艾德的故事中的简单例子描述每个象限。与此同时,我们也介绍支持每种敏捷度类型的一对内在才能。本章的最后将介绍另一个版本的领导力敏捷度罗盘,该罗盘可以展示所有八种才能。

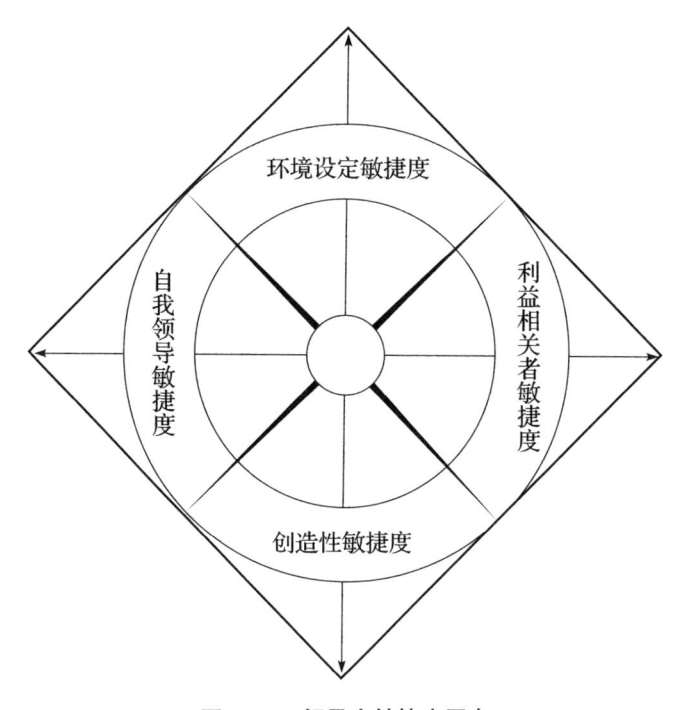

图 3-1 领导力敏捷度罗盘

---

① 术语"自我领导"来自查尔斯·曼茨(Charles Manz)和克里斯托弗·内克(Christopher Neck):《掌握自我领导》(第 3 版)(*Mastering Self-Leadership*, 3rd edition)。

环境设定敏捷度

作为一系列领导任务,环境设定敏捷度包括认识环境,预测重要的变化,确定所需的举措,框定每种举措的范围,阐明所需的成果。[①] 如同其他三种能力,环境设定敏捷度有五个层次。你在执行这些任务时所处的敏捷度层次取决于下列两种个人才能:**情景意识**(situational awareness)和**使命感**(sense of purpose)。

任何领导举措都处于特定的宏观环境中,因此你采取一项领导举措时需要注意宏观环境,这种注意的程度就是情景意识。该才能犹如在心里安装了一个变焦镜头:你可以从当前问题退后一步,从更宏观的环境看待它,然后再把该问题放大,同时牢记宏观环境。随着情景意识的不断发展,你会更深刻地了解相关举措对社会环境与自然环境造成的影响。

随着使命感的发展,你的领导举措切实服务于他人的需求,这对你而言变得越来越重要。[②] 你会发现,即使这些举措在遥远的未来才会取得最终成果,但依然令人振奋。随着使命感的发展,你也会发现自

[①] 当你的整个团队或组织存在有待解决的问题时,环境设定包含相同的基本步骤:你为团队或组织确定战略方向,该过程可能包括界定使命、愿景、价值观、战略目标,而不单单是澄清某项举措旨在实现的成果。

[②] 彼得·圣吉(Peter Senge)以往经常强调,深刻的使命感具有强大的力量和效力。例如,他说:"缺少真正的使命感,在充满挑战的时代你就难以驾驭繁荣发展所需的能量、激情、承诺与毅力。"参见彼得·圣吉:《在全球经济中创造理想的未来》(Creating Desired Futures in a Global Economy),第 4 页。我们的研究显示,后英雄式敏捷度层次的领导者往往是罗伯特·格林利夫(Robert Greenleaf)所谓的仆人式领导者:"仆人式领导力始于个人想要提供服务和服务优先的天然倾向。服务优先的人与领导者优先的人截然不同,或许由于前者没有强烈的权力欲或物质欲……二者的区别在于前者表现出的关心——首先确保满足他人最优先的需求。最好且最难以进行的检验是:那些得到服务的人会成长吗?在获得服务时,他们会变得更健康、更聪明、更自由、更自主吗?更可能自己也成为仆人式领导者吗?对社会上最弱势的群体的影响如何?最弱势的群体会从中受益吗?或者,利益至少不会被进一步剥夺吗?"参见罗伯特·格林利夫:《仆人式领导力》(*Servant Leadership*),第 13~14 页。

己可以更轻松地在不同的时间框架中反复转换。①

例如,每位后英雄式艾德都具有一定的环境设定敏捷度,这使他可以推出有远见的举措,把行业外的因素纳入考虑范围。作为促变者层次的管理者,第三位艾德对Overmyer AMT公司的期望包括但不限于提高利润率,成为行业领导者等具体的战略成果。②他还想要营造一种组织文化,这种文化将成为各行各业企业的标杆。根据第四位艾德和第五位艾德的设想,企业责任是一项核心战略与经营原则。③

利益相关者敏捷度

作为一系列领导任务,利益相关者敏捷度包括识别相关举措涉及的关键利益相关者,理解他们的利害关系,评估各自目标的一致性,并找到提高一致性的方法。你在执行这些任务时所处的敏捷度层次取决于下列两种个人才能:**利益相关者理解**(stakeholder understanding)和**权力风格**(power style)。

利益相关者理解层次决定了你对利益相关者目标与观点的理解程度(尤其当双方观点不一致时)。你的权力风格部分取决于对权力和权威的假设。当与关键利益相关者在观点和利益方面存在分歧时,你通常

---

① 近年来,关于上市公司最高管理层承受巨大压力(发布季度业绩)产生的适得其反的效果,已经出现了大量著述。这种系统性压力非常大,我们没有任何办法缓解。然而我们发现,更高敏捷度层次的领导者更可能以兼顾长期需求与短期需求的方式应对压力。例如,当石油公司总裁罗伯特设定战略思考研讨会的环境时,亟须公司的股价短期上涨,并且罗伯特将其作为衡量新战略创意的一个标准。然而,作为一名促变者层次的领导者,他也非常清楚,新战略必须树立一个长期愿景,即创立一家在业务绩效和组织文化方面堪称典范的公司。参见利夫(Leaf):《诱惑无处不在:诺华制药公司的丹尼尔·魏思乐谈论制造数字、自我欺骗、渴望成功的风险》(Temptation Is All Around Us: Daniel Vasella of Novartis Talks About Making the Numbers, Self-Deception, and the Danger of Craving Success);戴维斯(Davis):《如何避开短期陷阱》(How to Escape the Short-Term Trap)。

② 实干家层次的管理者把组织文化和组织能力的发展作为实现战略目标的手段。促变者层次的管理者认可该观点,但也赞同:所有战略目标得以设定和执行的环境由组织文化和组织能力营造。参见乌尔里克(Ulrich)和莱克(Lake):《组织能力》(*Organizational Capability*)。

③ 关于领导力敏捷度与企业责任的关系,详见第9章"常见问题解答"部分。

的反应方式也体现了自己的权力风格。多数领导者的权力风格都强调下列两种基本权力之一:**独断性权力**(assertive power)和**包容性权力**(receptive power)。前者表现为主张自己的观点,维护自身的利益。后者貌似与前者矛盾,实际上是一种更精致的权力,立足于理解和认真考虑他人观点和目标的意愿。在英雄式敏捷度层次的管理者中,只有极少数人主要依赖包容性权力,绝大多数人表现出更独断的权力风格。[1]

如第 2 章所述,后英雄式利益相关者敏捷度层次的艾德具备一种深入洞察不同参照框架的才能,同时仍然尊重自己的观点。这种才能与他们整合独断性权力和包容性权力的本领得到了提高有关。后英雄式艾德致力于构建参与式团队和组织,这不仅为了赢得支持,还因为他认为真诚的对话可以提高决策质量。[2]

创造性敏捷度

成功的领导举措能够把实际的或潜在的问题转化为预期成果。[3] 在复杂多变的环境中,你会遇到认知科学家所谓的"非结构化问题"。这些问题非常复杂,往往表现出许多全新的特征。非结构化问题不是预先定义的,你必须亲自定义该问题。并且非结构化问题没有唯一正确的答案,而是有许多貌似合理的答案。在有需要的时候,你很少能够获得解决问题所需的全部信息。当跨越了学科、组织或文化边界,并

---

[1] 这些观察结论基于数十年来同多位领导者合作共事的经验。如果你想了解基于实践并得出同样结论的学术研究,请参阅阿吉里斯(Argyris)和舍恩(Schön):《实践理论》(*Theory in Practice*)。两位作者逐字逐句分析了有关重要商业问题与组织问题的成千上万次对话,发现人们对待不同观点的主要风格是单方独断,在少数情况下主要风格是单方包容(收回自己的观点或服从他人的观点)。只有在不到 10% 的情况下人们表现出真正的合作风格。延兹(Jentz)和沃福德(Woffard)的《领导力与学习》(*Leadership and Learning*)以及附录 A 所述我们开展的多阶段研究,都证明了这种模式。

[2] 关于后英雄式相互赋权的介绍,详见巴里·奥施瑞(Barry Oshry):《组织的可能性》(*The Possibilities of Organization*)。

[3] 即使那些聚焦抓住新机会的举措也必然要求你解决问题并克服障碍。

且需要同其他问题一起解决时，问题就会变得更加非结构化。[1]

创造性敏捷度能力最适合解决非结构化问题：兼用批判性思维与突破性思维作出独特的、合适的回应，从而解决这类问题。[2] 作为一系列领导任务，创造性敏捷度包括应用这种思维识别并诊断关键问题，形成并开发可能的选项，决定最佳解决方案。[3] 你的创造性敏捷度层次取决于下列两种个人才能：**联结意识**（connective awareness）与**反思性判断**（reflective judgement）。[4]

在诊断和解决问题时，联结意识有助于你兼容不同的观点和经验，对它们进行比较，进而建立有意义的联系。联结意识也有助于你从当前问题退后一步，以便理解不同问题如何相互关联，对问题进行优先排序，或者审视这些问题与先前问题的异同。联结意识还有助于你发现表面上相互冲突的观点有什么共同之处——这是创造性思维的典型特征。[5]

---

[1] 认知科学家绘制了一个连续统一体：一端是结构化问题，另一端是非结构化问题。参见西蒙（Simon）：《非结构化问题的结构》（The Structure of Ill-Structured Problems）。结构化问题往往简单明了，符合常规，具有清晰明确的答案。非结构化问题通常新颖复杂，没有唯一正确的答案。这个连续统一体直接对应第 1 章描述的不同种类的组织环境。具体而言，组织环境越复杂，变化越迅速，你面临的业务和组织问题就越非结构化。

[2] 解决非结构化问题需要运用创造性思维，参见纳德勒（Nadler）和日比省三（Hibino）：《突破性思维》（*Breakthrough Thinking*）；摩根（Morgan）：《意象化》（*Imaginization*）；拉伊（Ray）和迈尔斯（Myers）：《企业中的创造力》（*Creativity in Business*）。许多研究在企业中如何发挥创造力的专家强调，创造性地解决问题实际上结合了我们通常认为的创造性思维（如关于新想法的头脑风暴）与批判性思维。正如谷歌负责搜索产品和用户体验的副总裁玛丽莎·梅耶尔（Marissa A. Mayer）所言："约束条件可以塑造并聚焦问题，明确提出需要克服的挑战。在约束条件下，人们能够发挥最大的创造力。但约束条件必须合理地无视明显不可能的条件。"参见玛丽莎·梅耶尔：《发挥创造力需要约束条件》（Creativity Loves Constraints），第 1～2 页；埃文斯（Evans）和罗素（Russell）：《创造性管理者》（*The Creative Manager*）；冯·欧克（von Oech）：《当头棒喝》（*A Whack on the Side of the Head*）；班德罗夫斯基（Bandrowski）：《企业的想象力＋》（*Corporate Imagination Plus*）。

[3] 当然，为了完成该过程，你还需要制定计划，贯彻落实，监测成果并从中学习，从而形成一个完整的诊断周期。

[4] 某些性格类型和思维方式往往更有创意，但此处我们强调的是伴随个人成长至新阶段而形成的才能。

[5] 参见库斯勒（Koestler）：《创造的艺术》（*The Act of Creation*）。正如菲茨杰拉德（F. Scott Fitzgerald）的名言："一个人的智力是否属于第一流，要看他脑袋承载着两种对立观念时，还能否正常运作。"

当你采取某些领导举措时，反思性判断是用来决定什么是正确的以及确定最优行动方针的思考过程，也包括如何向自己和他人证明这些结论。[①] 随着反思性判断层次的不断提高，你会越来越意识到所有人类感知和决策中固有的主观性。你也开始领会到，自己的判断以及他人的判断如何被性格、家庭教养、文化背景等非理性因素塑造。随着这些认识的深化，你会形成质疑潜在假设并认真考虑一系列不同观点的本领。[②]

相比于第二位艾德，后英雄式的几位艾德能够看到同样的战略问题并提出相应的解决方案，然而后英雄式的反思性判断有助于在思考时跳出单一参照框架。这使他们更容易超越传统观念，更有创造性地思考问题。此外，这种层次的联结意识使他们能够保持不同参照框架之间的心智和情感张力，进而能够在貌似相互对立的观点和目标之间建立有用的联结，从而把冲突转化为真正双赢的解决方案。

以第三位艾德处理制造副总裁绩效问题的方法为例。他并没有把选择范围局限在英雄式艾德设想的方案（要么留任原职，要么解雇），而是设法把这位副总裁的参照框架明确化（适合操作性岗位而非战略性岗位），从而提出一套双赢方案：制造副总裁调到工厂经理岗位。这可以让第三位艾德推进其他人事调整，同时解决更广泛的问题，实际

[①] 参见金（King）和基奇纳（Kitchener）：《培养反思性判断》（*Developing Reflective Judgment*）。这项研究基于哈佛大学威廉·佩里（William Perry）等人进行的阶段发展研究（《大学期间的智力与道德发展形式》（*Forms of Intellectual and Ethical Development in the College Years*））。金和基奇纳把反思性判断视为一种成长才能，可用于解决非结构化问题。他们对反思性判断的基本定义与美国哲学家约翰·杜威（John Dewey）在《我们如何思维》（*How We Think*）中的最初用法基本一致。他们的定义实际上包含联结意识，但我们选择把两者分开，因为它们似乎是彼此不同但相互补充的才能。

[②] 此处使用的"判断"不是评判的意思（固执己见、挑剔、评判等特征在英雄式领导者身上表现得尤其明显），而是指一种洞察力，这种才能对于评估当前形势和决定采取的最优行动方针至关重要。把反思性判断的才能发展至更高层次需要勇气，因为这要求你锻炼批判性思维，同时承认所有人类知识和判断最终都是主观的和不确定的。然而，你在这方面成长越多，就越能有效地与他人合作，从而巧妙地结合创造性思维与批判性思维得出解决方案。

上实现了三方共赢。

自我领导敏捷度

查尔斯·曼茨和克里斯托弗·内克在《掌握自我领导》(第3版)中指出:"如果我们想要有效地领导他人,那么首先需要有效地领导自我。"① 作为一系列领导任务,自我领导敏捷度是一个循环过程:你确定想要成为某种领导者,然后在日常举措中尝试朝着实现抱负的方向前进,进而反思自己的经历,微调想要作出的改变。② 在此过程中,你的自我领导敏捷度取决于下列两种个人才能:**自我意识**(self-awareness)和**成长动机**(developmental motivation)。

你对自身想法、感受与行为予以注意和反思的程度就是自我意识层次。在更普遍的意义上,自我意识层次也指自我认识的准确性与完整性,包括你作为一名领导者对自身当前优劣势的了解程度。每当你成长至新阶段,自我意识层次就会提高,促进你(作为个人和作为领导者)成长的因素也会发生变化。③

尤其在处于英雄式层次时,三个关键因素塑造了你的成长动机:职业自尊的主要来源、领导理想(心目中理想的领导者)、用于评估自我时立足的情感基调。当感到正逐步实现领导理想或者朝着该目标前

---

① 参见曼茨和内克:《掌握自我领导》(第3版)。请注意,自我领导并非意味着当他人担任领导职务时,你要坚定不移地追随,而是意味着,作为一名领导者,你最终要对自身的成长和领导有效性负责。相比于曼茨和内克,我们赋予自我领导敏捷度非常相似的意义,但并非在所有方面都相同。两者的主要区别在于,我们界定了五个自我领导敏捷度层次,并且运用自己的评估工具、教练与培训方法来培养这种领导力敏捷度的能力。

② 隆巴尔多(Lombardo)和艾兴格(Eichinger)在《领导力机器》(*The Leadership Machine*)中指出,自我领导敏捷度在某些方面类似于学习敏捷度(learning agility)。

③ 我们所谓的"成长动机"是指激励你在当前层次内成长的因素,并不是指激励你从当前层次成长至新层次的因素。成长至新敏捷度层次的动机通常包括同当前敏捷度层次的局限性相关的不满足感以及对经历更高层次可能发生之事的渴望。从这个意义上讲,从当前层次成长至新层次的动机与每个层次内的成长动机相同。

进时，你的自尊通常会增强。当感觉未达到领导理想的标准或者没有取得足够进展时，你的自尊通常会受伤害。只要适度，这两种反应都能够激励你朝着领导理想的目标前进。

处于专家层次时，你的潜在成长动机是作为领导者提高自我，以便因掌握的专业知识和睿智观点而受到赞赏。处于实干家层次时，你想要获得所需的能力来实现成果，这些成果会推进你职业生涯的发展，促进组织的成功。处于后英雄式层次时，你形成了一种作为个人实现成长的内在动机，想要在工作和生活中找到更崇高的个人意义。尤其在处于共创者层次和协同者层次时，你想要以为他人服务的方式进行领导，同时赋予自己的生活更深刻的使命感。例如，第四位和第五位艾德构想了一家能够实现更伟大福祉的公司，这家公司能够提供机会让每个人作出有意义的贡献。

处于后英雄式自我领导敏捷度时，你的自我意识会达到新层次，能够察觉习以为常的行为、感受与假设，处于英雄式层次时这些都没有进入你的关注范围。你发现，严厉的自我评判会让自己产生防卫心理，妨碍真正的自我认识。矛盾的是，自我认识越具有包容性，就越容易找到内在优势从而作出所需的改变。[①] 在此基础上，你就会更自然而然地主动征求反馈意见。例如，我们看到第三位艾德向执行团队征求关于领导风格的反馈意见。

整 合

高度敏捷的领导者会统筹上述四种能力，以便让它们共同发挥作用。最好通过明确设定环境来启动一项举措，但启动前与关键利益相

[①] 心理学家卡尔·罗杰斯（Carl Rogers）曾经说："奇怪的悖论是，当我接受真实的自己时，就能作出改变。"

关者沟通是明智的。这也是思考下述事项的好时机：该举措可能为尝试更有效的新领导行为创造机会。

制定并实施某些举措的过程中，创造性敏捷度在你处理遇到的问题时尤其有用。为了使有效性最大化，你需要让关键利益相关者参与这些问题的创造性解决过程，并且在此期间主动从体验中学习。另外请记住，要在更宏观的环境中实现新的成长，你可能需要运用环境设定敏捷度重新思考相关举措的范围与目标。

领导力敏捷度的四种能力与提供支持的八种才能之间的关系，详见图 3-2。

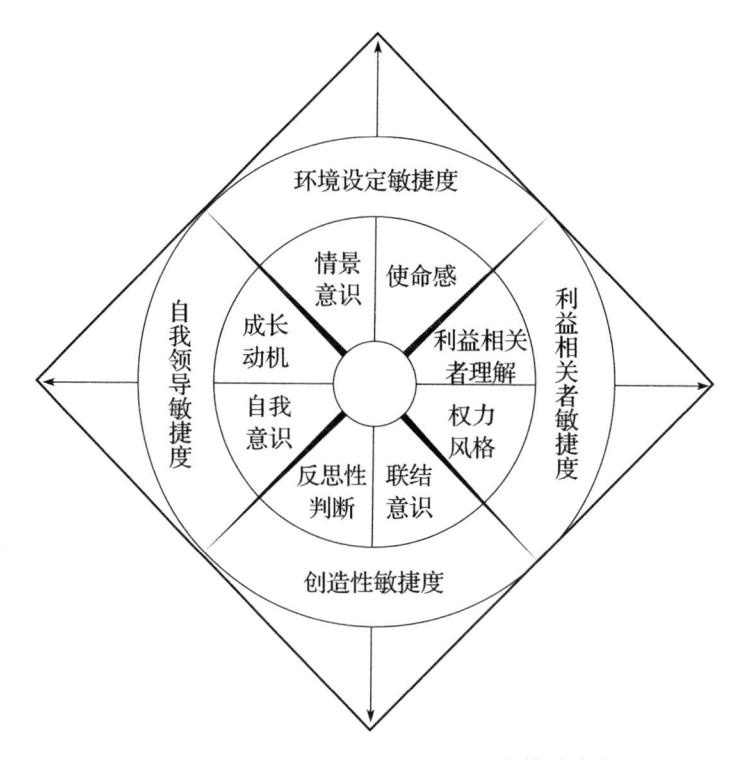

图 3-2 领导力敏捷度罗盘：提供支持的才能

该图的外圈代表运用领导力敏捷度的四种能力执行的任务。中圈代表对这些能力提供支持的四对才能。① 最内圈代表意识与意图层次，这是每个领导力敏捷度层次的基础。

意识与意图层次

从本质上讲，践行每种敏捷度都包含从当前关注点退后一步（这会赋予你更宏观的视角），然后全面参与下一步需要做的事务。

- 环境设定敏捷度要求退后一步，根据宏观环境的变化确定采取的最优举措。
- 利益相关者敏捷度要求从自己的观点和目标退后一步，考虑那些与你的举措有利害关系之人的观点与需求。
- 创造性敏捷度要求从习以为常的假设退后一步，为时常面临的新颖、复杂的问题提出最佳解决方案。
- 自我领导敏捷度要求退后一步，更敏锐地意识到自己的想法、感受与行为，并尝试更有效的新方法。

在任何领导力敏捷度层次上，当你从当前行动退后一步时，就退到了与该层次相符的意识与意图层次上。② 例如，在实干家层次，当你退后一步时，就会激活强有力的反思才能和实现所需成果的意图。在你提出领导举措时反复运用该层次的意识与意图，有助于形成实干家

---

① 在每对才能中，一个强调意识，另一个强调意图。然而，所有八种才能都既包含心智方面的内容，又包含情感方面的内容。其中，支持环境设定敏捷度和创造性敏捷度的才能更强调心智方面，而支持自我领导敏捷度和利益相关者敏捷度的才能更强调情感方面。

② 我们将在第10章进一步讨论，两种意识模式（反思和注意力）有助于形成领导力敏捷度所需的个人才能。在我们的用法中，反思是某种经历后出现的心智过程，促使你回忆和思考先前的想法、感受与行为。注意力是对当下身体、精神、情感体验的非概念性直接意识。当你成长到后因循阶段时，注意力会逐步发展，把你带入一段同当下体验紧密联系的关系中，这段关系反而会赋予你更多视角。从这个意义上说，反思和注意力都可以描述为从当前关注点退后一步。

层次的才能，如进行战略性思考①的才能等。

当你发展至促变者层次时，就会激活额外层次的意识与意图：学会退后一步并当场进行反思。这种新素质提高了你对假设、感受与行为的意识，否则你就会忽视它们。你也会形成一种意图：创造能够持续实现所需成果的环境。在推进领导举措时贯彻这种新层次的意识与意图，有助于你形成新层次的敏捷度：正如第1章中罗伯特的故事，你会提高愿景思维的才能，并且在制定战略时创造机会让关键利益相关者参与。

让我们返回领导力敏捷度罗盘：内圈代表了意识与意图层次，这奠定了各个领导力敏捷度层次的基础。在行动时反复运用这种层次的意识与意图，有助于形成中圈代表的八种心智才能与情感才能。进而，这些才能又会促使领导力敏捷度的四种能力提升到新层次。

第二部分的五章内容将通过真实的故事帮助你全面了解五个领导力敏捷度层次。每章的最后部分都会介绍前述八种才能如何在相应的敏捷度层次上发展演变，也会介绍奠定这些才能基础的意识与意图层次。第10章将阐述如何成为更敏捷的领导者，届时我们将回到这些主题。

---

① 战略性思考是实干家层次使命感才能的标志。

02

第二部分
五个领导力敏捷度层次
LEADERSHIP AGILITY

第4章

专家层次：解决关键问题

托尼（Tony）刚刚 30 岁出头，在一家生产个人护理产品的公司担任销售经理。在多种销售管理岗位上积累了足够的经验后，他被提拔为仓储式商店的营销经理。[①] 如同当今约 45% 的管理者，托尼处于专家领导力敏捷度层次。

领导力对专家意味着什么

专家层次的管理者如何理解领导力？托尼希望在老板、客户以及团队成员的心目中，自己能够成为一名领导者。当我们问及作为一名领导者意味着什么时，托尼说：

我最尊敬能够解决问题的领导者，他们既自信又有独特的风格，

[①] 托尼在波士顿学院卡罗尔商学院获得 MBA 学位，同时他参加了一个关于领导力的行动学习课程，时间为一个学期。该课程由卡罗尔商学院教授托伯特和兼职教师比尔·乔伊纳（Bill Joiner）讲授。

能够不断作出正确的选择。当他们确信自己正确无误时，敢于站出来捍卫自己的立场。他们保护、支持并指导较弱的同事，维护积极向上的团队精神。如果犯了错，他们会立即改正并承担责任。如果在工作中遇到困难，他们会加倍努力。如果工作一切顺利，他们会继续追求增长和更大的成功，而不是安于现状。

这是我心目中理想的领导者，我也希望人们如此看待我。在我的岗位上，我希望作为一名真正的专家（具备敏锐的商业头脑，真正了解业务、客户以及行业）受到尊重。在任何与业务相关的问题上，我希望成为市场和业界首先要寻找的人。若能做到这些的话，我想，当有用人需求时我将被考虑，甚至可能会进入公司的品牌营销部门任职，或者调到为十大客户服务的高级销售岗位。

当我们问托尼，需要怎么做才能成为更优秀的领导者时，他说：

我已经证明，我能够把握新产品和新岗位的细微差别，现在需要做的是全面了解品牌的发展方向和部门业务。我认为自己能够冷静地在公开场合发言，但在与同事和同行打交道时，我需要掌握更多事实。

当我们问托尼是否想要在其他方面有所提高时，他承认自己有时会固执己见，需要更虚心地接受他人的意见。接着他补充道："但合理怀疑他人的观点对我帮助很大，因为这迫使我进行批判性思考。"

稍后，我们将借助三位管理者的故事来完整描述专家层次的领导者，他们分别是：一家银行的公司行动部门团队主管贝丝（Beth），她学会了如何在专家层次上开展更有效的关键对话；一家初创建筑公司的会计部门主管卡洛斯（Carlos），他有着专家层次团队领导者的局限；一家地区医院理事会总裁兼首席执行官凯文（Kevin），他致力于改善自己的组织。总体而言，这些故事体现了专家层次管理者能力的优势与不足。现在我们将简要概述这些能力，以便你在阅读故事时准确把握。

如果你是一名专家层次的管理者，你会具有强烈的问题解决导向，相比于前专家层次的管理者，你的思考更独立，也更有分析性。在提出领导举措时，你的导向可能更具战术性而非战略性。你往往关注自己管辖范围内的组织部门，很少采取措施改善同其他部门的关系。

处于专家层次时，你尚未充分认识到关键利益相关者的动机与期望在多大程度上会影响你的举措的有效性。如果你的举措的目标与假设同利益相关者的目标与假设存在分歧，那么你往往假定自己正确无误。稍后我们将讨论，你处理分歧的方式具体取决于你在既定关系中的权力风格是以独断性为主还是以包容性为主。

当你推进一项举措时，解决问题的高超才能开始发挥作用。然而，你不会退后一步看看各种问题如何关联，你往往逐个地解决问题，把解决每个问题都视为一项孤立的任务。当你依次解决单个问题时，创新性思维就退居次要位置了。尽管你没有认识到，但存在局限性的个人偏见可能会影响你的工作进展。你倾向于假定自己的判断正确无误，因此不太可能利用客观数据或不同观点来检验自己的观点。

成长至专家层次时，你会形成一种反思意识，这让你能够认识到反复出现的内心情绪，并塑造一种更独立的自我形象。仅仅作为团队的一员（先前层次的核心动机）已经不再足够。现在，你的自尊来自形成自己的信念，提高知识和技能，以及作为能够扭转形势并完成任务之人。当你感到没有取得足够的进步时，就会严厉地自我批评。总之，严厉地自我评判以及保持正确无误的倾向，让你在征求他人的反馈意见时犹豫不决。

专家层次的关键对话

关键对话是指某些讨论，其结果可能有助于实现重要的组织目标，也可能相反。人们在进行这类对话时几乎必然具有不同的观点和优先事项。只有各方都阐明自己的观点，听取他人的观点，并相互作出让步，才会获得最好的结果。然而专家层次的管理者往往发现，这种对话很难发起，也很难维持。

作为一名专家层次的管理者，当你发现自己的观点与他人存在分歧时会有一种强烈的倾向，即坚信自己正确无误。如何处理这种假设取决于你的权力风格。如果你倾向独断性权力风格，就会试图影响他人，同时不受他人影响。如果你倾向包容性权力风格，就会彬彬有礼地表达自己的观点，或者隐瞒自己的观点并表面上服从他人的观点。无论侧重哪种权力风格，你都难以退后一步，从而看到各自观点的优劣。因此，你往往具有非此即彼的思维方式，认为每场争论都一定要分出胜负。

研究表明，相比于包容性权力风格，多数管理者表现出更多的独断性权力风格。[1] 以托尼在经理召开的员工会议上的典型表现为例：

> 对于特定的问题和主题，我很快就会形成自己的观点。通常在几个人发言之后，我才会主动表达自己的观点。我尽量不冒犯他人，但也试图有一定的针对性，从而引起他人的回应：支持或反对。除非我认为某个问题事关重大，否则会尽量委婉，我有一种收回观点、转移话题的"退出"方式或保留面子的方式。这使我能够迅速融入群

---

[1] 参见阿吉里斯：《提高领导力有效性、推理、学习与行动》（*Increasing Leadership Effectiveness and Reasoning, Learning and Action*）；阿吉里斯和舍恩：《实践理论》和《组织学习》（*Organizational Learning*）；延兹和沃福德：《领导力与学习》；托伯特：《平衡的权力》（*The Power of Balance*）。

体而不至于疏远他人。但我的观点必须足够明确才能引起回应。这是我经常做的事情，有时会成为一种负担，但至少能够推动工作的开展。

托尼的做法是专家层次管理者的典型做法，主要体现了独断性权力风格。他认识到讨论重要问题时需要作出某种程度的妥协，但不考虑改变想法的可能性。如同多数倾向独断性权力风格的专家层次管理者，对于任何暗示自己可能出错或有问题的因素，托尼经常选择忽视或将因素最小化、合理化。[①]

至少在某个时刻，几乎每个人都会采用自己不喜欢的权力风格，托尼也不例外。尽管面对下属时往往独断专行，但面对老板时通常包容忍让。前面的引文表明，当托尼与同事一起开展工作时，他试图表现出足够的包容性来平衡自己的独断性权力风格，从而避免疏远任何人。

然而，由于托尼没有征求或收到同事的反馈意见，所以不知道自己的权力风格对同事的影响。作为一名领导者，要想实现成长，托尼需要形成更平衡的权力风格，即把独断专行与征求意见的本领结合起来并认真考虑他人的意见。

贝丝面临相反的挑战。她在美国历史最悠久的私营银行之一担任主管，并参加了一门持续一学期的领导力课程。该课程隶属晚间 MBA 项目，采取行动学习[②]形式，包括阅读、课堂练习与讨论、每周课堂所

[①] 例如，除了想增加业务知识外，托尼把自己需要改进之处予以最小化。他只列举了一个可能是不利因素的个人性格特征（固执己见），并且立刻将其合理化为一种"合理怀疑"，认为这提高了独立性思考、批判性思考的才能。本章后文将讨论，这些防卫性反应源自专家层次管理者对自我理想和实际行为的差距具有相对较低的容忍性。

[②] 行动学习（action learning）是一种学习方式，包括运用关键事例去分析、研究实际工作中的问题，提出解决问题的方案并付诸实施。

学的应用、日记、教练、学习小组、组织改进计划等。整个课程鼓励学生运用所学提高日常领导工作的有效性。①

在银行的公司行动部门中,贝丝主管负责发布通告的团队。在最近的绩效评估中,贝丝的经理凯瑟琳(kathleen)给出了好坏参半的结果。贝丝掌握所需的分析技能,能够监测团队中专业人员的工作,并且擅长告知人们成交量飙升与企业行动(股票拆分和股权收购)等信息。但她全神贯注于监测工作,很少有机会回答下属的问题、提供指导或考虑如何改进发布通告的流程。

根据课程初期的评估,贝丝得知自己处于专家层次,具有过分包容的权力风格。例如,她避免指出下级专业人员的错误,经常默默地亲自纠正。在日记中,贝丝进行了反思,并认识到,之所以这么做,不仅因为知道人手不足、工作劳累,还因为担心指出他人的错误会导致双方关系紧张。

当贝丝与课程学习小组成员讨论自己高度包容性的权力风格时,她认识到这种风格增加了自己的工作量,提高了压力水平和出错率,并导致自己没时间考虑改进发布通告的流程。此外,由于手下的专业人员会重复犯错误,而她不得不反复纠正,包容性的权力风格使这种状况得以自我强化。

经过进一步反思,贝丝认识到,自己之所以避免坚持己见,是因为担心遭到他人反对。尽管她依然存在这种担心,但决定必须更独断一些。在领导力课程学习小组的支持下,她不再亲自纠正专业人员的

---

① 如同托尼,贝丝也参加了关于领导力的行动学习课程,时间为一个学期,由波士顿学院卡罗尔商学院的托伯特和比尔·乔伊纳讲授。根据我们的定义,行动学习课程把培训模块、教练、学习小组、组织改进计划整合为一个综合性的领导力与组织发展项目。参见多特利奇(Dotlich)和诺埃尔(Noel):《行动学习》(*Action Learning*);瑞林(Raelin):《基于工作的学习》(*Work-Based Learning*)。

错误，而是开始给予他们反馈并予以指导。每当这些互动进展不顺利时，她会通过日记和学习小组的帮助来练习改善的方式。一两个月之后，贝丝完全转变为教练角色。结果，专业人员的工作更富有成效了。

现在，贝丝有时间去找凯瑟琳解决发布通告流程中的一个重要问题了。当时，贝丝主管的部门没有可靠的方法来避免团队可能犯的重大错误，其中许多错误每出现一次都会给银行造成100多万美元的损失。贝丝建议通过开发新的追踪和连接[①]方法来解决该问题。一旦这些方法被批准，贝丝就可以着手制定并执行一份实施计划。

凯瑟琳一直忙于解决手头的问题，没时间顾及这些，因此非常高兴地批准了贝丝的建议。接下来，贝丝通过课堂作业简单分析了该方法涉及的两个关键利益相关者：凯瑟琳和相对庞大的通告团队专业人员。当思考该方法要取得成功需要何种支持时，贝丝认识到自己需要下级管理者和团队成员提供意见。[②]

在得到意见并设计出新方法后，贝丝拟定了一份强调实施成本和收益的行动计划。虽然学习小组认为凯瑟琳非常可能批准该计划，但贝丝仍然为对话做了充分准备，犹如这是一次高风险的对话。在对话前的一个月，贝丝练习了从领导力课程中学到的两项关键对话技能：主张与探询。[③] 贝丝觉得这两项技能很有用，所以决定运用它们来进行陈述。

[①] 连接（tie out），简称为 tie，是指检查原始文件以确保资产负债表正确无误。——译者

[②] 尽管专家层次的管理者在采取领导举措时，通常不会主动考虑利益相关者的意见，但被要求这么做时，他们可以非常轻松地进行利益相关者分析。

[③] 主张与探询两个术语出自阿吉里斯和舍恩20世纪70年代中期出版的著作《实践理论》和《组织学习》，后来经由彼得·圣吉的《第五项修炼》(*The Fifth Disipline*) 以及相关著作的出版得到普及。

> **主张与探询**
>
> **主张**（advocacy）是表达你认为正确的观点或者认为应该做的事情。主张包括介绍你如何看待某种情况，你认为问题的原因是什么，目标应该是什么，选择有哪些，解决方案应该是什么，如果遵循特定的行动方针会发生什么。主张也包括向他人提供反馈意见或建议。主张性陈述可以关乎外部环境、他人甚至你自己。
>
> **探询**（inquiry）的含义比通常的用法更特殊。此处探询是指明确地邀请他人对特定问题发表意见。实际上，探询不仅是询问他人的看法，还包括虚心倾听他人说了什么，尽力理解他人的意见。探询通常表现为问题的形式，但并非总是以问题的形式出现。"凯瑟琳，我想知道，你对我的建议怎么看？"这是一种探询。同样，并非每个问题都是真正的探询。引导性问题和伪装成问题的评论都不是探询。例如，"凯瑟琳，你会同意我的建议，对吧？"这是一种拙劣的主张性陈述，不是真正的探询。

在与凯瑟琳对话时，贝丝运用这些技能主张自己提出的改进成本效益的方法，询问凯瑟琳的意见，并再次运用这些技能主张自己制定的实施计划，询问下级管理者的意见。尽管这是一份有待得到批准的标准协议，但对贝丝而言是很好的练习，她后来发现这种方法可以广泛用于各种对话。凯瑟琳对贝丝的工作印象深刻，批准了她的整体方案，并让她把该方案交给发布通告的团队。

在贝丝把方案交给发布通告的团队的时候，她感到非常紧张，但深吸一口气之后毅然投入到工作中。她提交了自己制定的实施计划，回答了若干问题，并吸收了若干小的改进建议。接下来，她寻求该团队的支持，并获得了一致同意。会议结束时，贝丝主动提出，若任何人仍有疑问或建议，可以随时提出。

大约一个月后，贝丝收到了关于自己的绩效评估报告。凯瑟琳对贝丝的进步非常满意，认为贝丝在新岗位上的表现非常成熟。凯瑟琳注意到，贝丝已经克服了避免对抗的习惯，现在能够直接给专业人员反馈。她还注意到，贝丝在改进发布通告的流程方面做了值得赞扬的工作，从而培养了新能力。现在，发布通告的团队和管理层都把贝丝视为一名领导者。凯瑟琳告诉贝丝，很快就会提拔她担任新职务。

通过这次经历，贝丝变得更自信了。她仍需要学习在更具挑战性的、非结构性的对话中运用主张与探询，但在发展一种独断性与包容性更平衡的互动风格方面进展顺利。根据我们的经验，这是你为提高专家层次关键对话的有效性可以采取的最重要的步骤之一。在第5章中，我们将介绍如何发展至实干家层次，并进一步提高敏捷度（尤其在更具挑战性的对话中）。

专家层次的团队领导

在多数时间，卡洛斯都在美国西南部生活与工作。他35岁左右，在圣达菲一家成立仅5年的小型建筑公司担任会计部门主管，这家公司的创始人是总部设在旧金山的一家大型企业的离职人员。卡洛斯在公司成立之初就加入了，现在会计部门有16名成员。

卡洛斯参加了一个为公司管理者定制的领导力开发项目。[1] 他在项

---

[1] 这个项目在"领导力变革"（Leadership for Change）的支持下实施，"领导力变革"是波士顿学院温斯顿领导力与道德中心（Winston Center for Leadership and Ethics）的一个高管培训项目。

目初期获得了360度反馈信息①，从而开始了一段教练关系。反馈信息表明，卡洛斯是一位聪明、真诚、守信的员工，道德高尚且熟练掌握会计知识。他被公司高层视为不可多得的人才，有巨大潜力随公司一起成长。

反馈信息也表明，卡洛斯仍有改进空间。最高管理者认为，卡洛斯过度关注工作细节，所以很难看到大局。最高管理者希望卡洛斯更像一名管理者，更积极主动地改进整个部门的工作。②会计部门的员工认为，卡洛斯似乎过于专注自己的工作，未能提供他们所需的领导力。有几位员工希望卡洛斯能够定期召开部门会议，以便"人人都可以讨论有待解决的问题"。

卡洛斯告诉教练，他认可所有正面和负面的反馈信息。随后，卡洛斯在教练的帮助下确定了自己当前的领导力敏捷度层次。并且他们共同确定，卡洛斯在大学读一年级时就已发展至专家层次，20多岁时已成为一名专家层次的管理者。现在卡洛斯35岁左右，已经具备了若干实干家层次的才能，然而他几乎只能在专家层次上开展工作。

卡洛斯主管的部门包括向他直接汇报工作的3名经理以及12名级别更低的员工。作为一名专家层次的管理者，当你主管一个部门时，会意识到部门所处的宏观环境。然而就像贝丝那样，你往往聚焦部门内部的运作，并且更多着眼于每位员工各自的工作，而不是彼此之间的工作关系。

卡洛斯以专家层次领导者的典型方式管理会计部门：他与3位经理采取中心辐射型共事方式。卡洛斯位于中心，这象征着3位经理的多数工作不是相互协调，而是各自接受卡洛斯的指导。辐条代表卡洛

---

① 关于领导力敏捷度360度反馈过程的信息，请访问 www.changewise.biz。
② 进行360度反馈前，公司的首席财务官已经就该问题与卡洛斯多次沟通，但因未能让他扩大关注范围而感到沮丧。

斯与3位经理一对一互动的习惯。因为下级人员一定程度上被视为各自管理者的延伸，且在更大程度上作为一个群体而非团队发挥作用，这种结构有时被称为员工群体。① 卡洛斯与3位经理偶尔举行的几次会议，仅限于分享公司层面的信息，以便个人把握最新动态，这体现了典型的中心辐射型共事方式。②

人力资源部门已经构建了一套程序，规定管理者与直接下属共同设立目标，并每年进行一次正式的绩效评估。卡洛斯及时设立了3位经理的个人绩效目标，然而没有为会计部门设立目标。卡洛斯认为，首席财务官与自己共同设立的个人目标足以实现部门目标。即便如此，在整个部门召开的一小时信息分享会上，卡洛斯也从未传达过这些目标。

卡洛斯发现，由于深陷工作细节，自己难以更具战略导向。之所以特别容易表现出这种倾向，是由于专家层次领导者的下述两个特征：首先，他更关注会计工作而非会计部门的管理；其次，他难以从手头的工作任务中退后一步，确定各项任务的优先次序。因此，工作中卡洛斯常常忙于救火。正如卡洛斯所言："埋头苦干让我觉得工作富有成效，但在下班后开车回家的路上，有时我会产生消极情绪：我真的完成重要的工作了吗？"

在专家层次的领导者中，有人表现出亲力亲为的管理风格，有人表现出放任自流的管理风格。独断的领导者往往亲力亲为，事无巨细地管理下级人员。除非爆发危机，否则包容的领导者往往放任自流。但在危机时期，他们通常一反常态，变得亲力亲为，有时会介入并接管原本分配给下级人员的任务。

---

① 参见卡岑巴赫（Katzenbach）和史密斯（D. K. Smith）：《团队的智慧》（*The Wisdom of Teams*）。
② 在员工群体（staff group）结构中，解决问题往往不是通过群体讨论，而是通过领导者与下属之间的一对一互动。

根据评估报告，卡洛斯倾向包容性权力风格。从积极方面看，卡洛斯冷静沉着，擅长理解他人的感受。然而所有层级的人都认为，卡洛斯的管理风格过于散漫，需要变得更直截了当、更积极主动、更坚决果断。卡洛斯的下级人员不希望他事无巨细都要插手，但确实希望他提供更明确的方向，并直面一些长期存在的绩效问题。

卡洛斯把360度反馈信息与对自身领导力敏捷度的认识相结合，明确了成长道路：他需要学会作为一名实干家层次的管理者从事领导工作。在第5章，我们将阐述当发展至实干家层次时，卡洛斯的领导方式发生的具体变化。

专家层次的领导组织变革

50多岁的凯文是一位睿智的、非常有主见的管理者，在美国中西部的某个州担任地区医院理事会总裁兼首席执行官3年多。此前，他曾经是一家医院的行政人员，后来担任过该医院理事会的副总裁。在目前的职位上，他对7位成员构成的管理团队的绩效非常失望。反过来，团队成员也不认可凯文的管理风格。

头发花白的巴特（Bart）是凯文最资深的直接下属，他和蔼可亲，负责该理事会游说州政府和地方政府的工作。鉴于丰富的经验、知识与人脉，凯文认为巴特是一位不可或缺的副总裁。尽管巴特喜欢从事政府关系方面的工作，但他非常关心理事会代表的医院及其医疗服务的质量。理事会的成员有不同的观点和优先事项，而那些极端之人的声音总是最大。为了应对利益相关者相互冲突的观点带来的压力，凯文保留了理事会相当平和的使命宣言，并且没有设立明确的目标。为了进一步自我保护，在掌舵的3年多时间里，凯文在理事会中安插了许多亲信。

管理团队制定目标和关键决策时,凯文并未参与。因此,管理团队与凯文的优先事项不一致,并且,团队成员并不总是像凯文那样开展工作。部分由于这个原因,凯文对多数直接下属的绩效持批评态度。事实上,凯文通常不相信几位副总裁(除了巴特)会做正确的事。凯文没有认识到,团队成员的行为可能(至少在一定程度上)源自目标不明确,或者他没有作为关键的内部利益相关者与他们沟通。在凯文看来,组织存在的问题完全由下属造成。这种看法使他进一步强化了事无巨细都要插手的习惯。

凯文主要采取一对一方式与下级人员共事,或者以小型任务小组的形式开展工作,每周他也会召开一次员工会议。凯文上任6个月后,有人抱怨他单方面制定了所有会议议程,因此凯文拟定了一套程序,允许管理团队成员在每次会议前添加议题。然而,人们很少真正这么做。

凯文召开员工会议仅仅是为了分享信息。此外,会议还要求每个人轮流分享重要信息并汇报工作进展。在会议的这个阶段,凯文经常质问参会者,表达他的不满或者与直接下属激烈辩论。开会时,人们很少讨论如何共同解决问题,会议结束后,人们并不清楚是否已经作出决策。

有一次,一位副总裁说,她认为太多开会时间用来处理与整个团队无关的事务。有人对此表示赞同。她的真正意思是,凯文的发言比任何人都多,有时扯到某些无关的话题上。由于未能理解她的真正意图,凯文把员工会议的时间从一个半小时缩短为一个小时,导致更不可能进行有意义的群体讨论。

几位副总裁的任务高度相互依赖,所以他们之间的工作需要广泛地协调。然而,凯文几乎没有创造这样的机会,导致几位副总裁无法共同解决问题，难以协调各自的工作。例如，理事会必须公开发表大量书面声明，要求各位副总裁提出意见。他们在同一间办公室工作，但对这些声明存在不同意见时却很少面对面共同解决分歧。相反，他们各自通过电子邮件反复修正声明的内容。最重要的是，凯文坚持，所有声明在发布前必须经过他审查。实际上，他为此花费了大量时间。

因此，即使理事会所处的环境越来越迅速地发生变化，该组织对当前事件的反应依然非常缓慢。凯文无视自己对造成该状况应承担的责任，反而把组织缺乏敏捷度完全归咎于管理团队。另外，管理团队成员经常向巴特抱怨，认为凯文的管理风格存在功能障碍。

他们之所以向巴特抱怨，是因为不敢向凯文当面提出这些问题。通常情况下，凯文冷静低调，但在承受压力时，他可能对几位副总裁以及其他员工大喊大叫，肆意侮辱，让他们感觉自己像个白痴。尽管并非每个人都有过这种经历，但这种情况经常发生，严重打击了士气。凯文已经解雇了几位与他发生冲突的副总裁。其他副总裁也担心保不住工作。还有人正考虑离职。在所有副总裁中，只有巴特从未遭受凯文的虐待。①

尽管凯文的事无巨细和情绪爆发在办公室中造成了大量混乱，但他也经常以自己的方式避免冲突。例如，只要有可能，他就会让巴特解决其他副总裁的绩效问题。巴特认识到，所有人共同造成了组织的功能障碍，而自己被夹在了中间。巴特可以选择离职，但他热爱自己从事的政府关系工作，也想不出还有什么工作比这更适合自己。

因此，巴特和凯文坐下来进行了一次长时间的坦率对话。为了避免把问题归咎于个人，巴特强调，组织需要发展壮大，因此应该更有

---

① 我们不想给读者留下下述印象：虐待行为是专家层次管理方式的特征。虐待行为也不是专家层次独断性权力风格的特征。相比于更高敏捷度层次的领导者，尽管独断性权力风格的专家层次的领导者往往更吹毛求疵，但虐待行为是塑造管理者性格的其他因素造成的。

效地回应不断变化的环境。在这场谈话的很多时刻,凯文认同自己需要更多关注战略问题,把关注焦点转移到外部,设立更清晰的目标,降低对风险的厌恶,留给副总裁更多空间从事本职工作。但3个月后,巴特发现凯文几乎依然如故。该理事会继续不断地遭遇危机。

巴特与凯文开始了新一轮对话。巴特请求凯文聘请一位领导力教练,帮助凯文作为一名领导者实现成长,并打造一个能够实现组织变革的执行团队。最终,凯文同意与巴特推荐的三名领导力教练候选人见面。三位领导力教练提出的建议有一个关键共同点:在与凯文及其管理团队成员见面后,每位教练都建议出具一份报告,内容包括诊断当前的情况并提出针对性建议。然后,他们会与凯文、管理团队成员就此展开讨论。

每位教练都提议与凯文单独见面,帮助他处理反馈信息并为团队会议做准备。然而当凯文了解到,没有一位教练认为他应该审查这份报告以避免报告描绘出一幅"过于负面的画面"时,他决定拒绝外部教练的帮助。

专家层次领导力敏捷度的能力

正如我们在卡洛斯和凯文身上所见,大量专家层次的管理者需要发展至实干家层次。即便是像贝丝这样的主管,在实干家层次上开展工作时也更有效。[1] 为了帮助管理者从专家层次发展至实干家层次(或者你自己需要如此),有必要清晰认识与这两个领导力敏捷度层次相关的能力与才能。作为概述,我们首先介绍每个敏捷度层次的核心才能:

---

[1] 史密斯(Salathiel Smith):《自我成长、权力难题与组织中的协议》(Ego Development and the Problems of Power and Agreement in Organizations)。

意识与意图。

专家的意识与意图

当成长至专家层次时，你会形成该层次的意识，其特征是适度的反思才能，强烈的问题解决导向，以及更具独立性与分析性思考的本领。运用这种本领进行辨析，你可以修正小时候潜移默化中接受的简单对错规则。① 结果，你形成了一种由高标准控制的意图层次，但在贯彻这些标准时也会考虑具体情况的差异。与此同时，你发现难以从自己的标准和信念退后一步，从而对各种情况加以比较与整合。因此，你尚未形成实干家层次管理者具备的连贯的价值与信念体系。

专家的环境设定敏捷度

在为领导举措设定环境方面，你的敏捷度得到下述两种才能的支持：情景意识和使命感。

情景意识。在采取一项领导举措时，你注意组织环境（你正处理的问题所处的环境）的程度就是情景意识。在专家层次上，你的情景意识不是非常强，犹如一台静止相机的定焦镜头，让你可以对拍摄对象形成清晰印象，但仅包含一定的环境信息让你了解所处的情景。也就是说，每当聚焦一个问题时，你知道该问题处于宏观环境中，但仍倾向于将其作为一个孤立的问题处理。

---

① 相比于专家层次的意识与意图，前一个个人成长阶段（服从者阶段）的意识与意图具有下述特征：在服从者阶段，意识层次相当于最基本的抽象思维水平，包括根据假设条件思考的才能，根据"未来的可能"来看待"现在"的本领。然而，服从者阶段的抽象思维仍然非常肤浅和僵硬。在服从者阶段，意图层次的特点是，对"应该"和"不应该"作出刻板的心智和情绪反应。这些都不是个人反思的结果。相反，这些反应无意识地来自周围环境，作为绝对的对错规则，好像只有唯一的处理方式。由于服从者阶段没有为你提供所需的情感深度去容忍刻板的理想与现实生活不可避免的差距，所以你往往激烈地批判没有达到理想水平的任何人（包括你自己）。关于服从者阶段的更多信息，请参阅附录 B。

例如，卡洛斯意识到他的部门在一个更大的组织中运行，该组织与客户、供应商存在重要的关系。然而由于不具备实干家层次的情景意识，他采取的领导举措完全聚焦本部门内部。①

使命感。当专家层次的管理者采取领导举措时，他们的使命感通常更具战术性而非战略性。从这个意义上讲，贝丝、卡洛斯、凯文并非真正的管理者。他们更关心完成职能性或技术性任务，而不是管理团队或组织。

此外，在日常工作中，专家层次的管理者难以兼顾多项任务，比较每项任务的不同原因，进而确定优先次序。如同卡洛斯和凯文，专家层次的管理者难以从当前的、紧急的任务退后一步，根据优先次序安排各项工作，以便重要但不紧急的任务也能得到应有的关注。

由于相似的原因，专家层次的管理者很少退后一步并设定明确的成功标准。若像贝丝和卡洛斯那样在一家由更高层管理者设定公司目标和战略的组织中工作，那么你通常会把宏观战略框架视为既定前提。若像凯文那样担任首席执行官，那么你开展工作时往往缺乏真正的战略愿景，仅聚焦短期目标。尽管你可能会考虑一两年之后的情况，但往往认为一两年之后的目标几乎没有意义。

无论从事什么工作，战术导向会使你对宏观环境的深层趋势和复杂变化作出被动反应。即使作为一名专业人员考虑自己的未来，你也缺乏实干家层次管理者具备的职业导向，因此往往聚焦当前的工作及下一步可能出现的情况。

专家的利益相关者敏捷度

你与利益相关者沟通时的敏捷度层次受到下述两种才能的支持：

---

① 罗莎贝丝·坎特（Rosabeth M. Kanter）的经典著作《变革大师》（*The Change Masters*）提供了许多这方面的例子。

利益相关者理解和权力风格。

利益相关者理解。在专家层次上,当你观察人们一段时间后,可以推断出他们的性格特征、本领、反复出现的情绪状态,这可以解释其行为的规律性。你也会对具有不同背景和观点的人表现出初步的容忍态度。

尽管如此,你理解不同观点的才能仍然受限于某些非常真实的偏见。如前文所言,你通常会假定自己的判断正确无误,而不仅仅是看法不同。此外,当你认为他人没有达到你的标准时,就会产生强烈的冲动去责备和批评他人。凯文是这方面的生动例子。

权力风格。你的权力风格部分取决于对权力和权威的假设。在专家层次上,你聚焦基于专业知识或职位权威的权力。[1] 由于你往往把领导力与权威等同,所以可能会假设,只有当你拥有正式权威时才能进行领导。你也相信基于专业知识的权威。如同托尼的例子,你心目中理想的领导力场景可能是,人们之所以服从你的领导,不仅因为你的职位,还因为你的专业观点够权威。[2]

当描述心目中优秀的领导者时,专家层次的管理者通常认为这种领导者符合下述标准。一些专家层次的管理者聚焦顺利完成重要任务,他们认为优秀的领导者"管理一家高效率的组织""是企业的宝贵资产""要求员工取得最大成果"等;另一些专家层次的管理者聚焦工作关系的质量,他们认为优秀的领导者"公平待人""关怀每个员工""可以提高人们的工作兴趣"等。[3]

要么关注完成工作任务,要么关注维护工作关系,两者与本章前

---

[1] 在前一个层次(服从者阶段),你依赖基于个人忠诚和正式规则的权力。此处所谓的"个人忠诚",并非指实干家层次领导者可能在个人忠诚外表下组建的战略权力联盟。

[2] 请注意,这些关于权力和权威的假设强化了你把领导举措局限于专业知识和职位范围内的倾向。这仅仅是特定敏捷度层次的各种才能相互强化的一种方式。

[3] 我们的同行苏珊·库克-格罗伊特主持了该研究并得出了上述结论。

文介绍的两种权力风格直接相关。当你聚焦完成工作任务时，就会表现出独断性权力风格，试图让他人服从你的安排。当你聚焦工作关系时，就会表现出包容性权力风格，想要他人感受到自己的需求得到了关注。

在某个时刻，专家层次的管理者往往仅遵循一套标准，并且通常表现得似乎必须在独断与包容之间作出选择。[①] 基于此，多数人都会像托尼或凯文那样明确倾向独断性权力风格，当然也有少数人像贝丝和卡洛斯那样倾向包容性权力风格。然而，许多专家层次的管理者会根据不同的关系改变权力风格。例如，鉴于对权力和权威的假设，专家层次的管理者面对上级时往往表现出包容性权力风格，面对直接下属时往往表现出独断性权力风格。

作为专家层次的管理者，当领导举措涉及的利益相关者拥有不同观点和利益时，你通常如何回应？首先，由于利益相关者理解尚未达到实干家层次，因此你很少认识到激励他人并管理他人的期望非常重要。相反，你依赖自己对权力的假设，该假设主张，因为你掌握专业知识或身处权威地位，所以他人应该追随你。[②] 其次，在专家层次管理者的心目中，正确无误非常重要，以至于当你说尊重他人不同意的权利时，通常的（隐含的）意思是，尊重他们犯错的权利。

因此，作为专家层次的管理者，你可能会采取下述某种方式对待利益相关者。如果你倾向独断性权力风格，那么可能选择某种单方面

[①] 当你与拥有不同议程的人共事时，获得想要的实质成果与保持融洽的工作关系之间存在张力。一方面，如果你始终坚持己见，那么他人可能感到被忽视了。因此，未来他们可能不愿与你合作，甚至可能告诉别人你难以共事。另一方面，如果你服从他人的观点，就不能获得想要的成果，并且他人也不会受益于你的观点。在具有挑战性的对话中，专家层次的管理者难以兼顾存在张力的两个方面，因此你往往聚焦一方面而牺牲另一方面。

[②] 归根结底，无论主要权力风格是独断的还是包容的，你都可能不假思索地忽视利益相关者，这部分是因为你知道自己正确无误，部分是因为你认识不到与他们沟通带来的收益。

的沟通形式：宣布并解释你的举措，但不征求意见或寻求支持。如果你遭遇强烈的反对，并且不能运用权威或专业知识来化解分歧，就会进行说服和争论。托尼对理想领导者的描述（"当他们确信自己正确无误时，敢于站出来捍卫自己的立场"）生动体现了这种做法。① 凯文的组织领导力是这种做法的一个更极端版本。

如果你倾向包容性权力风格，那么仍可能自认为正确无误，但不会公开反对不同的观点，而是采取更间接的方式。贝丝与卡洛斯都是如此。尽管这种风格会让他们赢得虚心倾听者的好名声，但共事的人会抱怨他们没有正面解决绩效问题。②

专家的创造性敏捷度

你的创造性敏捷度层次反映了下列两种个人才能：联结意识和反思性判断。

联结意识。专家层次的管理者具有相对较弱的联结意识。所谓联结意识，是指脑海中承载各种观点与经验，对它们加以比较和对比，并在它们之间构建有意义的联系的本领。例如，相比于实干家层次的管理者，专家层次的管理者在不同时期的观点和经验之间构建有意义的联系的可能性更小。当试图解决非结构化问题时，专家层次的管理者看到不同时期反复出现的因果关系的可能性也更小。

专家层次的管理者难以兼容不同的观点并洞察彼此的关系。这尤其适用于那些彼此不相容的对立观点。服从者层次（前专家层次）的管

---

① 托尼含蓄地比较了心目中理想的领导者与在某个问题上不敢独自站出来的人。后者包括哪些人？尽管托尼可能是指某位同事，但他内心里也指曾经处于服从者阶段的自己。实际上，专家层次管理者之所以固执己见，一个原因是他们不愿重新成为那种宁愿委曲求全也不敢独自站出来的人。

② 即使在同一场对话中，专家层次的管理者也可能在独断性权力风格与包容性权力风格之间摇摆。只有更高层次的管理者才会平衡甚至整合两种权力风格。

理者往往认为对立的观点非黑即白：一方绝对正确，另一方绝对错误；一方总是善，另一方总是恶。专家层次的管理者依然会把两极视为相互排斥的对立观点，但能明白每一极的内部也有不同程度的区别。例如，你认识到善与恶都有一定的程度之分。尽管相比于服从者阶段这是一种进步，但仍然让你受限于非此即彼的思维方式。

反思性判断。反思性判断指的是一个思考过程，你可以用来确定何为真，何为解决非结构化问题（在所有领导举措中，你都会遇到这种问题）应采取的最优行动方针，并且还包括如何向自己和他人证明这些结论。

关于专家层次的反思性判断，若干最优信息来自针对大学生开展的研究。哈佛大学的一项经典研究发现，多数刚入学的新生已经开始形成专家层次的反思性判断。入学时仍处于服从者层次的学生仅占少数，针对遇到的问题，他们的处理方式似乎都假定这些是或应该是结构化问题。从文学到经济学等各个专业，服从者层次的学生都把各自的教授作为传播真理的权威。①

然而，随着大学生活的开启，学生不断接触到各种不同的观点和立场（既有学术方面的又有社会方面的）。当他们成长至专家层次时，就会形成一定的分析才能，能够更独立地思考，更详细地审视问题。由于面临的多数问题都没有预先确定的唯一正确答案，所以他们开始越来越依赖自己的判断。然而，一旦他们对某件事有了自己的看法，就很难再相信其他看法可能同样有效。②

---

① 服从者层次的反思性判断非常适合解决结构化问题（存在预先确定的唯一正确答案的问题）。

② 参见佩里：《大学期间的智力与道德发展形式》，这项研究的研究对象为大学男生。最近的一项研究是贝兰基（Belenky）、克林奇（Clinchy）、戈德伯格（Goldberger）和塔如勒（Tarule）的《女性认知方式》(*Women's Ways of Knowing*)，该研究表明从服从者阶段成长至专家阶段的过程中，相同年龄段的女性经历了同样的变化。金和基奇纳的《培养反思性判断》进一步证实并发展了佩里的研究结论。

面对不断出现的非结构化问题，专家层次管理者的处理方式犹如正确解决方案已由更高管理层、技术和职能培训或"我们长久以来都是这么做的"预先确定。然而，针对遇到的多数问题，他们以一种设法解决问题的方式灵活回应：分析所处的特定情景，运用自己的判断做决策。①

例如，一项针对服从者层次和专家层次工厂主管的研究表明，在处理人事问题时，服从者层次的主管往往仅限于根据从业规则②谈论相关事宜。专家层次的主管认为从业规则固然重要，但不会将其绝对化。相反，他们会审视情景因素，在决定如何解决问题前会考虑多种选项。③

尽管如此，专家层次管理者的反思性判断才能依然非常有限。实干家层次的管理者会明确区分证据（能够客观验证的事实）与信念（从现有证据得出的推论）。实干家层次的管理者认识到，由于推论可能存在偏见或错误，所以信念需要通过提供一种证据确凿的基本理由来证实。然而，当专家层次的管理者形成某种意见时，他们往往意识不到自己已经作出了推论。虽然他们可能说，这种信念"只是我的个人意见"，但他们往往把自己的意见当作对现实的客观感知。

因此，如果有人持有不同观点并且提出了有说服力的理由，那么专家层次的管理者往往熟视无睹。他们可能要么认为其他观点错误，要么在没意识到自身所作所为的情况下改变自己的观点。专家层次的管理者最可能提出有偏见的观点且意识不到自己的偏见，甚至认为持

---

① 请注意，专家层次反思性判断的这个方面如何与该层次对权力和权威的假设相联系。
② 从业规则（work rules）泛指用人单位的劳动规章制度，是用人单位为组织劳动过程、进行劳动管理而依法制定和实施的规则和制度的总和，一般适用于本单位的全体或大部分员工。——译者
③ 参见史密斯：《自我成长、权力难题与组织中的协议》。

有不同观点的人有问题,而实际上恰恰是他自己有问题。①

专家层次的管理者往往忽视自己的偏见,这部分是由于他们往往意识不到自己诊断问题并形成解决方案的心智框架。例如,多数专家层次的管理者都接受过某种专业职能或技术领域的培训。当你在这个层次上开展工作时,以往培训所提供的心智框架会强烈影响你看待组织问题和业务问题的方式。当你需要跨越职能部门开展工作从而改善组织状况时,这种偏见表现得最明显。例如,如果你从事销售工作,就会完全从销售视角看待组织问题;如果你从事人力资源工作,就会完全从人力资源视角看待组织问题等。

专家的自我领导敏捷度

你的自我领导敏捷度受到下列两种个人才能的支持:自我意识和成长动机。

自我意识。服从者层次的自我意识非常有限,几乎没有反思才能,并且自我印象仍然非常简单刻板。然而,当你成长至专家层次时,就会形成分析性意识,这赋予你以前不具备的反思才能。尽管你可能仍然使用非常简单的词句,但你表达的感受已经具有更多灰色部分。

具备了这种新的反思意识,你就能认识到反复出现的内心情绪,形成更独立的自我印象,并萌生一种认同感(包含你的立场和信念)。作为一名领导者,你的自我印象包含了对当前角色、专业技能、性格特征的感知。例如,托尼自认为掌握了作为领导者所需的部分知识和技能,但并非全部。他自认为具备理想领导者的许多性格特征,尤其是在特定问题上愿意表明并捍卫自己的立场。与此同时,他承认自己有时会固执己见。

---

① 哈里斯(Christine Harris):《支持转化式学习的经验》(The Experience of Support for Transformative Learning)。

成长动机。三个关键因素共同塑造了你的成长动机，包括领导理想（心目中理想的领导者）、职业自尊和满意的主要来源、自我评估时立足的情感基调。在专家层次上，领导理想包括你作为一名领导者渴望具备的知识、技能、性格特征。例如，托尼想要成为"具备敏锐的商业头脑，真正理解业务、客户以及行业"的专家。他也想成为一名维持积极向上团队精神的领导者，敢于站出来捍卫自己立场的领导者，勇于为错误承担责任的领导者等。

职业自尊和满意的主要来源也塑造了你的成长动机。这种动机部分是内在的：要解决某些短期问题，需要独立进行批判性思考，并提出相关建议。在专家层次上，当你能够解决这类问题时就会感到满意。但你的自尊也源于下述感觉：自认为与众不同，他人对你的专业知识和睿智观点表示赞赏。从这个意义上说，你仍然会被他人的看法强烈影响。①

塑造成长动机的第三个因素是评估自己实现领导理想的进展时立足的情感基调。在专家层次上，你会非常严肃地对待目标和评估标准。当你感到自己没有达到理想的标准时会有强烈的自责倾向，并且往往非常严厉，这种倾向会伤害你的自尊，也会导致你夸大从别人那里得到的负面反馈。

为了表明专家层次的自我领导如何在真实情景中发挥作用，我们将以35岁左右的经理盖伊（Guy）为例进行阐述。20世纪90年代后期，盖伊在得克萨斯州奥斯汀市的一家半导体公司担任客户服务主管，向该公司一个业务部门的质量与客户服务副总裁汇报工作，管理着大约有80名员工的呼叫中心。

---

① 在专家层次上，当你努力变得更独立时，你甚至会说服自己，自尊不再取决于他人。然而，在这个层次上，自认为达到了理想标准是不够的。如果你对自己完全诚实，那么实际上你不仅要成为一名专家，还想要得到他人的赞赏。例如，当托尼被问及想要成为什么样的领导者时，他的全部回答都着眼于想要他人如何看待自己。

盖伊是出类拔萃的专家层次管理者。作为一名经验丰富的专业人员，他对手下的员工了如指掌。在许多方面，他已经实现了前文托尼描述过的理想。他是一位不可或缺的人物，因工作效率高、质量佳而备受尊敬。若老板告诉盖伊，自己需要在第二天前对该中心的绩效进行某种分析，那么他会不折不扣地熬夜完成。第二天傍晚，若老板打电话到盖伊家里，说需要在次日前用其他方式处理数据，盖伊也总能按时交差。

如同托尼，盖伊的自我理想是被视为胜任工作、知识渊博、效率高、能够满足任何要求之人。他没有认识到的是，这种持续努力很大程度上受到恐惧的激励：对于被认为无能或效率低下的恐惧。他一直在防范这种风险，因此当老板提出不合理的要求时，他往往选择服从。在他感到自己未达到心目中理想的标准时，就会严厉地自我评判。每当对自己感到失望时，他的脑海中就会涌现出一连串想法，其中多数是自我批评。

想要胜任工作和效率高，这本身并没有错。对盖伊而言，问题在于这种渴望背后的动机：恐惧和自我评判，这两者往往是专家层次管理者努力提高自我的主要原因。盖伊埋头苦干的工作风格导致他难以从战略角度管理呼叫中心，进而工作压力越来越大，满意度越来越低，最终变得寝食难安。最糟糕的是，他认为自己被束缚在这种境况中，无法有任何新作为。在第 5 章，我们将介绍盖伊如何通过成长至实干家层次领导力敏捷度而实现改变。

第5章

实干家层次：实现所需成果

获得MBA学位后，蕾切尔（Rachel）在一家咨询公司工作过几年，然后在几家金融服务公司从事过一系列营销工作。在此期间她形成了一种特长，可以识别高价值客户，利用公司现有的条件设法吸引并留住他们。在20世纪90年代末，一家经纪公司的战略与营销副总裁认识到需要更充分地了解客户，于是聘请蕾切尔带领一个团队分析公司的客户群，并提出改进商业模式的建议。

蕾切尔首先聚焦定息债券部门，分析该部门的客户群。经纪公司认为该部门的贡献最微不足道，利润率很低，并且在整个业务中仅占很小的比例。起初，该部门抵制这个项目，因为人们担心蕾切尔会凸显他们认为的不足之处。但蕾切尔解释道，她已经进行了初步分析，认为定息债券的潜在价值目前被低估了。她强调，自己的目标是更充分地了解客户对企业的全部潜在价值。

实际上，经过比较定息债券部门的客户与其他投资部门的客户，蕾切尔的假设得到了证实。几乎所有投资于定息债券的客户都会在公司进行股票与共同基金投资，而那些投资于其他部门的客户，有很高比例的投资组合放在该公司之外。此外，当客户撤回自己的定息债券投资时，也会撤回在该公司的所有其他投资。然而，当前的商业模式让这部分客户长时间等待，而且接待他们的员工缺乏其他投资领域的专业知识。定息债券客户撤回在该公司的投资，主要原因是服务质量差，他们很少重新在该公司投资。

蕾切尔促使定息债券部门制定了一项战略，从而发展并留住这个重要的客户群。定息债券部门的客户现在会享受到高水平的服务，包括随时有掌握高水平专业知识的员工接待。蕾切尔也指导团队利用公司现有的条件来提供更多创新的服务项目。例如，该团队发现，公司已经掌握了大量信息，经过适度处理后这些信息有助于留住这一至关重要的客户群。

领导力对实干家意味着什么

通过反思在该经纪公司领导的这个项目以及其他项目，蕾切尔阐述了领导力对她而言意味着什么：

对我而言，领导力不一定意味着身处某个正式的领导职位。领导力可以是引导他人努力思考某事，从而切实影响整个组织或企业。我认为，领导力同个人品质关系密切，个人品质使我能够鼓舞、激发、挑战自己和他人，从而以有趣和有挑战性的方式完善成果。

新颖、有趣、进取是我前进的动力，也是乐趣所在。当他人看到我乐在其中时，就会受到鼓舞去做自己感兴趣的事，并接受挑战去做原以为做不到的事。随着定息债券项目的推进，我很高兴地看到，人们为自己的部门形成了一个更宏伟的新愿景（从仅限于销售一款产品到为整个企业培育市场）而感到振奋。

显然，蕾切尔的说法与前文专家层次管理者托尼的说法截然不同。在蕾切尔看来，领导力不再等同于职位。我们没有听到任何关于捍卫自己的观点、指导绩效较差的团队成员或者因专业知识而受赞赏之类的言论。相反我们听到的是，强调营造环境，吸引他人从事有趣且有挑战性的事业，其间他们可以重新界定自己的业务，并以真正有影响的方式作出贡献。

如果你已经达到实干家层次，那么已具备了强有力的反思才能，这使你能够形成一套明确的、深思熟虑的价值与信念体系，并将其作为依靠。你把所在的组织视为一个系统，该系统在宏观的、复杂的社会与制度环境中运作。你已学会战略性思考，并且会受到2~5年才能实现的目标的强烈激励。

你认识到，领导举措的成功需要关键利益相关者的大力支持，并且他们的动机与期望是决定是否提供支持的关键。你的权力风格可能倾向独断，聚焦说服他人遵循你的议程；也可能（这种可能性较小）倾向包容，聚焦征求利益相关者的意见并赢得他们的支持。无论如何，你可能经常试图用另一要素来平衡主导性权力风格。

如同蕾切尔，当推进一项领导举措时，你想利用可验证的数据来诊断并解决问题。你看到了各个问题如何相互关联。你可以重新思考问题，并通过借鉴在其他环境中成功的举措来找到创新性解决方案。

最终，你会形成一定层次的自我意识，这让你能够反思最近的事件，理解自己所作所为的原因。通过这种反思以及新发现的本领（回忆处于人生不同时期的状况），你产生了强烈的自我认同感。你也能够想象自己的行动在未来产生的影响，所以产生了掌控自己命运的强烈感觉。你的职业自尊主要来自相信自己为取得重大成果作出了贡献。

稍后，你会读到三位实干家层次管理者的故事，他们的观点与蕾切尔对领导力的理解一致。你将发现，第 4 章提到的两位管理者盖伊和卡洛斯如何发展至实干家层次。你还会读到马克（Mark）的故事，他是一位实干家层次的首席执行官，领导一家健康维护组织（Health Maintenance Organization，HMO）① 推进一项根本性的战略变革，这需要他克服初期来自关键利益相关者的阻力。如同第 4 章，这些故事也涵盖了我们提及的三个行动领域：关键对话、团队领导、领导组织变革。②

实干家层次的关键对话

为了表明在关键对话过程中实干家层次的能力如何发挥作用，我们使用盖伊（第 4 章提到的呼叫中心主管，他处于专家层次）的故事进行阐述。就在形势似乎不妙时，盖伊被提拔至一个新岗位，负责执行本部门最高管理层制定的一项知识获取战略。这项战略旨在收集产品开发工作产生的专业知识，以便提高未来生产产品和定制产品的工作效率，提高部门竞争力。

盖伊和他的新团队不仅负责整理关于产品开发的知识，使其更容易理解，还负责从产品经理那里获取这些知识。当他们思考了基本方

---

① 健康维护组织是一种通过向会员收取固定年费而提供医疗服务的医疗保险组织，相比于其他保险计划的好处主要是费用低廉。——译者

② 形成实干家层次的领导力敏捷度要求个人成长至实干家阶段。在实干家阶段的管理者中，绝大多数在大学期间开始这个成长过程。在 35～40 岁成长至实干家阶段的人比例较小。在所有管理者中，约 90% 已达到专家阶段，其中仅有约 35% 已成长至实干家阶段以及更高阶段。现如今，在达到实干家阶段的管理者中，约 71% 在整个余生中都停留在该阶段。其余 29%（约占所有管理者的 10%）会继续成长至更高阶段。要了解这些数据的计算方法，请参阅本书最后的附录 A。

法后，盖伊邀请各位高级产品经理参加这项工作的启动会议。令盖伊非常失望的是，几位经理对他的陈述表示怀疑，并提出了许多批评意见。几位经理的坚决抵制令盖伊感到惊讶，犹如面对一堵无法通过的高墙。最后，盖伊不得不搬出最高管理层的命令，让他们服从。这种做法导致无情的沉默。散会后走出会议室时，几位经理甚至无视了盖伊的存在。

当盖伊尝试继续推进时，许多电话和电子邮件都得不到回应。少数作出回应的经理也表现得非常不耐烦。盖伊深感受挫。他几乎一夜之间把潜在的合作伙伴变成了敌人。看起来，整套举措还没开始就可能崩溃。

起初，盖伊对接手这项任务犹豫不决，担心自己缺乏所需的领导技能，无法推动那些没有上下级关系的经理。但主管招聘的副总裁鼓励他，并建议在遭遇困难时求助领导力教练，副总裁本人以前曾经用过该方法，效果非常不错。现在，最担忧的事情已经发生，于是盖伊决定向教练求助。

盖伊和教练很快决定开展一系列速成的辅导课程。在此期间，他们明确了盖伊当时面临的领导力挑战，确定了所处的敏捷度层次，并设定了领导力发展目标。① 盖伊发现，自己多年来一直处于专家层次，并且开始认识到，要想在新岗位上取得成功，自己需要成长至实干家层次。盖伊还认识到，面对同事和下属时自己的权力风格非常独断，很少包容他们的优先事项。

盖伊和教练首先聚焦紧迫问题，即盖伊与产品经理的关系。根据盖伊设想的总体目标，教练通过询问一个问题来帮助他从实干家层次的角度计划下一步工作："通过下一步与产品经理共事，你想要获得什么成果？"盖伊说："我想要他们认真实施这套知识获取程序，但我不

---

① 关于领导力敏捷度教练的信息，请访问 www.changewise.biz。

知如何做到。"

为了让他的权力风格变得更平衡，教练说："听起来，你要为这项举措负责，而产品经理要为其他目标负责。现在，你们双方都忙于各自的工作。鉴于这种情况，在你想要与产品经理形成的关系方面，你想要获得什么成果？"

思考片刻后，盖伊说，他想要用一起实现共同目标的承诺替代相互攻击。通过设想自己是一名产品经理，盖伊认识到，除非产品经理在这段关系中产生某种休戚与共的感觉，否则他们不会合作。盖伊明白，自己需要倾听、理解、协商，从而构建一种更积极正面的关系。基于这些认识，盖伊努力让自己的权力风格变得更平衡。

盖伊的教练随后介绍了第4章提到的关键对话技能：主张与探询。同产品经理第一次开会时，盖伊运用了主张技能，但没有运用探询技能。现在，他可以从探询开始对话（询问问题，从而充分理解产品经理担忧背后的原因），从而表现出某种平衡的权力风格。随后，盖伊可以让他们提问，然后自己回答问题，从而回应他们的担忧，而不是仅作出防卫性的解释。这有助于重建双方的关系，而这种关系正是促使产品经理承诺实施新程序的前提条件。然而，盖伊也需要在一定程度上主张自己的优先事项。通过运用主张与探询，他可以表现出平衡的权力风格，并提出一种双方同意的推进方式。

盖伊决定，下一步他将首先与丹尼斯（Dennis）手下的产品经理开会，因为丹尼斯似乎是最倾向于接受新程序的高级经理。在准备过程中，教练向他介绍了构架技能，也就是阐述会议目的与立足的假设。鉴于第一次会议的情况，向丹尼斯提出这个想法的最佳方式是什么？进而，盖伊想要如何开始这次会议？

第二天，盖伊到丹尼斯的办公室拜访，说自己已认识到第一次会议的气氛非常紧张，因此希望同丹尼斯及其下属召开一次不同于上次的会议,以便理解他们的压力和担忧。丹尼斯同意召开会议,但几天后当盖伊走进会议室时,气氛依然非常紧张。为组织此次会议,他首先向丹尼斯示意,然后面向其他参会者说道:

关于上次同你以及其他产品经理召开的会议,我想了很久,认识到自己一开始就存在问题。我仍然认为,知识获取程序会让团队以及所有产品经理受益。但对于你们的担忧,我上次的回应具有太强的防卫性。我应该停下来了解你们承受的压力、你们各自的优先事项以及你们认为这套新程序将如何影响各自的工作。这就是我现在想做的。

丹尼斯说:"没错,我想这就是我们参加这次会议的原因。"盖伊很快向参会者介绍了这套举措的基本情况,然后说:"因此我想知道,你们的主要压力和优先事项是什么?"在一阵令人尴尬的沉默后,丹尼斯开始介绍自己团队的情况。盖伊认真倾听着,当他要求澄清某一点时,另一位经理插话了。一会儿,参会者纷纷开始发言,情况显而易见:产品经理要对三个目标负责:成本、质量、进度。产品推向市场的速度非常重要,产品经理认为知识获取程序会降低他们的速度。

盖伊几次试图纠正在自己看来短视的观点和错误的假设,但他忍住了,直到所有产品经理讲完为止。他大概花了30多分钟提问并做记录,这或许是一生中持续时间最长的一次倾听。他感谢几位产品经理直言相告,并表示现在更充分地理解了他们的目标和担忧。他对几位产品经理的发言进行了总结,并询问他们自己的理解是否正确。除几处小错误外,几位产品经理认为盖伊的理解基本准确。

盖伊注意到,参会者的肢体语言发生了明显变化,表明已经接受了他的观点,并且向他清晰展示了有待消除的担忧。接着盖伊又提出一个问题:按月计算,他们是否能够大致估算实施新程序需要耗费的时间?几位产品经理回应道,为了确定实际耗费的时间,他们需要更详细地了解该程序。盖伊悬着的心终于放下了。几位产品经理委婉地承认，他们的担忧立足于对该程序所需时间的猜测——盖伊怀疑他们猜测的时间过长。

最后盖伊说，他想要举行一系列简短的工作会议来评估新程序耗费的时间，并且必要时会对程序加以调整从而缩短耗费的时间，同时确保能够实现知识获取的目标。每个产品管理团队的代表以及盖伊团队的某些成员会参加这些会议。丹尼斯也同意派手下的员工参会。

关于此次会议的积极正面信息会被其他产品管理团队收到，这使他们更容易接受新程序。盖伊深受鼓舞，接下来运用了同样的方法并获得了相似的回应。几周之内，工作团队召开了富有成效的每周例会。盖伊最初犯的错误让他耗费了一些时间，但现在所有相关人员都已承诺配合知识获取工作。

仅仅两次例会后，工作团队认为已经可以较准确地评估新程序对产品开发时间的影响。他们确定，只有三项程序会导致延时问题，因此，他们集中精力研究改进这些程序的最佳方法。在此期间，团队陷入了困境。每次有人提出某个想法，就会被其他人否决。想法迟迟得不到认可，人们开始产生挫败感。

盖伊向教练介绍了最近一次例会的情况，并说想要找到更好的方法来策划群体讨论。教练回应道：

听起来，几位产品经理聚焦缩短时间的想法，而你的团队成员着眼于知识获取目标。我认为，你需要采取下列方式为群体讨论确立框架：基于正出现的状况，建立一套规范，要求人们为自己的观点提供理由——该理由需要同已经实现的四项共同成果相关。

教练建议盖伊参加下次例会，并向产品经理提出一项包含三个步骤的议程：运用头脑风暴法提出想法；对这些想法进行分组和排序；

接着予以改进并作出评估。盖伊需要提醒每位参会者，好想法应有助于获取必要的知识，同时对成本、质量以及（尤其是）上市时间造成最小的影响。他可以审查并落实头脑风暴法的基本规则，把人们的想法记在挂图纸上，同时列上自己的想法。在最后一步，人们可以确定最有希望的想法，在全体人员审查这些想法前，部分人可以先尽力完善这些想法。[1] 教练继续说道：

另一个非常充分的基本理由是，主张某个想法的人能够说明它如何与所有人认可的事实相一致。假设在会议快结束时你需要解决若干分歧，你可以把这四项目标作为一组标准，但你也可以要求他们提供某些相关的数据。如果没有任何客观数据，你可以让他们提供某些具体的参考点，比如介绍自己的想法在什么情况下会奏效的经验。当然，如果你作出示范（使用这些理由来证明你自己的某些观点），那么会有所帮助。

盖伊认为，这种方法非常有助于人们根据相同的思路进行思考。但盖伊担心的是，如果参会者把注意力集中到他认为行不通的想法上，那么该如何处理。鉴于盖伊的领导力敏捷度处于实干家层次，教练说道：

你可以提前告诉他们，关于拟议的程序需要作出哪些改进，你会作出最终决定——你期待参会者提出建议。但我认为，很可能你只需要对参会者的建议小修小补。

根据教练的建议，盖伊组织了下次例会，并且运用了学到的若干

---

[1] 这种形式有点类似于我们帮助罗伯特及其团队为公司制定新战略的过程。盖伊的教练还帮助他学会了把主张与探询结合起来的技能——陈述你的观点，然后立刻请其他人陈述各自的观点。教练向盖伊展示了在会议开始时如何运用这种技能了解当前的群体动态，说出自己想要建立的规范，并询问参会者是否同意。会议快要结束时，人们正在讨论部分人提出的修正程序，盖伊再次运用这种技能：当人们不经探询就开始主张某种想法时，促进讨论的一种方法是不时地介入，这实际上是在进行探询。例如，"你们觉得弗雷德的想法如何？"盖伊的教练观察到，这种领导者干预通常能以良性方式减缓事态进展，并改变对话基调。

新技能。会议结束时，在三项需要改进的程序中，所有人就其中两项的改进意见达成了一致，并且同意在第三项程序中试行拟议的改进方案。尽管工作团队的任务现在已经完成，但他们决定以后定期开会，从而确保在新程序不造成延时的情况下获取所需的知识。盖伊感觉非常好。现在，几位产品经理已经承担起促进该举措顺利实施的责任。

实干家层次的团队领导

在第 4 章，我们讲述了卡洛斯的故事，他在圣达菲的一家小型建筑公司担任会计部门主管。在团队领导行动领域，多年来他一直处于专家层次。卡洛斯更喜欢与 3 位经理一对一互动，不定时召集会计部门 16 位员工参加全体会议，会上仅限于分享信息。360 度反馈信息表明，尽管卡洛斯非常聪明、知识渊博，但过于注重细节，没有真正管理整个会计部门。反馈信息还表明，卡洛斯需要变得更直截了当、更坚决果断，为会计部门设立清晰的目标，直面一些长期存在的绩效问题。

卡洛斯赞同上述反馈信息，于是确立了三个领导力发展目标：成为一名老练的部门主管；跳出细节，调整各项任务的优先次序；培养更直截了当、更积极主动、更坚决果断的领导风格。在教练的帮助下，卡洛斯发现可以通过发展至实干家层次的领导力敏捷度来加速实现上述目标。

卡洛斯要成为一名老练的部门主管，改变开会方式是其中一步。他决定每隔一周与 3 位经理开一次会，讨论整个部门范围内的问题。他还打算每月召集部门全体人员开一次例会，并且把每次部门会议作为解决问题的论坛，参会者可以确定、发起、监测某些项目，从而改进会计部门的绩效以及同其他部门的关系。

这些正是公司对卡洛斯提出的要求,并且符合实干家层次的团队领导力。然而,如果卡洛斯始终关注会计工作的细节,那么将难以达到公司的要求,因此,教练给他提供了关于该问题的若干资料。[1]当他们再次讨论该问题时,卡洛斯说自己已经认识到,以前过度聚焦完成紧急的任务,忽视了那些重要但不紧急的任务。

卡洛斯决定每天提前15分钟到达办公室。周一上午,他会拿出半个小时计划一周的工作。其他工作日的上午,他会拿出15分钟确定优先事项,并为当天的工作制定初步计划。在一周的全部工作日,他都尽力在紧急任务与重要任务之间实现更好的平衡。

两周后,卡洛斯在确定工作任务的优先次序方面取得了进展,但他尚未安排与经理的会议。教练问卡洛斯,如果他为管理会计部门采取果断行动,是否担心可能造成的后果。卡洛斯思考了一会儿说道:

我从来都不喜欢孤芳自赏、似乎高人一等的主管。公司里有几个人就是这样,我不想效仿他们。我喜欢会计部门的一点恰恰在于它让我感觉像一个大家庭。我们有时也争吵,但没人表现得高人一等。我不想失去这种大家庭的氛围,这营造了融洽的工作环境。我知道,我需要表现得更像一名主管,但我确实担心,这可能会破坏我与部门员工之间已形成的融洽关系。

如同多数专家层次的管理者,卡洛斯也持有下述假设:独断性领导风格与包容性领导风格是非此即彼的关系。当卡洛斯努力变得更独断时,他认为不得不放弃现有的风格。事实上,他正在反复思考下述基本问题:在成为一名独断的领导者后,你仍然能够对员工表示同情

---

[1] 参见科维(Covey)、罗杰·梅里尔(A. Roger Merrill)和丽贝卡·梅里尔(Rebecca R. Merrill):《要事优先》(*First Things First*)。尽管这本书没有使用领导力敏捷度层次的框架,但整合了实干家同促变者在时间管理领域的思想与方法。

吗？你是否必须表现得高人一等，或者你能与员工保持联络并继续乐在其中吗？

当与教练讨论这些担忧时，卡洛斯发现并不需要放弃自己擅长倾听和同情的本领。他面临的挑战是采用更独断的领导风格并兼顾这些优势。更平衡的领导风格实际上可能改善工作关系，并且他仍然可以组织大家去滑雪旅行，这是会计部门的传统。

在一个月内，卡洛斯与他的管理团队开了两次会，与部门全体人员开了一次会。人们积极回应卡洛斯的新领导方式。几个月后，他在部门会议上推动关于愿景问题的讨论，并作为整个公司范围内下述工作的构成部分：使各部门与公司的愿景保持一致。这次讨论让卡洛斯在接下来的两三年内不断思考，并从客户和分包商所需的成果角度看待会计部门，这段经历让他超越了通常的战术导向，并帮助他在更具战略性的背景下制定了清晰的部门目标。

从专家层次管理者聚焦任务管理转变为实干家层次管理者聚焦人员管理，卡洛斯与管理团队召开的会议帮助他完成了这种转变。他需要改变与直接下属一对一互动的方式，确定并解决一些长期存在的绩效问题，而不是仅限于排除执行特定任务遇到的障碍。为此，卡洛斯需要更直截了当地与下属讨论绩效问题。然而在以往，包容性权力风格导致他回避这么做。

在愿景讨论会之前的几个月，卡洛斯利用在公司的领导力开发课程中学会的关键对话技能解决了若干次要绩效问题。但他仍然回避了最突出的问题，这些问题长期存在，并且都涉及负责员工薪酬及福利的直接下属洛里（Lorie）。①

---

① 在规模较大的公司，员工薪酬通常由人力资源部门负责。然而，卡洛斯所在的小型建筑公司起初仅有一名负责招聘的员工和一名兼职人力资源经理，直到最近才聘请了一名全职人力资源经理。

卡洛斯告诉教练，自己之所以没有着手解决该问题，是因为对如何做仍然举棋不定。一方面，随着公司的稳步成长，员工薪酬问题越来越复杂，洛里根本无法应对。另一方面，卡洛斯想要公平处理，并且明白自己的评估可能存在错误。在与公司的人力资源经理协商后，教练帮助卡洛斯设计了一种两者兼顾的方法。

卡洛斯构思了同洛里的面谈，说明了看到的绩效问题，并询问洛里是否同意。尽管洛里对某些小问题有异议，但还是大方地承认自己力不从心。于是两人共同制定了一份为期三个月的行动计划：首先，让洛里接受培训从而了解最新事态；其次，让洛里参加每周审核会议。然而，两个月后洛里认识到，自己不适合这份工作，并请求卡洛斯把她调动到其他岗位。一个月后，卡洛斯对接替者的工作感到非常满意，简直不敢相信自己竟然拖了这么久才正视该问题。

与此同时，教练通过向卡洛斯询问一系列问题，并根据对愿景的讨论情况，帮助他进一步思考自己的愿景。在此次谈话中，卡洛斯回忆了人生中的一段经历，当时有人要求他发展学术本领和运动本领。他回忆了这对自己产生的激励，然后说道：

> 我对会计部门的部分愿景是，希望员工积极上进，回家后可以向家人称赞自己的工作部门。为此我需要确保正在营造一个有趣且有挑战性的环境，在其中工作的人能够感受到自己的观点得到重视。我想要为员工提供发挥创造力的舞台，激发他们最大的潜力。这就是我的愿景。我们正在为此而努力，但有时我感到内疚，因为自己尚未真正做到这些。

如同蕾切尔的愿望，卡洛斯的话表明他的愿景是营造一个有趣且有挑战性的环境。在这时，也就是卡洛斯决定成长为一名实干家层次团队领导者的六个月后，教练对他周围的所有人开展访谈，让他们提供关于卡洛斯的 360 度反馈信息。访谈结果清楚地表明，卡洛斯已经为实现该愿景付出了很长时间的努力。在描述部门会议时，一位向卡洛斯的直接下属汇报工作的员工说：

> 会议似乎一次比一次好。在昨天的会议上，我们讨论了会计部门内部的氛围问题。卡洛斯带领我们写下了所有令人困扰的事务，并分门别类进行群体讨论。他非常妥当地解决了一个敏感问题。我们提出了解决方案，并且一天后就可以看到人们行为的变化。
>
> 在这些会议上，他并未支配或独占时间，而是仅负责搭建舞台，主持讨论。这与我在其他公司参加过的会议截然不同，在那些会议上，参会者往往噤若寒蝉。卡洛斯树立了一种团队理念，即他与几位经理作为一个团队开展工作，他们都做得非常好。

现如今，卡洛斯已成长为实干家层次的领导者，并且把管理团队和会计部门转变为我们所谓的"统筹团队"。实干家层次的领导者仍然认为，他们专门负责定义角色、激励团队成员、确保个人绩效、策划团队工作。他们在参加决策会议时往往心中已有最佳解决方案，但通常更喜欢让每个人说出自己的观点，然后精心策划把讨论引向所需的成果。他们认为，群体讨论可以赢得团队成员的支持，并提供一种检验自己想法的途径。

实干家层次的领导组织变革

马克是俄亥俄州一家成功的 HMO 的首席执行官，该 HMO 已发展为非常受人尊敬的中型组织，现在是当地的一家重要企业。马克 40 多岁，是一名成熟的实干家层次的管理者，主管一个优秀的管理团队。

董事会对 HMO 的稳步发展感到满意。在很大程度上，正是由于马克的领导力，该组织遵循一系列清晰明确的价值观，营造了一种强势的、有凝聚力的文化。员工认为这是一个非常好的工作场所。

尽管取得了成功，但马克依然非常担心组织的前途。基于对该行业的了解，他发现如果新兴趋势得以延续，就很容易看到 2～4 年后的情况以及利害攸关之处。新力量正在发挥作用：由于激烈的竞争和剧烈的重组，管理式医疗（managed care）①市场即将发生转型。

供应商（医院和医生团体）和采购企业发起的战略会使 HMO 陷入困境。为了应对收入下降和成本结构偏高问题，医院和其他供应商合并为提供持续护理的综合健康系统。合并不仅提高了效率，也给了供应商更多同 HMO 讨价还价的筹码。与此同时，买家在另一侧施加压力。许多大型企业已经决定仅采购少数大型供应商的健康产品，此举使 HMO 之间展开更激烈的竞争。此外，俄亥俄州的新立法允许中小型企业通过加入大型采购集团而提高自身的谈判力。②

放眼全美国，马克发现许多 HMO 通过如下措施应对压力：提高运营效率、为个别采购企业定制传统产品、打造多元化产品线从而实现一站式采购等。但这些 HMO 相信，最能使其在采购企业看来显得与众不同的是供应商网络的成本与质量。为了实现该目标，采购企业正致力于同医院和医生团体建立优惠关系和排他性联盟。某些采购企业还通过合并其他 HMO 来强化自身的供应商网络。

根据这项战略评估，马克相信，如果他的 HMO 能够与合适的供应商建立自己的优惠关系和排他性联盟，就可以前所未有地超越竞争对手。仅仅存在一个困难：马克的 HMO 最初由一群内科医生制定，

---

① 管理式医疗是一种提供医疗保健的系统，运用供应商网络满足患者的整体健康需求，并力求降低医疗成本，提高护理品质。——译者

② 当时马克也认为，联邦层面制定的任何新医疗保健法律都只会加强已经在发挥作用的市场力量。

旨在替代传统健康保险组织，而后者在该地区占据主导地位。马克的HMO向来欢迎几乎所有合格的医生，只要他能够从事医院内的工作，并且致力于公平、平等地对待该组织的内科医生即可。该公司由一个内科医生委员会和一个商业委员会共同管理。网络中的每位医生都有投票权，并且许多人觉得应该对公司的商业计划和医疗管理政策拥有发言权。

从历史上看，这种立场对该公司非常有利，内科医生对公司的忠诚度大幅提高，这有助于该公司超越大型保险公司和其他HMO。一方面，马克希望维持这种地位。另一方面，该地区许多HMO已经开始与大型医疗机构建立排他性联盟。如果马克的公司在竞争对手择优挑选高质量的医疗机构时不采取行动，那么将来会遭遇严重困难。

马克是领导力大师吉姆·柯林斯所谓的"第五级领导者"，具有坚定的决心和低调的气质，把自我需要从自身转移到更大的目标上：缔造并管理一家伟大的公司。正如柯林斯指出的："第五级领导者并非没有自我或私利。相反，他们抱负远大——但他们的抱负首先是为了组织，而不是自我。"[①]

马克正是如此。在许多方面，他与这家公司一起成长。他与所有同事长期努力工作，缔造了这家秉承他们价值观的公司。他担心，除非公司进行某些重大的战略变革，否则会被某家价值观不同的大型企业收购。

马克得出了下述结论：要维持公司的身份和独立，唯一方式是与总部位于俄亥俄州的一家大型HMO进行真正平等的合并，而该HMO具有完全不同的供应商网络战略。尽管许多独立的内科医生加入了这家HMO的网络，但它有自己的诊所，并且已经与该州一些规模最大的医疗机构建立了优惠关系和排他性联盟。合并后他们将拥有一个多

---

① 吉姆·柯林斯：《从优秀到卓越》，第17～40页。

样化、高质量的供应商网络，有助于成为该地区首要的 HMO。如果双方选择这条路，马克下定决心尽一切可能坚持以员工为中心的价值观，这种价值观是公司的重要传统。①

马克是一位聪明自信的领导者，具有强烈的以人为本的价值观，能够敏锐地认识到需要赢得利益相关者的支持。他的权力风格偏向独断，但总体上非常平衡。他知道，实施变革是一种具有挑战性的新经历。他也知道，要想获得成功，需要获得董事会的认可以及管理团队的坚定承诺。只有这样，他才有望从内科医生网络和员工（他们缔造了今天的公司）那里获得支持。

与其他最高团队一样，马克的管理团队也担心同更大规模企业的合并。但团队成员理解他们担心的问题并普遍表示支持。主要的阻力来自两个委员会，委员会成员囿于传统的战略思维方式，不了解新的竞争现实。

马克认为，为期一天的外出静思会可能是教育、激励、争取两个委员会成员以及最高管理团队成员的最佳方式。然而马克知道，只是站起来试图说服人们，让他们认为马克是正确的，结果只会引发无休止的辩论和持续抵制。因此，马克邀请了一位顾问来帮助设计并推进此事。

马克不想在外出静思会上作出具体的战略决策。他想要达到的成果是，董事会批准认真研究几种新的战略选择。马克和顾问安排了此次会议，以便参会者能够自己进行战略分析，他们还在会前准备了一份背景资料供参会者阅读。

在这次外出静思会期间，马克的顾问让参会者参加一系列活动，

---

① 此处，大量实干家层次的才能在发挥作用。从马克的战略眼光可知：他有清晰的视野以及一定层次的情景意识，能够考虑行业动态和一系列复杂的利益相关者关系。实际上，马克的战略诊断和应对方案比我们刚才的描述要复杂得多，这反映出他有本领辨别连续性与变化、整合事实信息和实际理念、设想未来可能的积极和消极结果。

帮助他们了解未来2～4年内公司面临的重要趋势、威胁和机会。然后参会者会认识到，如果公司保持当前的战略，那么2～4年后会发生什么。接下来，参会者权衡渐进改变与重大战略变革的利弊。他们得出的结论是，公司需要两者兼顾，但根本性变革必不可少。基于这些认识，他们运用头脑风暴法设想新战略观点，进而提炼出5个最可行的观点。

外出静思会的高潮是下午进行的一系列15分钟辩论。所有参会人员分为5个小组，每组8人，围绕一个最可行的战略观点展开辩论。在每个小组中，赞成该战略观点的4名组员作为一方，反对的4名组员作为另一方。

他们被告知需要为辩论做准备，但有一个反转：赞成该战略观点的4名组员将作为反对方，反对的另外4名组员将作为赞成方。参会者先是感到吃惊，接着哄堂大笑，然后开始投入准备工作，激动人心的辩论很快开始了。当然，总体想法是确保每个战略观点都得到充分探讨，每个人都有机会从新视角出发审视问题。

当外出静思会结束时，所有参会者都认为这次会议取得了巨大成功。马克对会议成果感到非常高兴，第二天上午的联合委员会会议要求马克和他的团队探讨两种新的战略可能性：与其他HMO合并，努力优先与内科医生团体建立关系。几个月后，马克和他的团队开始与更大规模的HMO进行严肃的合并谈判。当然，谈判也曾遭遇困难，但总体而言进展顺利。

六个月后，一场真正的平等合并开始了。合并后的最初几个月内，新公司每个部门都由两位领导者负责，他们来自两家公司。这项安排非常有效，随着两人中的一人逐渐被确认为部门领导者，该安排逐步被取消。两年后，马克成为新公司的首席执行官。最高层的合并取得了巨大成功。马克和新组建的管理团队启动了一项新战略，计划在邻近的州大力拓展业务。

不幸的是，马克和他的最高团队过于聚焦增长战略，忽视了运营方面的缺陷。公司内部彼此不兼容的计算机系统尚未合并，许多领域的业务流程仍然相互独立。

马克担任首席执行官一年后，增长战略加重了公司的运营负担，真正的问题开始浮现出来。公司董事会越来越担心，最终决定撤换马克，聘请新领导者。在领导力敏捷度方面，马克的继任者也处于实干家层次，此人最终带领公司顺利度过了合并后的阶段，成为该地区领先的HMO之一。马克去了另一家医疗机构担任执行官，工作表现非常突出。

一系列复杂因素导致合并后的新公司起初发展不顺利。但关于马克的领导力，需要说明两点：第一，成为新公司的首席执行官后，尽管他仍然具有"第五级领导者"的坚定决心与低调气质，但丧失了平衡的权力风格，采用了规模更大的HMO高管具有的独断性权力风格，征求并接受不同观点的倾向随之减弱。第二，你读过本书"促变者层次的领导组织变革"相关内容后会认同，若马克学会了在该层次上开展工作，会增加在合并后取得成功的机会。①

实干家层次领导力敏捷度的能力

当你发展至实干家层次时，领导力敏捷度的四种能力会如何变化？

---

① 关于增加该观点可信度的研究，请参阅托伯特和鲁克：《首席执行官在组织转型过程中的角色》(The CEO's Role in Organizational Transformation)。在这项研究中，成功完成组织变革的首席执行官，要么处于后英雄式敏捷度层次，要么有一位后英雄式顾问或者多位后英雄式团队成员作为密友。如同马克担任合并后新公司首席执行官的表现，那些失败的首席执行官越来越脱离了后英雄式敏捷度层次的影响力来源。

实干家的意识与意图

随着你的反思才能逐渐深化，领导力敏捷度开始向实干家层次发展，这让你能够领悟存在时间更长久的、更抽象的主题与关系。你发现自己会反思以往的经历，注意到自己在哪些方面发生了变化，哪些方面没有发生变化。作为一名领导者，你对人、组织、行业的思考才能也相应地增强了。这种新的意识层次甚至会影响你从体验中学习的方式。以下述实干家层次的情景为例：

某天傍晚，你去参加一项强制性活动，结果却惊喜地发现，餐后演讲令人非常兴奋。演讲者是一位退休的首席执行官，主题正是领导力。

他的许多观点引起你对职业生涯不同时期的回忆。其中一个观点是对你早期从指导者那里学到的经验作出的不同解读。他讲的故事让你想起在以前岗位上的不愉快经历。听众提出的问题让你想到自己即将面临的领导力挑战。在某个时刻，他问道："你们有没有想过希望留下什么？"有几分钟时间，你设想自己已经身处未来，是一位正在演讲的退休首席执行官。你希望留下什么呢？

你时不时会走神，但随着演讲的继续，你的反思把各种想法和经历联系起来，汇聚成几个基本的主题，在开车回家的路上，这些主题一直萦绕在脑海中。第二天，你发现自己郑重考虑了其中一个主题（赢得利益相关者支持的重要性），然后将其付诸行动。

这就是实干家层次领导者的反思。[①] 作为一名专家层次的管理者，你更可能迅速评估演讲者的资历，对他的评论逐条予以回复，并把彼

---

① 多数发展心理学家认为，实干家层次的意识是"形式运算思维"（formal operational thinking）的顶峰，这个术语由皮亚杰创造，详见弗拉维尔（Flavell）：《皮亚杰的发展心理学》（*The Developmental Psychology of Jean Piaget*）。

此的观点对立起来。作为一名实干家层次的管理者，你会更倾向于倾听，基于更长时间框架内的联系形成更深刻的理解，并把学到的更多知识牢记于心。随着时间的推移，这种层次的反思使得你从处于专家层次时形成的标准与信念退后一步，并将这些标准与信念加以比较，进而整合为一套连贯的价值与信念体系。①

接近50岁的女商人埃伦（Ellen）是这方面的典型例子。最近，埃伦被提拔为美国一家《财富》100强企业的总裁，在职业生涯早期，埃伦达到了实干家层次的敏捷度。她把取得的成功很大程度上归功于多年来形成的领导哲学。埃伦的演讲富有魅力，在领导力方面也堪称他人的行为榜样，她把自己关于领导力的价值观与信念概括为一套明确的原则。

埃伦认为，领导者有义务吹响号角（提出愿景和方向），并清晰、简洁、坦率地与他人沟通。她认为，领导者需要秉持希望他人遵循的价值观，诚实正直地开展工作（作为公司所有者所投资金的忠诚管家），不仅对股东，还要对客户和员工表达关怀与尊重。

埃伦认为，无论在公开场合还是私下场合，领导者都应该勇敢、有活力、有勇气，同时彬彬有礼、懂得欣赏。当组织顺利解决问题并赚得利润时，领导者应该最高兴。埃伦说，最优秀的领导者通过期望并庆祝取得卓越绩效来激励他人。

即便如此简单地描述埃伦秉持的原则，我们也可以发现，它们与专家层次领导者的标准与信念截然不同。埃伦持有一套连贯的思想与理想体系，该体系涵盖多个行动领域，从面对面的关系到企业与宏观

---

① 你在个人成长的实干家阶段形成的价值与信念体系可能符合家庭、学校以及其他机构（它们塑造了你的教养）的主流观念，也可能存在很大差异。重要的是，你会基于自身的经历和反思形成一套相互关联的价值与信念体系。参见福勒（James Fowler）：《信仰的阶段》(*Stages of Faith*)，第 174 ~ 183 页。

环境的关系。①

相比于埃伦的领导哲学，尽管许多实干家层次的管理者拥有相似的领导哲学，但其中包含的具体价值与信念大不相同。这些领导哲学的共同之处在于，它们都是经过深刻的个人反思形成的价值与信念体系。

在实干家层次上，无论多么尊重外部权威，你都明白，形成自己的价值与信念体系从根本上是一个个人选择与责任问题。心理学家把这种成长称为彻底"重新定位自己内心的权威"。②

实干家的环境设定敏捷度

现在我们论述两种成长才能：情景意识和使命感，它们塑造了你为自己的领导举措设定环境的方式。

情景意识。如第 4 章所述，在专家层次，你的情景意识犹如静止相机的定焦镜头③，可以让你对拍摄对象（你的举措涉及的核心问题）形成清晰的印象，但仅能大致了解相关环境。在实干家层次，你的情景意识更像变焦镜头，可以聚焦当前问题，也可以把画面拉远以从更广阔的角度看待该问题。

任何问题或组织机构都处于一个更大的环境中，实干家层次的情

---

① 尽管此处对埃伦领导哲学的简要介绍体现了我们所谓"价值与信念体系"的含义，但她明确指出，这只是冰山一角。关于领导力，她实际的价值与信念体系由各种价值与信念构成，写下这些价值与信念可能只需要很短的篇幅，这对任何人都一样。在实干家层次管理者关于领导力的价值与信念体系方面，要了解一个更深刻但虚构的例子（该例子强调一种兼容方法），请参阅罗伯特·凯根《超越我们的头脑》中的"工作"一章。

② 参见福勒：《信仰的阶段》，第 179 页。若因此认为，实干家层次的管理者视外部权威的整体观点不合理而拒绝接受，那将是彻底的误解。实际上，实干家层次的管理者往往渴望凭借自身的实力成为权威。这仅仅意味着，当他们遵循自己的世界观思考时，会有意地选择对自己的思考具有权威性影响的人和事。

③ 用社会科学和管理理论的术语来说，专家层次的意识往往把开放系统（同环境交换能量与信息的系统）视为封闭系统（其运作不依赖同环境交换能量与信息的机械系统）。

景意识让你可以从环境角度理解问题或组织机构与环境之间的关系。例如，这种意识指导了蕾切尔对定息债券部门的战略分析，从而识别了企业与客户衔接领域的业务需求与机会。

使命感。随着情景意识的发展，你的使命感会从战术层面扩展至战略层面。实干家层次的反思才能不仅让你能够从更宏观的历史背景角度回顾并理解事件，而且有助于你生动设想未来的可能性。我们通过卡洛斯的故事了解到，在专家层次，你很少会被1年后的目标激励，但在实干家层次，中期（2～5年）目标会变得非常有吸引力。

达到这种新层次的环境设定敏捷度后，你就会理解，除非团队或组织能够预测并应对环境变化，否则将不可能取得长期成功。这种理解以及你展望未来可能性的才能，为战略眼光（预测重要的环境发展趋势和场景的本领）奠定了基础。我们通过马克的故事了解到，实干家层次的组织领导者具备分析特定行业发展动态所需的兴趣和本领。他们尤其感兴趣的是了解客户需求，竞争对手的行为，新产品与服务等方面的中期趋势、问题和机遇。

实干家层次的环境设定敏捷度还需要你大幅改变关于团队或组织绩效的思考方式。在专家层次，你主要聚焦"正确地做事"，也就是在体系内部加以改进，从而实现战术目标。在实干家层次，你能够认识到，体系的长期成功有赖于创造关键利益相关者（所有者、股东、客户）需要的成果，因此你主要聚焦"做正确的事"，确保为体系设定的目标是最佳成果。①

这种成果导向让你可以战略性思考和规划。一旦你的成果得以明确，就可以确定实现成果所需的战略举措了。你保留了战术性思考的本领，但现在你的战术同战略成果相联系。犹如一位优秀的棋手，你

---

① 据我们所知，"管理者正确地做事""领导者做正确的事"，这两句口号最早由本尼斯和纳努斯在《领导者》中提出。

能够提前想到若干步棋，看到通往博弈结局的多条路径，预见潜在的障碍，并规划克服障碍的方法。

专家层次的管理者主要聚焦职能或部门任务，而在实干家层次形成的才能会赋予你所需的心智敏捷度，从而掌控那些与有效管理相关的典型任务：战略规划、资源分配、人员安排、设计组织结构与流程、利用信息系统监测并改进组织绩效。你会更清楚地认识到，妥善协调多种职能的方式有助于实现共同的组织成果。

实干家的利益相关者敏捷度

你的利益相关者敏捷度层次直接受到两种个人才能的支持：利益相关者理解和权力风格。

利益相关者理解。在专家层次上，随着时间的推移你可以观察人们，并得出关于其性格特征、本领、典型情绪状态的结论。尽管你已经能够初步容忍不同背景与观点的人，但最终你会根据自己的严格标准来评估他们。当他们没有达到这些标准时，你往往会私下或公开予以强烈批评。

在实干家层次上，你更懂得自我反思，并对自己的感受和动机形成更具体的意识。由于利益相关者理解往往与自我反思的程度相同，所以你现在能够认识到，他人的行为由特定动机引起。相比专家层次的管理者，这种增强的意识（意识到他人的感受和动机）让你更有同情心。你也对谈论个人经历并设法同他人比较产生新的兴趣。

本章前面的每个故事都表明，在利益相关者决定是否支持你的举措过程中，实干家层次的利益相关者理解有助于认清利益相关者的动机和期望发挥的作用。因此你认识到下列几点很重要：起码要了解谁是关键利益相关者，预测他们对你的举措可能作出的反应，考虑影响他们的期望以及争取他们支持的最佳方式。

权力风格。如何与利益相关者沟通很大程度上取决于你的权力风格，这包括你对权力和影响力的假设。在实干家层次上，你会把正式权威结构视为任何组织的重要组成部分，但你不会自动把领导力等同于权威。尽管你把权威视为一种强大工具，但仍然认识到仅凭此不足以完成任何重要任务。正如蕾切尔所说，你的权力部分是在相关职位上特定个人品质的函数。

作为实干家层次的管理者，你认识到真正的权力来源远远超出了正式组织结构，并且在许多方面组织是一个政治有机体，是多种利益相关者（内部的和外部的）行使权力并发挥影响力的舞台，每一方都在共同利益的背景下努力追求自我利益最大化。你很清楚，任何时候发起变革都会与多个利益团体产生利害关系，并且总会有人有不同的观点和优先事项，此外多个利益团体之间也存在分歧。[1]

如前文所述，专家层次的管理者通常要么倾向独断性权力风格，要么倾向包容性权力风格。相比之下，实干家层次的反思才能让你能够兼容两种风格的各个方面，比较其相对价值并找到兼顾的方法。

尽管具备了这种素质，但仍有小部分实干家层次的管理者具有极其独断或极其包容的权力风格。[2] 极其独断的人一心追求自己的目标，不考虑他人的观点。在他们看来，唯一合理的利益相关者是那些愿意支持他们的人。他们通常把反对者或异议者视为敌人。相比之下，更少的人具有极其包容的权力风格，这意味着他们在设定目标、维护适当权威方面最小化自己的责任，但试图满足所有利益相关者。

---

[1] 实干家层次的管理者往往把组织政治视为组织生活中不可避免的现象，是一个有待掌控的现实，而专家层次的管理者通常把组织政治视为合法组织权威的对立面。

[2] 一名领导者具有独断性还是包容性权力风格取决于多种因素，包括性格气质、幼年经历、当前的组织文化等。当实干家层次的管理者具有极其独断或极其包容的权力风格时，我们认为这是由于上述环境因素的影响超过了他们在两种风格之间寻求一定平衡的正常趋势。

绝大多数实干家层次的管理者并不认为独断与包容完全对立，而是视为从一极到另一极的连续统一体。多数独断性权力风格的人也会具有包容性权力风格的一面。反之亦然。以本章提到的两位专家层次管理者盖伊和卡洛斯为例，随着发展至实干家层次，尽管盖伊仍然偏向独断，卡洛斯仍然偏向包容，但两人的权力风格都变得更平衡。

如同马克在职业生涯早期的做法，无论主要观点如何，实干家层次管理者要比专家层次管理者更可能具有独断性与包容性相对平衡的权力风格。相比于专家层次的管理者，实干家层次的管理者也能够更敏捷地在连续统一体中反复调整，具体取决于他们所处的特定情景。

独断性权力风格的实干家层次管理者如何回应观点或利益不同的利益相关者呢？他们明白，关键利益相关者的期望和动机对领导举措的成败影响很大，所以往往会设法与对方沟通。有些人试图主要利用各种单向沟通方式来推动变革。也有些人像盖伊和马克那样找到了征求利益相关者意见的方法，当然，这些意见不太可能大幅改变总体进程。

在权力风格的连续统一体中，实干家层次领导者偏向包容的情况较少。相比于其他实干家层次的领导者，偏向包容的领导者通常是虚心的倾听者、教练、团队构建者，并且他们往往征求并认真考虑利益相关者的意见。由于很少把自身利益凌驾于组织利益之上，所以他们广受尊重。与此同时，当这些领导者不愿对利益相关者采取强硬立场时，他们在某些重要方面的举措的有效性会受到限制。①

---

① 例如，在一定程度上，蕾切尔的权力风格偏向包容，这在经纪公司非常有效。然而，当她到一家软件公司担任要职时，发现自己不够独断，难以抵抗服从主流文化的压力。因此，她在该公司推出的若干举措并不是非常成功。

在日益复杂多变的环境中，实干家层次的领导者把他人的观点纳入考量，以此坚持自己的观点和优先事项，这通常在长期内最有效。埃伦的领导哲学是证明这种平衡的典型例子。实际上，这是一种动态平衡，可以让你在独断性与包容性之间随机应变、反复调整。

在与观点和利益不同的关键利益相关者互动时，实干家层次的管理者可能会意识到存在一系列解决分歧的选项。在连续统一体的一端，你胜利；在另一端，你失败。两极之间存在多种可能的妥协选项。基于这种思维方式，典型的谈判就成为你解决分歧的主要手段。你的谈判风格可能是独断的或包容的，也可能在两者中取得某种平衡，但除非你超越了实干家层次，否则不太可能找到胜利、失败、妥协之外的分歧解决办法。

实干家的创造性敏捷度

领导者在推进各项举措的过程中必然会遇到非结构化问题。你所处的商业环境越复杂多变，就越容易遇到这种问题。创造性敏捷度是把非结构化问题转化为预期成果的本领。你的创造性敏捷度层次受到两种成长才能的支持：联结意识和反思性判断。

联结意识。联结意识是指脑海中兼容各种观点与经验，对这些观点和经验加以比较，并在它们之间构建有意义联系的本领。正如科学家运用实验数据来构建解释性理论和预测性理论，实干家层次的领导者会反思特定情景中学到的知识，看到彼此的联系，并得出更普遍的真理。如同科学家，实干家层次的领导者知道，这些知识仅仅是概率性的（通常正确，或者说非常可能正确），而不是绝对的。

专家层次的领导者注重程序性框架（列表、步骤、操作指南），然而实干家层次的领导者欣赏新观点和概念框架赋予他们在实践中的影响力。[1]他们对以自身为目的的思想体系兴趣不大，但通常对实用的概念模型兴趣强烈，这些模型可以帮助他们解释事件，预测行动导致的

---

[1] 下面是两位专家层次的领导者在一个领导力工作坊开幕时所做的说明性评论："你们能否提供一份优秀领导者必做的十件事清单？这样我们就可以照做了。""你们能否列出我们需要处理的所有性格问题以及处理问题所需的技巧？"这些问题假设只需遵循一系列外在技巧，无须作出其他改变，个人就可以成为更有效的领导者。

后果。

在实干家层次上,你有本领兼容相互对立的观点与经验,对它们进行比较并设法兼顾。正如我们对独断性与包容性权力风格的论述,实干家层次的领导者能够认识到,对立的双方相互关联,只不过处于连续统一体的不同位置。虽然有时候形势要求人们在对立的双方之间作出非此即彼的选择,但实干家层次的领导者能够设想位于两极之间的妥协方案。然而,实干家层次的领导者难以制定真正的双赢方案,难以让各方都获得最需要的成果。

反思性判断。这种才能用来确定何为真,何为解决非结构化问题应采取的最优行动方针,也是你向自己和他人证明这些观点的方式。在专家层次上,你往往认为非结构化问题一定存在有待被记住或被发现的明确答案。关于各种偏见对诊断和解决问题的影响,你的理解也有限。因此,你很容易误认为自己的观点就是对现实的客观感知,而且你也未能充分认识到需要使用事实性信息和其他观点来检验自己观点的有效性。

在实干家层次上,你的反思性判断得以深化。你对业务和组织方面的非结构化问题有了更深刻的认识,也更清楚地意识到非常容易戴着偏见和错误的有色眼镜处理这些问题。因此,针对重要的问题,你想要确保自己的诊断符合现有证据。同样,在解决问题时,你希望考虑所有观点,这些观点有助于你预测哪些方案最符合成功的标准。

与此同时,实干家层次的领导者往往意识不到自己的价值与信念体系在多大程度上影响对事实性信息的选取与解释。一旦实干家层次的领导者形成某种似乎符合现有证据的观点,就往往难以认真考虑对相同证据的不同解释。直到成长至促变者层次,领导者才开始真正对不同的价值与信念体系感兴趣。

实干家的自我领导敏捷度

你的自我领导敏捷度取决于自我意识和成长动机的深度。

自我意识。实干家层次的反思意识不仅对外部世界产生了更复杂的理解,而且孕育了新层次的自我意识。随着反思才能扩展至更长的时间框架,你更可能思考小时候的经历。展望未来时,你可以生动地想象未来数十年的生活。

在实干家层次上,你的自我意识也可以反思最近的事情,并回答下列问题:我是如何促成这种结果的?我的动机是什么?当时我的想法和感受如何?相比于专家层次的管理者,你回忆过去的行为、情感状态、动机时能够记起更丰富和更具体的细节。

由于现在你对生活的反思变得更深刻,涵盖更长时间范围,所以会对自身最典型的特质形成新的认识。结果,你在专家层次时形成的自我印象发展为一套关于自身优劣势的思想体系,其中各个方面相互关联。心理学家把该过程称为"强烈认同感"的发展。①

为说明这种发展,下面简要介绍卡伦(Karen)的故事,她是一名居住在亚特兰大的家庭主妇,35岁左右成长至专家阶段,当时她从事行政助理工作,积极参加政治活动,并加入了一个妇女支持团体。然后她开始遵循帮助自己成长至实干家阶段的建议:

> 我开始产生开创一番事业的强烈冲动。我想成为独立自主的人,但不想疏远他人——我只是想做些事,这并非出于需要或依赖,而是发自内心想做。不可否认,那时我过于自私和叛逆。丈夫和朋友发现"新的我"非常令人担忧。那时我决定离婚。这真是极端的一步,我有时对此严重怀疑,但为了获得成长,有时你不得不冒险放弃熟悉的一切,并且认识到在前进的路上必然产生犹豫。

---

① 参见爱利克·埃里克森:《认同:青年与危机》(*Identity: Youth and Crisis*)。

在一段留下详细日记的时期，卡伦形成了更具反思性的自我意识和更强烈的认同感：

离婚后，我独处了大约两个月，并且不断反问自己。有生以来第一次，我真正诚实地面对自己，思考什么激励着我，为什么会发生某些事。那时我才意识到，我曾经归咎于婚姻的许多事情实际上与丈夫毫无关系。我曾经以婚姻为借口，不敢冒险尝试想要开创的事业。

其中一部分是非常真诚的承诺，也就是继续弄清楚我到底是谁，我到底是什么样的人。我决定把自己的所有性格特征都写下来，列了一张长长的清单！然后，我仔细阅读了一遍，试着坦率面对真实的自己，并把清单上的内容减少了许多。我认识到，无论积极方面还是消极方面，真实的我都不像当初想象的那么突出。那时我以为，只要愿意承认并面对自己的不足，我可以做任何想做的事。

后来，卡伦获得了公共管理硕士学位，成为一家社区发展企业的执行官。

成长动机。三个关键因素共同塑造了你的成长动机，包括领导理想、职业自尊和满意的主要来源、自我评估时立足的情感基调。在专家层次上，你的领导理想包括短期职业目标、作为领导者你想要掌握的知识和技能、表现出的性格特征。在实干家层次上，你的领导理想扩展至长期职业目标、公开或隐藏的领导哲学。

在专家层次上，你的职业自尊和满意主要源于下述感受：因专业知识和睿智观点而受到赞赏。在实干家层次上，你能够想到行动在未来产生的结果，这种本领让你对自己给周围世界带来的影响产生强烈（有时言过其实）的责任感。基于这个原因以及新形成的成果导向，你的职业自尊和满意主要源于下述信念：为实现重大成果作出贡献。

在专家层次上，你非常严肃地对待自我的理想。盖伊的故事表明，当你觉得未能实现目标或达到标准时，往往会严厉地自我批评。尽管这种反应会促使你作出改变，但也会伤害自尊，反而导致更难以作出改变。

在实干家层次上，你仍然会自我批评，但批评的基调不再那么严厉，所以你感到更多的是内疚而不是羞耻。基于此，发展心理学家洛文杰用谨慎阶段来指代实干家阶段。① 这种惩罚性较弱的自我批评赋予你更多心智空间反思自己的经历，并决定如何应对已发生的事情。

如果你正担任一位实干家层次领导者的教练，那么非常有必要认识到，他们有才能接受反馈信息，而专家层次的领导者较欠缺这种才能。实干家层次的领导者甚至可能主动寻求反馈信息，专家层次的领导者很少这么做。当反馈信息把实干家层次领导者所需的成果作为既定前提，并提供更有效的实现方法时，往往最容易被接受。当反馈信息表明如何才能更符合其领导理想时，也容易被接受。实干家层次领导者最乐于接受的具体例子是，他们的行为违背了自己的理想或利益，因而提出实现他们的预期成果所需的具体替代方案。②

---

① 对行为后果的内疚感，实干家阶段的管理者比任何其他阶段的管理者更显著。参见洛文杰：《自我成长》，第 13～28 页。

② 研究表明，实干家层次的领导者比专家层次的领导者更有可能基于反馈信息改变自己的想法和行为。然而，若反馈信息表明他们所需的成果需要重新考虑，那么实干家层次的领导者往往不接受。并且，他们也不太可能根据那些表明其价值与信念体系存在偏见或有问题的反馈信息采取行动。参见哈里斯：《支持转化式学习的经验》。

第6章

促变者层次：努力实现突破

布伦达（Brenda）在一家全球性化工企业主管环保与安全工作，负责执行公司作出的全球性可持续发展承诺。① 她是一位聪明睿智、热情洋溢的促变者层次领导者，强烈认为企业切实承担环保责任不仅会造福地球，还能提高利润率。关于化工行业对环保问题的历史性立场，她介绍如下：

在20世纪80年代中期前，化工行业认为，任何担忧化学品风险的人要么错误，要么无知。该行业唯一真正的利益相关者是股东和政府监管机构，处理公众担忧的主要策略是拖延。

1984年，博帕尔事件②爆发。即使没有此事，该行业的领导者也已认识到，当人们被忽视或误导时，会对管理层感到愤怒和不信任，

---

① 联合国世界环境与发展委员会1987年发布的《布伦特兰报告》（The Brundtland Report）把"可持续发展"定义为：一种新型的社会经济发展方式，旨在"既满足我们现今的需求，同时又不损及后代子孙满足他们的需求"。换言之，这是一种在社会和经济方面承担长期责任的经济发展方式。

② 博帕尔事件是指，1984年12月3日，美国联合碳化物公司位于印度博帕尔市的工厂发生泄露，造成数千人死亡，数十万人受伤，该事件被认为是世界上最严重的工业灾难之一。——译者

增加要求变革的压力。他们还认识到必须同公众打交道，因此采取了公关策略，试图让公众相信化学品安全可靠，化工厂可以成为好邻居。

第一次真正的转变发生在20世纪80年代末，当时兴起了一股新的环保浪潮，化工行业认识到有必要进行变革。到20世纪90年代，全世界化工行业兴起一场"责任关怀运动"①，我们公司也积极参与其中。承担环保责任和接受公众问责是责任关怀运动的两大支柱，也是继续作为化学品制造商协会②成员的前提条件。

到20世纪90年代初，我们公司中有人认识到，承担环保责任在许多方面有助于增加利润，并且这种观点开始引起最高管理层的重视。他们提出一套新的全球经营准则（包括健康与安全、温室气体排放、能源效率等方面），承诺减少产品在整个生命周期内对环境的影响。在进行了数年有关如何致力于可持续发展的公关后，他们认识到必须真正行动起来！

此时，布伦达加入了公司。此前经理丹（Dan）自愿接手了该公司在美国绩效最差的工厂，该厂在经营过程中与美国环境保护署（EPA）产生了非常严重的冲突。作为试点项目，丹致力于把该厂转变为一家绩效卓越并承担环保责任的组织。他聘请布伦达担任该厂的环境、健康与安全（EH&S）经理。刚开始，两人绩效平平。布伦达说：

在我上任大约一个月后，一支联邦调查局特警队乘坐直升机飞抵工厂，然后荷枪实弹冲进我的办公室，手持证件说道："不许动！你被捕了！"我不是在跟你开玩笑。

然而，几年内丹、布伦达及各自的团队共同把该厂转变为一家模

---

① "责任关怀运动"是化工行业自主发起的一项全球性倡议，1985年在加拿大启动。——译者

② 化学品制造商协会（Chemical Manufacturers Association），美国化学企业的行业贸易协会，总部位于华盛顿，1978—2000年采用该名称，2000年后改名为美国化学理事会（American Chemistry Council）。——译者

范组织。

每个人都非常高兴。我们缔造了这家赋权组织，根据所有传统的绩效评估标准（运营效率、质量、安全等）和所有新的环保评估标准衡量，该厂都名列前茅。并且，我们的账户中有大量盈余资金。现在美国环境保护署对我们推崇备至，而在州层面，我们获得了州长颁发的"环境健康与安全卓越奖"。

公司总部对该厂的表现极为赞赏。布伦达被调往位于欧洲的公司总部，作为可持续发展业务的全球项目经理直接向最高管理层汇报工作。她指导整个公司的同事复制她和丹曾经采取的做法，多次取得类似的成功。

后来，我们被调往公司绩效最卓越的工厂做同样的事。这是一场测试，用来检验我们的做法是否能在整个公司推广。起初我非常谨慎。这家工厂的绩效非常卓越，我担心改进的幅度可能不大。我们的年度回报必须达到1.8，这非常高，工厂的资本投资很难实现这个目标。但我对员工高度信任，决定奋力一搏。

果不其然，我们帮助工厂大力优化资本投资，最终使得年度回报达到了1.8。该厂的温室气体排放量减少了55%，运营效率提高了45%，债务以及能源消耗率也降低了45%。我们进而彻底检验公司在全球的所有工厂，7~10年内这将为整个公司创造价值600亿美元的机会。更不用说全球范围内的温室气体减排，这会使我们低于公司公开承诺的排放量。①

---

① 不幸的是，这些收益并未真正实现。完整的故事非常复杂，此处无法详述，主要是她的老板犯了一个严重的商业错误。老板想要把该公司的部分资金投资于其他业务来掩盖错误，而这项投资导致公司不可能实现公开的减排承诺。他命令布伦达撒谎，公开声称该公司"渴望"减排，但实际上并未承诺一定做到。长话短说，布伦达没有在诚信问题上妥协，而是选择离职。最终，老板锒铛入狱。

领导力对促变者意味着什么

布伦达推进变革的方式反映了她对领导力的理解。例如：

在位于美国的工厂中，我的团队确定了排放水平及其来源。按照传统，下一步是把这些分析结果交给制造工程师，让他们解决问题。但根据我的经验，这种方式并不能提出最优解决方案，也不能帮助员工形成注重环保的思维方式。因此，我们组建了一个跨职能部门的团队，囊括了一线员工到整个工厂中最具创意的人员，包括维护人员、操作人员、工艺工程师、制造工程师等。我们指出问题以及期望的结果，然后让这些人尽可能提出最优的、最具创造性的想法。

这在组织内产生了重大影响。获得赋权的人感到兴奋和荣幸。有人看着他们说："你们不只是车轮上的螺丝钉。你们都是聪明睿智、有创造力的人。"在这种环境中，人们充满干劲。他们提出了一种非常便宜的方法来捕捉最大的排放源之一，并以显著提高日产量的方式将其重新引入生产流程。我们消除了本应排放的15吨有毒气体。这只是他们提出的30多项重大改进措施之一。不仅在第一家工厂，而且在许多工厂，我们采取的整套方法都基于把工厂视为一个社区，当每个人都被作为真正的人来对待时，这个地方就会充满活力。

简言之，这就是促变者层次管理者对领导力的理解。促变者层次的领导力意味着营造新环境，通过参与制定让各个利益相关者受益的解决方案，新环境中的人可以创造性地发挥自己的潜力。这是后英雄式领导力的第一个层次。

促变者的领导导向受到该层次上形成的心智才能与情感才能的支持。当成长至促变者层次时，你开始对变革与不确定性感到更得心应手，并且对组织环境形成更宏观、更长期的看法。你认识到，以往帮助你取得成功的因素现在可能已经过时，因此在应对新领导力挑战时往往更有远见。尽管你保留了实干家层次强烈的成果导向，但你也认识到，不断获得所需的成果有赖于更宏观的人际关系环境（团队、组织文化、联盟等），并且你会把提高这些环境的品质作为优先事项。

你之所以同利益相关者沟通，是因为相信，吸收多种观点的战略与解决方案通常更完善。你处理分歧（无论是自己思想中的还是自己与他人之间的）的才能得以增强，这让你能够以更高的心智与情感敏捷度来回应各种利益相关者。你明白，自己没有也不能提供所有答案，所以比处于实干家层次时更可能采用赋权员工并促进其成长的参与式决策。

在促变者层次上，你形成了兼听不同观点的才能，并且发现截然不同的观点都有一定的合理性。这种新视角会激发创造性思考，让你更容易意识到，在共同解决问题的过程中，不同的观点发挥着重大作用。结果，在界定问题并提出解决方案时，你更有可能质疑自己和他人持有的假设，也更有可能把问题视为深层组织问题表现出的部分症状。

在促变者层次上，你形成了一种新的自我观察才能。现在，你能够从自我印象退后一步，认识到自己的感受、假设与优先事项，否则它们会被你的自觉意识忽视。你开始认识到，自己对成就的需要来自渴望得到赞赏与认可。与此同时你会发现，自尊主要取决于自己对成败的反应。你更积极主动地寻求反馈信息，并设法让生活的所有方面变得更有意义。

接下来，你将读到三位促变者层次领导者的故事，在挽救遭遇困境的企业过程中，他们每个人都发挥了关键作用：遭受质疑的软件公司执行副总裁戴维（David），他通过营造高度合作的组织文化成长为一名领导者；引领一家小型咨询公司开创未来的琼（Joan）；第1章提到的石油公司总裁罗伯特。①

促变者层次的关键对话

戴维放下电话，抬起头。身材高大的约翰（John）出现在办公室门口，满脸沮丧地说："我们得谈谈 EDR。"这是他们公司最重要的新产品开发项目之一。戴维一脸苦相，心想："哦，不要，EDR 不能再出问题了！"

戴维在金融软件系统公司（Financial Software Systems, FSS）担任执行副总裁，主管系统开发事宜。这家由 250 名员工组成的公司刚成立不久，专门为金融机构开发复杂的软件。作为一家初创企业，该公司取得了巨大成功，初始产品依然能够源源不断地创收，但新产品却迟迟不能推出。客户不断抱怨，许多程序员以令人吃惊的速度离职。

母公司评估 FSS 绩效的标准分为两部分：75% 基于年度收入，25% 基于新产品创新。由于母公司对 FSS 创新的信心迅速丧失，所以产品开发预算将被削减，FSS 现在拥有的自治权也有被取消的风险。

FSS 包含两个主要部门。戴维是公司的技术权威，主管系统部门，负责设计新软件应用程序。戴维的部门同由销售及营销共四个单元构成的部门存在业务关系。每个单元都由一位副总裁领导，负责销售、安装以及为特定客户群提供服务，并且每个单元都有单独的预算、绩效评估标准以及薪酬标准。

在公司的新产品开发项目中，EDR 最复杂，其成败对公司的前途至关重要。约翰来戴维的办公室，是因为他刚接到埃利奥特（Elliot）

---

① 研究表明，约 29% 的实干家阶段的管理者（约占所有管理者的 10%）会在一生中的某个时刻成长至促变者阶段（参见附录 A 的最后一部分）。另一项针对大学学历以上成年人的研究表明，所有人中约 12% 已经超越实干家阶段。参见罗伯特·凯根：《超越我们的头脑》，第 185～197 页。

的电话。埃利奥特是一位技术人员，与 EDR 项目的设备供应商合作开展工作。"项目计划书上说，我们对设备的付费应该包含设备供应商提供的第一步安装，"埃利奥特说，"但我刚发现他们不做那类工作。他们推荐了一家承包商，但是，我相信你了解，从事那类工作的承包商要价都很高。"

约翰感到非常吃惊。在约翰被聘用之前，戴维已经写好了项目计划书，并且犯了一个代价高昂的错误，由于项目计划书涉及安装预算，所以会影响约翰的绩效。戴维详细记录了随后的对话，作为向 FSS 最高管理团队提供的关键对话"学习案例"。①

在这个学习案例的介绍部分，戴维说此次对话的目标是尽快解决 EDR 的安装问题，并且采取一种使用最少的自己人的方式。戴维知道，自己的员工已经承担了过多责任，并且担心约翰会试图让他承担解决该问题的全部责任，他想让约翰同意共同解决该问题。

在学习案例的左栏中，戴维记录了与约翰的对话。在右栏中，他写下了对话时未说出口的想法与感受。在案例的最后，戴维描述了自认为哪些方面有效果，哪些方面没效果。

戴维与约翰实际的对话	戴维未说出口的想法与感受
约翰：我刚接到埃利奥特的电话。第一步安装流程存在问题。埃利奥特刚刚发现，供应商不做那类安装工作。他们推荐了一家承包商，但是，我相信你了解，从事那类工作的承包商要价都很高。	我立刻感到恼怒，并产生了防卫心理。让设备供应商负责安装仅仅是一个可行的假设。约翰入职我没有向他说明此事，而仅仅是把 EDR 项目扔给他，对此我感到内疚。现在，他准备把这个问题归咎于我和我的下属。他经常这么做。每次来这里，约翰都告诉我杰茜卡（Jessica）把事情搞砸了，并希望我要求杰茜卡作出改变。

---

① 关于此次关键对话过程的更多信息，请访问 www.changwise.biz。

续表

戴维与约翰实际的对话	戴维未说出口的想法与感受
戴维：进来坐吧。让我们仔细检查一下，看看有什么选择。 [我们仔细检查了项目计划书和预算，确定了哪些项目会造成费用超支，哪些不会。]	我的整个部门都在超负荷运转。如果我的下属帮助约翰解决该问题，就会影响他们在其他方面的绩效。他们的许多项目都已经延期。但我不想和约翰发生情绪冲突。
约翰：因此，我们需要做的是确切了解成本是多少，我们需要你的下属来协调获取估算值。大致就是这样。如果我们让自己的承包商来从事所有安装工作，那么费用就会超支，但也没那么糟糕。真正的问题是，我们知道，主要客户会坚持让我们为他们自己的安装承包商买单，并且这需要昂贵的工会工人。我们该如何处理呢？	他实际上说的是："这是谁的问题？"真希望当初能够预测到成本会这么高。但我真正不能接受的是那些占用下属太多时间的解决方案。我尽力说服约翰来做。
戴维：既然这样，我们看看能否让客户承担这部分费用。如果不行，我们可以向他们提供补偿，具体数额相当于由我们的承包商来做的费用数额。	我认为约翰没法让客户同意这项提议。我们的处境不妙。
约翰：我会跟客户讲，但我严重怀疑他们是否会同意。我想让你的下属来协调所有估算工作。	唉，那没用。他又把此事推给我。我不能逃避进行估算工作的责任。约翰的人也不能。
	糟糕。我感到约翰无法让客户同意承担任何费用。
戴维：好吧，我的下属会协调进行估算，但我认为你应该尽力做客户的工作。	
约翰：没问题。周四之前我需要拿到这些估算数据。	

反思：我没有有效减少计划外支出或安装问题对下属的影响。结果，由于我不相信能够从客户那里得到一分钱，所以只能由我解决全部问题。归根结底，我不认为这是一个我和约翰共同面临的问题，也不认为能够共同解决。但我相信，把这作为一个共同的问题会有助于提出更有效的解决方案。

戴维在工作坊中坦率承认，对话没有实现所需的成果，并且他向参会者询问如何才能让这类对话更有效。参会者给戴维的初步反馈信息聚焦于他与约翰都想把球踢给对方。由于他们没有坦率讨论存在的分歧和优先事项，所以，两人对达成一致的步骤既不满意也不愿努力推进。

在同事的帮助下，戴维认识到，正由于不断主张自己的观点，而从不询问约翰认为什么可行，才造成了这种结果。一位副总裁指出：

戴维说："我们看看能否让客户承担这部分费用。"其实在内心深处，他很清楚客户不会掏钱。但他没有对约翰这么说。

[对戴维说] 既然你知道客户不会掏钱，为什么还建议约翰这么做？在我看来，这并不是一个糟糕的建议，但你应该这样结束对话："我知道这会非常糟糕。约翰，你认为值得一试吗？我能帮你做点什么？"但实际情况是："给他一个半吊子解决方案，让他拿着这个方案走吧。"这就是我的理解。

由于提出该项目的真正解决方案需要大家共同努力，所以将其界定为共同的问题是一个重要目标。然而正如同事指出的，戴维并没有利用这个机会采取上述方式进行讨论。实际上，戴维在工作坊中承认，他试图明确共同责任的确是一种防卫策略，也就是避免自己承担全部责任。当时，他的实际目标是在这个问题上承担尽可能少的责任。

如同管理群体中的所有其他成员，戴维与约翰都是实干家层次的管理者。因此毫不奇怪，每个人都聚焦于用来衡量自己绩效的成果最大化。然而，在这种关键对话中，面临的问题跨越了部门界限，只聚焦自己的目标往往导致所有人都不满意的结果。

为了有效开展这类对话，戴维认识到，他需要从单方意图（仅聚焦对自己有利的方面）转变为合作意图（愿意采取的方案涵盖了包括自己在内所有利益相关者的优先事项）。换句话说，他需要从独断性为主的权力风格转变为独断性与包容性平衡的权力风格。

为实现这种合作意图，戴维需要知道如何发起并维持旨在解决问题的对话。他认识到可以采取下述方式：主张自己的观点，然后立刻邀请他人阐明观点。

戴维也收到对他"未说出口的想法与感受"的反馈信息。例如，戴维知道，他对安装成本的假设现在会损害约翰的绩效，但他没有承认这一点。戴维与约翰的共同上司，FSS 的总裁布莱恩（Brian）说：

> 这种对话仅仅流于表面。真正的对话是没有说出口的想法与感受。换言之，约翰可能在心里说："戴维没有安排好，导致现在我陷入困境。真让人恼火。他能做些什么来帮助我呢？"我仅仅是指业务方面。戴维则可能在心里说："我敢打赌，这就是约翰来找我的原因。"在我看来，把事情摆到桌面上会更好。然后约翰可能对你说："我不明白当初你为什么这么做。为什么这笔交易采取这种方式？我们是怎么走到这一步的？"

在工作坊中，约翰与戴维面对面坐着，这是他们第一次有机会讨论该问题。约翰说，戴维在对话时作出的回应激怒了他，并且加深了他对系统部门的不信任。在加入 FSS 这段不长的时期内，约翰感到，戴维的下属不断排斥他，什么信息都不告诉他。他往往不相信他们关于项目延期的理由，并且当约翰让戴维干预时，也几乎没什么效果。戴维感受到了约翰的不信任，但从未直面这个问题，没有考虑能够为此做些什么。

如果戴维和约翰能够运用他们正在学习的技能讨论该问题，就会发现在解决新产品开发项目出现的问题的过程中，对于戴维应该扮演的角色，双方持有不同观点。实际上，对于解决这类问题，双方并没有心照不宣的共同流程。

在工作坊中，戴维和同事接触到促变者层次的构架定义，这超越了第5章中盖伊的教练提供的实干家层次的构架定义。在促变者层次上，构架不仅是在对话开始时明确提出目标和假设，而且包括下述技能：明确阐述关键优先事项、感受或假设，它们会在对话的任何关键时刻影响你的感知和行动。戴维和同事发现，袒露这些内心的想法和感受非常有用，不仅有助于解决面临的问题，还有助于识别并解决潜在问题。

关键对话往往提供了先前未认识到的机会，可以揭示组织结构和工作关系中的潜在重要问题。这些潜在问题往往是造成当前问题的原因。例如，当前的问题是新产品上市延期，但主要的潜在问题在于，不懂得如何解决系统部门同销售及营销单元之间的分歧。然而，这种虚与委蛇的讨论已在FSS成为常态，所以这些问题仍未得到讨论，也未能解决。

如同他的同事，戴维起初更擅长在事后反思对话，而不是在对话的同时改变自己的行为。通过练习，他逐渐形成了促变者层次的意识与意图：能够识别默会的感觉、假设或行为，进而根据这种新意识迅速调整自己的反应。[①]

[①] 关于促变者层次的意识与意图，更多信息请阅读本章后文以及第10章亚当（Adam）的故事。

随着这种新才能的发展，戴维很快找到了共同解决问题的机会。他还掌握了当场从单方意图转变为合作意图的本领，即在关键的主张性陈述后暂时停下，转而询问他人的看法。在接下来的两年里，通过持续接受教练辅导和进修若干课程，戴维逐渐熟练掌握了这些技能，并且开始稳定在促变者层次领导力敏捷度水平上。在此期间，这个问题重重的管理团队转变为合作型领导团队，FSS 转变为绩效卓越的公司，戴维居功至伟。

促变者层次的团队领导

琼走到会议室前面，看着 60 位满脸期待的参会者。在过去的一年中，她一直担任定价策略解决方案公司（Pricing Strategy Sulotions, PSS）的首席运营官，这是一家非常令人尊敬的公司。琼已经 50 多岁，在类似职位上有丰富的经验，并且曾在一家规模大得多的公司担任执行合伙人。

琼在 PSS 的第一年，刚好是许多咨询公司的糟糕年景，PSS 的状况堪忧。由于种种原因，某些《财富》100 强客户转向提供全方位服务的全球咨询公司，这是一种非常严峻的情景。

如同许多合伙企业，我上任前一年的利润都被分配给了股东，因此，公司银行账户中仅有少量资金。在这种糟糕的情况下，我们被迫推迟发放工资，并且解雇了 11 名员工。我有过这样的经历，但对 PSS 来说是第一次。那是非常艰难的一年。唯一的好处是淘汰了绩效不佳的员工。

此次会议在距离三角研究园（Research Triangle Park）①非常近的一家酒店召开，三角研究园位于北卡罗来纳州的达勒姆、教堂山与罗利之间。规模不大的旧金山办事处的参会者刚刚抵达，所以会议在晚餐前一会儿才开始。道格（Doug）是公司的定价专家，也是主要的所有者兼名义首席执行官，会议开始时他郑重宣布：

我不希望公司如此平庸，而是希望公司能够卓越成长。在我看来，在座各位都是团队的一员。我要留在这个团队中，与大家一起同甘共苦。

当琼走到会议室前面时，人们既关心又好奇。她和道格决定在晚宴前发言，从而让每个人都有机会在第二天的会议前讨论并思考相关问题。琼的简短发言如下：

我把刚才道格的发言说得更具体些：不会再裁员了。我们对公司的业务进行了评估，决定让在座的各位都成为未来公司的一员。明天的会议将是我们所有人参与开创未来的机会。我强烈要求各位都积极参与，提出你们的最佳想法。

第二天上午大部分时间，参会者分成若干小组讨论关乎公司未来的关键问题。每个小组都包含不同层次的员工，并且都有一位协调人。在上午晚些时候各小组提交的报告中，最频繁提到的是被大型咨询公司收购的可能性。道格和琼表示，他们已经想到这个选项，但并未认真讨论，而是想看看此次会议上能够出现什么想法。现在，既然参会者普遍对此感兴趣，琼建议他们用一个下午予以细化，然后再检验其有效性。

当天的会议结束时，各小组已经明确了被收购对公司和个人的利

---

① 三角研究园是美国最著名的高科技研发园区之一，设立于1959年。——译者

弊。他们还初步确定了收购方需要满足的条件，这为寻找收购伙伴提供了充分的商业理由。琼的概括如下：

大型咨询公司开始涉足定价策略。我们主要的产品正在成为一种普通商品。为了保持在该领域的领先地位，我们需要成为某个更广阔平台的组成部分。

此外，为了让PSS按照希望的方式成长，我们需要更多营销力量与财务资源。道格是位天才，他主要擅长提出创意。我比较擅长战略性操作。但是，不同于许多成功的小型咨询企业，我们的最高管理层不擅长销售和营销工作，难以走出去寻找机会。①

在全体会议结束时，琼告诉所有参会者，管理团队将会在未来几周认真考虑会上提出的建议。后来，管理团队最终决定，寻求被一家拥有共同价值观且尊重其自治权的全球咨询公司收购。一个月内，他们开始与几家大型咨询公司展开收购谈判。

小型企业面临的陷阱是认为每个人都知道发生了什么。因此，你必须尽力让员工了解情况，尽可能充分沟通，这可以提高信任系数。我到现在仍很惊讶，如果你不公开发生某事的原因，人们会想出各种理由。

我们每周五开两次会，一个小时与执行团队开会，另一个小时与营销团队开会（该团队在执行团队的基础上增加了十来个人）。同营销团队开会会讨论公司的经营状况、面临的机会以及需要哪些帮助。因此，这些会议可以让核心人员了解相关信息。此外，执行团队成员每周会给所有员工发送一封语音邮件。在寻求收购的过程中，我们尤其

---

① 道格和琼考虑的另一个选项是聘请一位擅长销售与营销工作的人来经营公司。他们以前都做过类似的事，但担心这种变革可能令人非常痛苦，尤其是公司刚刚经历了艰难的一年。

注意这一点。一直以来，我们对利益相关者非常坦率，主动告知我们正在做什么以及这么做的原因。

当执行团队把选择范围缩小至三家企业时，琼在得到所有人同意的前提下开始与整个营销团队（总共约 20 人）进行面谈。其中的每家企业都知道，确保 PSS 的文化与本公司的文化相互融合非常重要。经过面谈，整个营销团队非常清楚地认识到他们想要加入哪家大型公司。

当合并交易达成时，琼召集 PSS 的所有员工进行庆祝。作为全球顶级咨询公司的组成部分，他们现在可以接触全世界的客户群。与此同时，PSS 享有高度的自治权，可以保留原有的名称、管理层以及咨询人员。基于这家大型公司的价值观和收购记录，PSS 的员工相信其能够兑现承诺。

当 PSS 决定被收购时，该公司的所有咨询顾问在市场上都非常受欢迎。有人可能会在其他公司拿到更高薪酬，但所有人都选择留在 PSS。

我认为，那次外出静思会以及推进收购过程的方式共同促成了最终结果。由于处理得当，我认为公司面临的危机转变为难得的机遇，让我们得以把管理层的思维方式扩展至整个公司。

在琼加入 PSS 担任首席运营官后，她开始每周五召开执行团队会议，主要聚焦运营问题。此外，她每月召开一次聚焦战略问题的会议。

道格之所以选中我，是因为 PSS 从未被一位在促进公司成长方面经验丰富的人管理过。他需要一位擅长做不同事情的搭档。与此同时道格知道，聘用某人并强迫他做某种事行不通。因此，他需要一位具有参与型风格的搭档，此人能够尊重团队成员的个性，同时把他们打造成一个真正的团队。

琼说，她当初之所以培养这种风格，是因为有助于团队成员更大程度参与决策，进而有助于更妥善、更迅速地执行决策。"当不止我一个人在推动，而是所有人都努力朝同一个方向前进时，一切都会容易得多，成功的可能性也大得多。"

我经常征求大家的意见。我真心实意地这么做。通常情况下，关于解决方案我会有某些想法。因此我经常说："这是我的想法——你们的想法是什么？"有时候我也会说："你们认为怎么样？"无论如何，这种做法得以发挥作用的关键在于，即使我自认为知道答案，我仍然明白可能会有更多答案。

通过这种方式，我获得了大量好创意。有时人们同意我的想法，有时人们会修改我的想法，有时甚至会发生戏剧性变化。当人们能够参与决策并发扬主人翁精神时，就能够共同想出更优的解决方案，这一点都不令人意外。

重要的是，不要把琼的参与式团队领导力与包容性权力风格混淆。通过观察其他过于独断或过于包容的领导者，琼形成了更平衡的权力风格。她的方法是鼓励进行友好的团队讨论，从多个角度审视问题。

当我们这么做时，我与团队之间就不会出现对立。每个人都对其他人产生影响。我当然会说出自己的想法，但有时候，其他人会采取对整个团队更有说服力的方式表达同样的想法。此外，当我们从多个角度讨论问题时，我会更有信心地认为我们在做正确的事。

当然，有时候某些团队成员持有一种观点，另一些团队成员持有相反观点，或者琼的观点不同于大多数团队成员。在这种情况下，她会非常乐意自己做决策并予以推行。她注意到，当团队成员看到自己的意见被采纳并且付诸实施时，会毫不犹豫地支持她的决策，即使他们可能并不同意。

但我并不总是用同样的方法做这些。当我的观点偶尔遭到强烈抵制时，我会让步，寻求妥协，并引导事情朝我认为正确的方向发展。我可能会请团队成员暂时搁置问题，以后有机会再讨论。后来我可能从不同角度思考该问题，并坚持引向我认为正确的方向。

当琼让团队按照自己的方式行事时，常常会获得令人惊喜的成果。例如，除咨询服务外，PSS还开设定价策略培训班。琼刚入职时，这种培训班尚未发展起来。她设立了一个团队研究该问题，并支持该团队的建议：把培训班作为一项单独的业务。琼认为，做到这一点的最好办法是从公司外部聘请经验丰富的人。然而团队强烈主张，该业务应该由公司最优秀的主持人和教员尼克（Nick）负责。

琼不这么认为。该团队指出，尽管尼克没有经营业务的经验，但他对此充满热情，并且尼克奉行公司的价值观，会得到公司中其他人的大力支持。琼担心尼克缺乏经验，团队并未消除她的担忧，但琼仍然决定冒险，相信团队是正确的。结果，现在尼克和这项业务都发展得很好。正如琼所言：

我没有为让大家高兴而放弃自己的权威。我不会那么做。总体上我认为最重要的是，人们知道自己可以对我产生影响，并且也可以互相影响。这创造了一种难以被击败的信任和凝聚力。

促变者层次的领导组织变革

罗伯特最近成为加拿大一家石油公司的总裁。现在他对面坐着伊恩（Ian），后者是某家世界级战略咨询公司的高级合伙人。罗伯特之所以聘请伊恩及其团队，是因为他面临艰巨的战略挑战：他想要把这家普通公司打造成北美地区最优秀的企业。事实上，罗伯特的愿景是打造一家业务绩效和创新性运营方式能够被各行各业作为标杆的组织。与此同时，他需要迅速把公司的股价提高到至少每股 5 美元。

从目前的情况来看，这是一个雄心勃勃的愿景。罗伯特的公司仅是一家普普通通的企业，在一个拥挤的、成熟的、利润空间不大的市场中运营，该市场的长期需求预计将保持平稳。前任总裁曾努力提高公司绩效，但未能如愿。结果，公司的营业收入不断下滑，士气萎靡不振。正如罗伯特的描述：

人们感到沮丧，唉声叹气。前任总裁已经竭尽所能提高公司的效率，但没有取得实质性进展。为了应对削减成本的压力，公司不得不大量裁员——没有与员工进行充分的沟通，没有获得员工的理解或参与。员工惶惶不安，不知道接下来会发生什么。

现在，新战略已经启动一个月，罗伯特和伊恩正在开会，他们都对战略的实施情况感到忧虑。伊恩在咨询公司中是一名促变者层次的管理者，但该公司秉持实干家层次的假设和方法论。一方面，他非常尊重公司及员工。另一方面，他比其他合伙人更了解公司的局限性。伊恩坐在罗伯特对面，觉得必须坦诚相告：

在评估一家石油公司的战略选择方面，我的团队是当今世界上最优秀的团队之一。我坚信，这个团队会提出一些非常好的创意，但不会有灵丹妙药。要实现你的愿景,需要采取大量突破性战略。为此,你需要许多全新的创意。我们的方法论非常可靠,但也是典型的线性方法。你的团队与我的团队持有许多共同的假设,我认为我们可能会错过许多重要机会。

这正是罗伯特一直以来的感受。伊恩说道:"我认为,你需要找一家精干的咨询公司,以便把员工与其他利益相关者团结起来,让他们创造性地思考各种可能的战略。我们可以对最好的创意进行战略评估。"伊恩以前没有做过这件事,但作为一名促变者层次的管理者,他曾经发起实验,这些实验扩展了他的技能范围。罗伯特同意了上述建议。

在伊恩的帮助下,罗伯特聘请了一家小型咨询公司,该公司与伊恩的团队以及罗伯特的团队合作开展工作。这家小型咨询公司专门设计并促成了 10 家 "创意工厂" ——创造性战略思考研讨会,每场研讨会有 15~20 名参会者。该公司与罗伯特的执行团队及其战略顾问举行了 1 次研讨会,与各种外部利益相关者举行了 2 次研讨会,与公司各部门的员工举行了 7 次研讨会。①

在创意工厂中,参会者三人一组提出若干能够概括公司所面临战略形势的特征,并列出了公司面临的最大挑战与机遇。之后,全体参会者根据引导进行了一次 "创造性飞跃" ——描述该行业 7 年后的形势,并记录在会议室前面的白板上。② 参会者继续思考 7 年后的形势,把公司想象成北美地区的标杆企业,接着进行一场积极生动的头脑风暴,讨论这样一家公司的业务和运营战略。③

---

① 我们就是参与该项目的精干咨询公司。
② 罗伯特确定了 7 年的时间框架,因为他认为这具有象征性,有助于人们跳出当前的假设。
③ 关于突破性战略过程的更多信息,请访问 www.changwise.biz。用于战略思考的创造性飞跃理念出自班德罗夫斯基的《企业的想象力+》。

罗伯特及其团队对创意工厂非常感兴趣，他们设计了新的公司结构，并召开了为期一天的会议，以便综合创意工厂与战略咨询公司提出的创意。在这次会议上，管理团队创造性地把数百个原始的战略创意联系起来，并完善为强有力的战略举措。只有在尽可能得到充实之后，每项举措才会接受严格评估。①

在被批准的新战略中，大约 1/3 来自创意工厂，1/3 来自这家战略咨询公司，另外 1/3 则综合了双方的创意。其中一项战略是坚定地致力于成为承担环保责任的领先者。另一项是"人员战略"，旨在使公司跻身于高绩效组织之列。

这项新的人员战略包含优先发展并保留高绩效人员的人力资源政策与做法，还包括承诺与公司员工增加沟通频率，提高沟通质量，营造一种促进团结、赋权与问责的组织文化。

最高管理团队还决定，他们需要一种规模更精简、业务更集中的组织结构，这会使公司的人员战略立刻经受考验。在推出新战略时，罗伯特及其团队首先向员工介绍战略，然后向市场宣布。在陈述结束时，尽管某些岗位会被替换，某些岗位会被淘汰，但员工仍然报以掌声。正如罗伯特后来的描述：

这不是一种残酷无情的做法。我们正在推进一项组织有序的、循序渐进的三年计划。我们希望公平对待每个人。如果有人要失业了，我们会尽早发出通知。我们试图在组织中为尽可能多被替代的人找到合适的岗位。

---

① 伊恩热衷于使用这种方法。他认为，这对客户更有利，并且自己会从此次经历中学习，扩展掌握的技能。然而，他的团队成员对此表示怀疑。他们公司的方法论是，确定各个创意是否可以单独通过由三条准则构成的检验标准来进行评估。他们已经审视创意工厂提出的创意，认为多数都无用，不能通过评估。然而，当他们与最高管理层一起参加外出静思会时，惊讶地发现起初无用的创意之间建立的创造性联系孕育了强有力的战略举措，进而可以运用三条准则构成的检验标准评估。

随着新战略的实施，罗伯特及其团队理顺了沟通渠道，创造各种机会（从一对一谈话到大型团体会议等）讨论公司的新方向及其组织影响，并利用这些渠道让每个人都了解公司的经营绩效以及实施新战略的进展。除了每季度召开一次全公司范围的会议，罗伯特每年还亲自与20个不同的管理团队会面，讨论相关问题，确保愿景与战略一致。

在接下来的三年中，罗伯特及其团队带领公司进行了一场非凡的变革。这家曾经绩效平平的企业不仅在没有出售任何部门（前任总裁认真考虑过该选项）的情况下生存下来，而且进入了高速成长阶段。公司年收入从900万美元增至4 000万美元，现金支出每年减少4 000万美元。该公司成为北美地区效率最高、绩效最卓越的炼油企业之一，同时也是市场上顶级的零售商之一。一度被投资者唯恐避之不及的公司，现在被商业媒体誉为股市的宠儿。

罗伯特后来说，虽然制定合适的战略是变革的关键，但其间的参与过程同等重要。为什么？因为该过程形成了有效实施战略所需的信任、联盟与承诺。"我们真正做到了精诚团结，可以理解并支持彼此的决策，而不是相互掣肘。"

让我们回过头来，比较一下罗伯特的后英雄式方法与第5章介绍的首席执行官马克的英雄式方法。马克的所作所为源自下述假设：基于他人的意见和帮助，他应该能够为公司制定合适的战略。他让委员会及管理团队探讨HMO面临的战略选择，不是因为他认为这可能改变自己的想法，而是为了赢得利益相关者的支持。

当罗伯特成为石油公司总裁时，他为公司树立了一个雄心勃勃的、鼓舞人心的愿景，并与各利益相关者共同制定了实现愿景所需的战略。尽管罗伯特仍然是最终决策者，但他不像马克那样认为自己负责制定新战略，并说服其他人接受。马克仅仅让那些非常重要的利益相关者提出意见，而罗伯特关注的核心问题是："我们可以向谁学习？"

马克设计了外出静思会，以便会议期间不会作出战略决策，这样他就不会面临决策过程失控的风险。相比之下，罗伯特的外出静思会是他及其团队成员共同制定公司新战略的主要场合。尽管在外出静思会前罗伯特清楚地阐述了合适的战略需要符合哪些标准（符合愿景、能提高股价），但制定的具体战略只能部分提前预测。

促变者层次领导力敏捷度的能力

领导者意识与意图层次的转变会推动促变者层次能力的发展。

促变者的意识与意图

促变者层次的新意识始于对经历与反思之间关系的高度关注。在实干家层次上，你形成了强有力的反思才能，但不会在事件现场反思自己的经历。当你反复体验这种事后意识的局限性并开始想要某些更直接的意识时，就产生了发展至促变者层次的动机。

例如，我们的某位客户记录了从实干家层次发展至促变者层次的过程。当她认识到每天都会反思自己的行为，但难以在事件现场反思时，就形成了一个重要的初步想法。例如，她会与直接下属共同参加会议，围绕重要的部门问题展开热烈的讨论，会后她认识到，自己再次主导了会议。软件公司执行副总裁戴维的故事表明，领导者可以如何培养一种意识，从而让他们能够当场调整自己的行为。

这种层次的意识始于直接、瞬间注意当前经历的某些方面，紧接着是一个迅速的反思过程，这让你认识到该经历的意义，并相应地调整自己的反应。帕特里克（Patrick）任职于一家大型消费品企业，是一位充分发展的促变者层次管理者。他清晰地介绍了这种层次的意识：

首先意识到自身的处境。一部分是我对周围发生之事以及他人行为的感知。他们的肢体语言传达出什么信息？他们说话的语气怎样？另一部分是意识到我的感受，对看到的事情我如何回应。如果我心情不好，就会影响我对事物的看法。或许这是两个人之间的分歧，并且可能让我担忧。或许我对两个人争论的问题很感兴趣。但无论感受如何，我都需要对此有意识，这样在回应时才会考虑。[1] 这是一个意识到自己的经历，解释自己的经历，然后采取行动的过程。

作为充分发展的促变者层次管理者，你可以把频繁返回这种新层次的意识作为一种练习，但这并非说你始终以这种频率返回，而是说你已经足够频繁地激活这种层次的意识，当你需要时，它通常会出现。与此同时，你保留了在实干家层次上形成的事后反思才能。

你练习促变者层次的意识越多，就越认识到自己的行动受控于通常意识不到的假设、感受与优先事项。随着你开发这种天赋，敏捷度会提高，因为你现在可以作出以前不会作出的调整。例如，在你说话的时候，你可能认识到刚刚作出了一个重要假设，然后就会停下来设法检验该假设的有效性。或者，你可能认识到自己将会使分歧升级，于是转而作出更具有建设性的回应。

在实干家层次上，你会形成一种强烈的认同感、坚定的价值与信念体系。在促变者层次上，你会对发现已知世界边界外的事物产生强烈兴趣。当你开始认识到塑造自己行动的默会感受与假设时，就会明白原先的自我印象并不完全准确。你会对更多地了解自己以及自己对他人造成的影响产生更强烈的兴趣。

你还会认识到，自己选择的价值与信念受到生活环境的影响，其

---

[1] 每个人都有一系列很容易进入知觉范围内的、模糊的或者潜意识的感受，还有一些很难进入知觉范围内的感受。促变者层次的意识有助于接触第二种感受。关于这种感受的例子，参见第10章亚当的故事。

程度要比你以前认为的更深刻。因此，你可能会对下述问题产生兴趣：假如父母的背景与期望同现实情况完全不同，你在那种家庭环境中会如何成长？如果你在世界上其他地方的某个社区长大，其经济发展水平完全不同于真实的成长环境，或者在那个社区中你受到完全不同的对待，学到了截然不同的经验，你会怎样？如果你属于完全不同的种族或民族，有完全不同的性取向，或者成长于截然不同的宗教环境，你会怎样？

无论如何，你都会认识到，支配人们早期成长与当前生活的条件对其价值与信念体系具有深刻影响。你会发现，无意识偏见与假设比自己以前认为的更多。你以前对不同的价值与信念体系持批判态度，现在开始发生变化：更欣赏多样性，并产生全面了解其他生活方式的兴趣。

罗伯特的故事清晰展示了促变者层次的意图。马克聚焦为组织制定并实施合适的战略，而罗伯特的抱负更远大：为可持续的组织成功营造一种**环境**（context）。创造性的战略过程仅仅是开始。他真正建立的是一个持续的参与式决策机制，这使直接下属转变成一个真正的领导团队。他们共同营造了一种强调员工参与的组织文化。

促变者的环境设定敏捷度

我们现在论述促变者层次领导力敏捷度的能力。① 影响环境设定敏捷度层次的两种才能是情景意识和使命感。

情景意识。在第 5 章中，我们把实干家层次的情景意识比作变焦镜头：你可以拉近，从而聚焦特定的人、问题或部门；也可以拉远，从而观察周围的环境动态。例如，我们看到马克如何聚焦市场中的竞

---

① 在后文的论述中，你会发现个人每发展至一个新层次，八种成长才能会越来越多地相互重叠。原因在于，在个人成长的每个后续阶段这些才能逐渐整合。

争对手、供应商以及采购商,识别他们的动机并预测其未来的行动。

促变者层次的领导者具备相同的才能,但他们还能够采取更广的视角。这种才能使他们更关注自己以及利益相关者所处的更广泛的环境。因此,促变者层次的领导者比处于先前层次时更可能关注自然环境的和谐与整个社会的福祉。① 布伦达的环保观点是一个典型例子。罗伯特决定制定并实施一项战略,致力于成为承担环保责任的领先者,这也反映了一种扩展的情景意识。

在团队和组织中,促变者层次的领导者知道自己处于实干家层次时关注的所有事务仍需继续予以关注。但他们的主要意图是营造环境,从而持续创造有价值的成果。换言之,促变者层次的领导者更注重管理组织结构图中的空白:部门内以及部门间的工作关系;塑造工作关系的组织文化。②

使命感。在实干家层次上,你会形成一种战略导向,并高度重视未来 2~5 年实现的成果。在过去的 20 年中,随着越来越多的领导者受到鼓励阐述自己的愿景,这个术语也越来越多地用于描述实干家层次的成果(无论是否真的有远见)。例如,马克希望他的 HMO 成为一家提供全方位医疗服务的组织。对他所在的组织而言,这是一个新战略,但这个战略追随了其他 HMO 的做法。

---

① 实干家层次的领导者知道,组织及其关键利益相关者在宏观的社会与自然环境中运作。然而,多数实干家层次的管理者认为,除非面临严重的负面后果(罚款、破坏性宣传等),或者有助于增强企业实现目标,否则没理由认真考虑宏观环境。与此同时我们的研究发现,某些实干家层次的管理者会对企业的社会和环境责任作出强烈承诺,原因仅仅是不这么做会违背他们的价值与信念体系。

另外需要注意,尽管我们列举的促变者层次的例子中有两位管理者非常重视企业责任问题,但另外两位并非特别关心这类问题。在我们选取的样本中,共创者层次的领导者对社会与环境责任作出强烈承诺的比例显著提高。

② 关于组织空白的更多信息,参见鲁姆勒(Rummler)和布拉什(Brache):《改善绩效:如何管理组织结构图中的空白》(*Improving Performance: How to Manage the White Space on the Organizational Chart*);马莱茨(Maletz)和洛里亚(Nohria):《管理空白》(*Managing in the White Space*)。

相比之下，促变者层次的领导者有才能提出挑战普遍性假设的愿景。① 在某种程度上，他们渴望在工作中找到更伟大的意义，这增强了进行愿景思考的倾向。布伦达的愿景是，环保责任与长期利润率是相辅相成的目标，这对她个人而言意义重大。罗伯特同样如此，不仅采取一系列措施使他的公司及其母公司对环境更负责，而且担任一家领先的环保组织的主席，致力于保护加拿大受威胁最严重的动植物栖息地。

即使促变者层次的领导者不对社会责任与环保责任作出强烈的个人承诺，他们也聚焦于营造一种组织环境，其中的人可以在工作中找到更伟大的意义。例如，琼坚定地致力于打造参与式管理团队和组织文化。当戴维及同事成长至促变者层次时，他们形成并履行了类似的承诺。

当你提出愿景的才能在促变者层次得到提高时，引发战略思考的时间范围也在扩展。因为你能更生动地设想长期成果，所以可以受到需要10年甚至更长时间才能实现的愿景的激励。你也会成为一名更敏捷的战略思考者，更容易在短期、中期、长期时间框架内转换。

促变者的利益相关者敏捷度

影响利益相关者敏捷度层次的两种才能是你的利益相关者理解和权力风格。

利益相关者理解。正如本章后文所言，在促变者层次上，你开始认识到，自我印象仅仅是一种想象。你也开始形成一种看待自己的态度，更坦然地接受自身的优缺点。这也反映了看待他人的态度。你开始认识到，每种社会角色背后都是一个独特的人，矛盾的是，人们具

---

① 这并不是说促变者层次的领导者总是采取有远见的立场，而是仅仅意味着他们怀有深刻的使命感，这让他们得以在适当的情景中表现出远见卓识。

有共同的人性。

此外，你的现场反思才能让你可以识别先前被忽略的潜在假设。你越进行这种反思，就越容易认识到自己的价值与信念体系受各种因素影响，包括家庭教养、社会经济阶层、民族文化等。基于这些发现，你明白自己的观点与优先事项、他人的观点与优先事项都是非常主观的。

基于上述见解，你开始真正重视理解不同的观点。在实干家层次上，"设身处地为他人着想"通常意味着认识到，若身处他人的情景你会如何回应。在促变者层次上，这种才能得以深化，可以更轻而易举地设想若身处他人的情景会如何。[①] 当软件公司的领导者主张自己的观点后立刻邀请他人阐明观点时，我们看到他们在关键对话中践行了促变者层次的利益相关者理解。罗伯特坚持让广泛的利益相关者参与公司的战略评估过程，我们也看到了这种才能在发挥作用。

权力风格。在实干家层次上，你认识到一定程度上组织就是一个政治舞台，多个利益相关者在其中行使权力并发挥影响力。然而，你往往把行使权力当成单方面追求自身利益。从这个角度看，组织政治永远都是一场零和博弈，你要么赢、要么输、要么妥协。你把赋权视为权力较大的人给予权力较小的人权力，而赋权的主要方法是结构性的。例如，实干家层次的领导者可能通过给予中层管理者更多预算权力来赋权。

在促变者层次上，你仍然重视个人权力与政治权力，但你开始对两种新型权力感兴趣：愿景权力和参与权力。在这两种新型权力中，愿景权力代表更独断的权力，参与权力代表更包容的权力。由于独断

[①] 随着这种才能的发展，积极倾听不再是一种技巧，而成为一种与他人的经历切实发生关联的方式。参见戈登（T. Gordon）：《领导者有效性的培训》（*Leader Effectiveness Training*）。

与包容相结合时最有力，所以促变者层次的权力者采用兼顾愿景与参与的权力风格时最有效。

促变者层次愿景领导力与实干家层次愿景领导力的重要区别如下：第一，正如我们已经注意到的，促变者层次领导者往往树立更长远的愿景。第二，促变者层次领导者更可能提出一种鼓舞人心的愿景，这种愿景对个人而言意义重大。第三，由于愿景源自对作出有意义的贡献的渴望，所以促变者层次的领导者能够用激发他人同样的内在动机的方式来传达愿景。

促变者层次的领导者也重视参与权力。他们不会放弃决策权，但他们喜欢创建团队和组织，让人们获得赋权并贡献自己独特的才华和想法。实干家层次的领导者有时会由于员工消极被动而感到沮丧，而促变者层次的领导者会营造激发员工积极性的环境。

明确提出一个鼓舞人心的愿景，积极鼓励他人参与从而将其变为现实，此时促变者层次的领导者最有效。过分独断的促变者层次领导者会明确提出有吸引力的愿景，但没有积极鼓励参与，最终会束缚愿景激发的力量，使人们灰心丧气。过分包容的促变者层次领导者会营造积极参与的环境，但没有提供明确的方向，导致力量分散，最终遭遇挫折。①

本章中提到的4位促变者层次领导者都表现出平衡的权力风格。戴维和琼都与各自的同事营造了参与式组织文化，但他们也行使了愿景权力。罗伯特树立了长期愿景，并支持让广泛的利益相关者参与制定战略从而实现该愿景，以此应对面临的领导力挑战。布伦达采用同样的方法推动变革，帮助公司提高利润率，同时承担了更多

---

① 在权力风格连续统一体的包容性一端，有些领导者认为，合作必然意味着包含更多人（而不是把合作视为某些利益相关者相互影响的过程）。在这一端的另一些领导者对等级决策非常警惕，因而试图将其废除。由于领导者仍然保留了（并且不可避免地会使用）最终决策权，所以这种方法往往让下属感到困惑。

的环保责任。

促变者的创造性敏捷度

为了实现符合长期愿景的成果，你需要处理并解决复杂的非常规问题。创造性敏捷度会把这些非结构化问题转化为预期成果。你在该领域的敏捷度层次受到联结意识和反思性判断的支持。

联结意识。联结意识是指脑海中兼容各种观点与经验，对这些观点和经验加以比较，并在它们之间构建有意义的联系的本领。在促变者层次上，你对意图与成果之间关系的理解得以深化，并且你开始认识到，他人的行为在一定程度上并非总是有意的。你感兴趣的是，即使实现了目标，你的行动仍会造成意外的负面后果（对自己和对他人）。这种认识是一种更普遍见解（人际关系中的因果可以是循环的，也可以是线性的）的构成部分。[1]

随着联结意识才能的扩展，你会形成尝试不同参照框架的本领。要理解这种新才能如何超越实干家层次的意识，重在理解潜在参照框架在赋予想法和经历以意义方面发挥的作用。

例如，当戴维和约翰讨论 EDR 安装问题时，两人都处于实干家层次。每个人都能够兼听他人的方案，并与自己的方案进行比较。然而，两人都尚无询问并准确回答下述问题的才能："在这种情景中，有自身需求和优先事项的其他人会怎么做？根据那个参照框架，我的方案听起来如何？"[2]

---

[1] 例如，由麻省理工学院的杰伊·弗雷斯特（Jay Forrester）最早开发，并由彼得·圣吉的《第五项修炼》普及的系统动力学方法论"因果循环图"（causal loop diagramming）非常符合促变者层次领导者具有的因果思维。

[2] 是否能够准确地置身于另一个参照框架，是促变者层次联结意识（以及利益相关者理解——促变者层次的八种才能如何整合的一个例子）的重要组成部分。

在促变者层次上，你可以通过自愿暂停怀疑①来尝试不同的（甚至与你的参照框架冲突的）参照框架。你可以暂时忘记自己的参照框架，在足够长的时间内采用一个具有不同假设和优先事项的参照框架，以便从新角度理解某种情景。然后，你怀着对不同观点更深刻的理解与更充分的欣赏返回自己的参照框架。这种才能让你能够把其他参照框架的观点引入自己的参照框架，也让你成为比实干家层次管理者更有创造性的思考者。②

作为一名实干家层次的管理者，你会认识到截然相反的观点位于一个相互关联的连续统一体中，彼此之间存在大量的灰色地带。面对相互冲突的选项，你能够从中作出抉择，但也能够设想在两极之间作出不同程度的妥协。在促变者层次上，你具备在相反参照框架间反复转换的本领，这使你对悖论情况有了新的理解：貌似相互冲突的观点和优先事项可能各有各的道理。③

促变者层次联结意识的主要局限在于，你一次只能尝试一种参照框架。如果你偏向独断性权力风格，那么即使能够根据其他参照框架来感知情景，你仍会有默认自己框架的强烈倾向。如果你偏向包容性权力风格，那么更可能支持非主导性的参照框架。直到成长至共创者层次，你才会形成下述才能：兼容不同的参照框架，加以比较，在它们之间构建有意义的联系，进而作出选择。

---

① 这个说法由塞缪尔·柯尔律治（Samuel Coleridge）在1817年提出，是指读者或观众愿意暂时停止批判，忽略细微的矛盾之处，以便欣赏小说或诗歌。这个说法的含义已经扩展到我们使用它的领域。

② 许多创造性思考的技巧（如集思广益过程中使用的技巧）都旨在暂时利用这种才能。参见戈登（W. J. J. Gordon）：《集思广益：创造性才能的发展》（*Synectics: The Development of Creative Capacity*）。

③ 悖论（paradox）的词根意义是超越观点（beyond opinion）。关于悖论思维的价值的更多论述，请参阅汉迪（Handy）：《悖论时代》（*The Age of Paradox*）；埃默森（Emerson）和刘易斯（Lewis）：《掌控极性》（*Navigating Polarities*）。关于"解决困境"（作为一项核心领导任务）这一相关概念的讨论，参见汉普顿-特纳（Hampden-Turner）：《描绘企业思维》（*Charting the Corporate Mind*）。

反思性判断。反思性判断是你用来确定相信什么，面临问题时做什么（以及如何向自己和他人证明这些信念）的方式。作为实干家层次的管理者，你会认识到，任何观点最终都带有个人色彩，并且都是主观的，但你往往认为人们在思考过程中存在的偏见可以通过理性思考（受到可验证数据的支持）来扭转。在促变者层次上，你仍然非常重视合适的数据和理性思考，但你也认识到，潜在的参照框架比你先前想象的更普遍也更强大。

正如前文所述，促变者层次的意识会直接但瞬间注意当前经历的某些方面，紧接着是一个迅速的反思过程，这让你认识到该经历的意义。一旦你熟练掌握这种技能，那么促变者层次的意识就会让你认识到并反思一系列新假设、感受与优先事项。由此，你会逐渐体会到《塔木德》(*Talmud*)① 中记载的著名洞见："我们看到的不是事物本来的样子，我们看到的是希望事物成为的样子。"

因此，在促变者层次上你会认识到，仅仅由于涉及他人，你处理的几乎每个问题都是非结构化的。你知道，只要两人或多人共同解决某个问题（如戴维和约翰面临的软件安装问题），就非常可能作出不同的界定，提出不同的解决方案。

此外，每个问题的陈述都基于某种参照框架，这种理解更可能让你自问，这是有待解决的合适的问题吗？我们界定该问题的方式包含哪些假设？② 正如戴维的故事，你也更可能自问，是否已经触及了那些造成当前问题的潜在问题。③

---

① 《塔木德》地位仅次于《塔纳赫》，记录了犹太人的律法、条例与传统。——译者
② 关于识别问题与界定问题的重要性，请参阅米特罗夫（Mitroff）：《疯狂时代的明智思考：解决正确问题的艺术》(*Smart Thinking for Crazy Times: The Art of Solving the Right Problems*)；科维、罗杰·梅里尔和丽贝卡·梅里尔：《要事优先》，第 268～278 页。
③ 戴维故事中的一个例子，缺乏解决软件工程师与业务直线经理之间分歧的明确程序。参见彼得·圣吉的《第五项修炼》中关于症状解决方案与高杠杆解决方案之间区别的论述。

促变者的自我领导敏捷度

作为领导者,在成长过程中你的敏捷度层次取决于自我意识和成长动机的层次。

自我意识。在实干家层次上,强有力的反思才能让你形成了强烈的认同感,包括清晰地认识到自己作为领导者的优势和劣势。然而,随着促变者层次自我意识的发展,你会发现自我印象部分基于准确的自我观察,部分基于一厢情愿与过度消极的自我评价的组合。你还会发现,自我印象犹如一台诠释性过滤器,可以过滤掉让你对自己形成更完整认识的内心感受与外部反馈信息。

这会激发你提高自我认识水平的愿望。通过检查并放松自己的防卫机制,你会发现更多自己的"隐蔽面"(既有积极的也有消极的),它们隐藏在实干家层次自我的理性外表之下。

具备了这种新层次的自我意识,你会发现受到自认为已经超越的感受的激励。例如,相比于以前,你发现自己更强烈地寻求他人的认可。第5章提到的卡伦是一名实干家层次的领导者,她后来成为一家社区发展企业的执行官。当时,她开创自己的事业,实现经济自主,以此追求独立。然而,当我们与已经成长至促变者层次的卡伦谈话时,她把独立重新界定为一个情感问题:

在成长过程中,我感到最大的矛盾是情感依赖与情感独立。现在,我已经认识到自己对他人及其认可的依赖程度,我更清楚地理解了情感独立的意义。

本章前面提到的消费品经理帕特里克也有类似的发现。在教练帮助下,他发现自己对控制的需求往往由下述因素激发:渴望他人赞赏自己的本领。例如,他发现自己不知不觉地操纵了小组会议和其他情景，以便让自己看起来不错。这个发现和促变者层次自我意识让帕特里克通过下述方式改变自己的行为：转变对利害关系的看法。

当获得他人认可的渴望与完成工作的需求结合在一起时，如果我不能如愿，就会感觉很糟糕。这真是一种事与愿违的结合。但现在我开始将两者分开。有时我可以如愿，有时不能如愿。但我的自我价值感不再受影响。

一个相关联的发现是：你依赖他人认可的程度是自我接纳水平的一个函数。并且你开始认识到，任何隐藏在表面之下的不满足感主要由自动的且很大程度上无意识的自我评判造成。因此你明白了，克服这些感受的最佳方法不是试图控制他人的感知，而是培养一种更加肯定自我的态度。结果，你开始探索赋权的内在维度。[1]

你不再不假思索地判断或拒绝与"应该"的方法冲突的想法、感受和行为，而是学会了以好奇和反思性的态度面对它们。这种态度让你在回应各种不同的情景时更有弹性，选择更多，也让你更容易接受一个事实：自己怀有复杂的感受与内心矛盾。例如，这是你能够清晰理解下述事实的第一个层次：独断与包容是自己的不同侧面。

成长动机。乔伊丝（Joyce）是一位极其高效的促变者层次组织发展顾问，在一家大型计算机公司工作。接受我们采访时她已担任首席顾问，致力于把一家传统管理型工厂转变为围绕赋权工作团队构建的扁平化组织。她非常重视这个创新性愿景，因此工作非常努力。在任职一年后的某个晚上，她又在办公室忙到很晚，这时门卫走到门口。乔伊丝讲述道：

周围成堆的文件让我感到压力重重，身心备受折磨。维克托

---

[1] 自我赋权思想包含承认并克服对所在组织的无意识情感依赖，详见布洛克（Block）:《赋权管理者》(*The Empowered Manager*)。

（Victor）是个好人，待人和善。他走进我的办公室，摘掉耳机，然后说道："你听过恩雅①的歌吗？"我说："是的，有时候会听，维克托，有时候我确实会听。"他回应道："我觉得你应该多听听她的歌，乔伊丝。你可以在这里装一套音响设备。这会改变办公室中的能量。"

他接着说："请跟我来。"然后我们走出办公大楼，来到一个小山丘上。他指着周围的建筑说："这是你们的社区——你们所有人都在这里日夜忙碌。这里的人对你信任有加。他们相信你，知道你在努力把这里变成最好的地方。"

他说："因此，不要对自己太苛刻，你已经让这个地方改变了很多。你不清楚自己给这个社区带来的爱的力量。作为回报，人们也爱你。这比世界上任何其他事情都重要。你要记住这一点，乔伊丝。人是一切的中心，彼此关心最重要。这就是这个地方发生的改变。你要相信自己，我们其他人也都相信你。"

门卫对我说的这番话，无疑是最珍贵的礼物！②

如果乔伊丝仍处于实干家层次，她可能不会接受维克托的忠告。在实干家层次上，你为实现未来的成果而花费的时间犹如一种商品，是达到目的的手段。这会让你集中注意力并创造成果，并因此有点上瘾。③乔伊丝的故事表明，促变者层次的管理者并不能对这种综合征免疫。然而，促变者层次的管理者更容易抓住正在发生的事，退后一步，转向更宏观的视角。

在实干家层次上，你作为一名领导者的主要动机是想要成功实现期望的成果。在促变者层次上，你仍具有实现成果的动机。正如我们

---

① 恩雅是爱尔兰歌手、作曲家。——译者
② 除了五位艾德的故事，如同本书提到的其他故事和例子，这也是一个真实事例。
③ 可以用图表来表示所有形式上瘾的自我强化动态，详见彼得·圣吉《第五项修炼》中的"舍本逐末"（shifting the burden）的系统基模。

所见，事实上你可能受到一个非常雄心勃勃的愿景的激励。但你也开始聚焦某些更深刻的因素：你希望自己追求的愿景和成果对个人有意义，也希望追求各种成功之余的生活丰富多彩。

社区发展企业的执行官卡伦说，当她成长至促变者层次时，不再把领导力发展视为学习新技能，而是视为个人成长。该层次的个人成长与其说是一个目标，不如说是一个持续的、开放的过程。

你永远不可能完全了解自己。我可能永远不能实现彻底的自由。我仅仅视其为一个持续的过程。就我现在的理解而言，你必须活到老，奋斗到老。

第7章

共创者层次：实现共同使命

新年晚会刚散场，拉里（Larry）的客人陆续离去。他坐在阳台上，一边抽着雪茄一边望着星空，回忆自己的过往。现年39岁的拉里刚刚离婚，对未来的生活感到有点迷茫。他不希望像某些朋友那样陷入离婚后的混乱状态，相反，他希望将其作为一个机会，去做一直想做的事情——只要他能确定是什么事。

从许多方面看，拉里的职业生涯非常精彩，也富有成效。起初他在贝尔实验室工作，做了许多开创性的事情，引领了桌面工作的计算机化。在获得MBA学位后，他在信息技术公司中管理过多个信息技术部门。

拉里坐在阳台上，向夜空中吐着烟圈，脑子里始终想着刚刚读过的那本《内观体验》（*The Experience of Insight*），该书作者是约瑟夫·戈尔茨坦（Joseph Goldstein）。《内观体验》是西方所谓的"内观修行"指南，内容清晰易懂。[①] 学习冥想正是拉里多年来一直想做的事。第二天，拉里给当地的一家冥想中心打电话，报名参加了一个课

---

① 顿悟（或内观）修行是一种起源于南亚的佛教冥想形式。

程。一周后，他开始每天进行冥想练习。

几年后，拉里加入了一家总部位于纽约的《财富》100强金融服务公司。一到那里，他就开始参加位于曼哈顿的内观冥想中心开设的晚间课程，还参加了在市中心举办的周末外出静思会。

在纽约度过几年后（大约是我进行冥想练习的四年后），该中心有位老师（一位退休商人）成立了一个团体，每季度大家碰一次面，专门讨论商业领域的正念（mindfulness）。① 在那个团体中，我结识了许多非常优秀的人。我们一起进行冥想练习，讨论在工作中应用佛教伦理的意义。②

领导力对共创者意味着什么

拉里说，加入公司后的五年中，这个团体对他作为一名领导者的工作产生的影响超过任何其他因素。

把静坐冥想与关于道德的深入对话结合起来，我开始体会到更多的微妙之处：人与人如何相互联系，政策和做法如何影响公司内外的人，你对待他人的方式如何影响自己的幸福感。在这个团体中，我又回到了在贝尔实验室工作时一直思考的问题：个人成长与全球问题之间的关系。实际上，团体的每位成员都在以某种方式努力解决该问题。

---

① 正念是内观冥想的英文翻译，基本含义是指把注意力直接聚焦于当下的体验。
② 佛教伦理包括行为戒律（如不杀生、不偷盗、不诽谤、不妄语、不骂人等）和态度戒律（如不生嫉妒、不生恶念等）。佛教伦理的根本主题是，以利他而非损人的方式行事。据说，以合乎佛教伦理的方式行事会使人更容易练习正念，反之，练习正念也会使人更容易以合乎佛教伦理的方式行事。

由于这种经历，拉里开始志愿从事非营利组织工作，并且积极参加公司的各种人力资源团体，大力支持不同背景的员工。现在，拉里已成为多个团体的成员。

如果想在一家完全符合我信奉的价值观的公司工作，这家大型金融服务公司并不是首选。但若每位与我持有相同价值观的人都选择离开，公司可能会爆发更多丑闻。若留在这家企业，我和其他具有相同价值观的人就有机会从内部改变公司。例如，我曾经帮助环境事务委员会确定工作方向。我希望公司能在这方面做更多工作，并且感到自己正在影响某些本来无法影响的事务。

我过去常常认为，领导力是管理者在下述领域的魅力：鼓励并影响人们采取行动。但如今我越来越把领导力视为一种服务。有时候，我甚至会选择"下移"一个层级，因为这样能够更好地提供服务。但我不断获得晋升！好吧，我承认自己擅长领导大型组织。这是我显然能够提供的服务，下一步主要是认清具体的提供方式。

例如，我与大约15位经理确立了辅导关系，帮助他们应对面临的管理挑战、道德困境与职业问题。我试着不仅关注他们如何攀登晋升的阶梯，还关注他们如何生活。我会问他们：什么事情让你感到心满意足？你的生活平衡吗？你做了哪些回报社区的事情？我把他们视为具有特定专业角色的人，试图帮助他们认识到：若把工作视为自我成长和服务他人的机会，就可能会改变自己、团队以及组织。

对拉里来说，领导力还意味着认识到自己正模仿的行为，能够承认犯过的具体错误并从中吸取经验教训。

我强烈主张合作。但几个月前，我发现自己身处的情景完全不是这样。我最近接管了一个存在严重功能障碍的管理团队，该团队与其他团队的关系也不融洽。

有一次，我与上司（首席信息官）及他的其他直接下属开会讨论信息技术如何能够更好地满足业务需求，并且介绍了一种略微不同的信息技术职能组织方式。克雷格（Craig）（这个家伙领导的团队与我的团队关系不睦）彻底爆发了，似乎恨不能把我撕碎，他用侮辱的口吻对我说，我的团队已经非常糟糕，没资格对他的团队指指点点。我下意识地也开始对克雷格大吼大叫。

在争吵过程中，拉里突然记起当天早晨的冥想练习。这种反差令他非常震惊，于是他立刻停下来，草草结束了会议。

在公开场合，我从没有受过这种攻击。散会时，我双手发抖，几乎喘不过气来。我走进洗手间，来到一个小隔间里，就那么呆呆地站着。我没有试图克制所有的情绪波动，但利用正念不再刺激它，终于慢慢恢复平静。我突然意识到，我一直在小心翼翼地生活以避免烦恼——我想知道自己为此付出了什么代价。

第二天，拉里请了一周假。他没有按之前的计划去徒步旅行，而是决定去一个冥想静修处，利用这段空闲时间反思与克雷格的冲突。

经过几天的冥想，我更清晰地认识到自己团队的行为如何影响了克雷格及其团队。我也认识到，自己对团队成员说的某些话强化了他们对克雷格团队的负面印象。

返回工作岗位后，我打电话给克雷格约他见面，但我非常担心会发生什么。他带着一本书来和我见面，书名是《团队的五大功能障碍》（*The Five Dysfunctions of a Team*）[①]。他说："我读了这本书，发现作者提到了我们两个团队都存在的很多问题。"我非常吃惊，甚至怀疑静修

[①] 该书作者是伦乔尼（Lencioni）。

冥想期间对克雷格的同情是否在一定程度上影响了他的态度。遵循他的建议，我阅读了这本书，发现他是对的。

过了一周，我们再次交谈，承诺在各自的团队中解决哪些问题，并通过公开相互支持和寻求共同点来建立正确的行为模式。后来，我们继续每周见面一次，讨论良好的、糟糕的、棘手的事项。这是一个重大突破。值得注意的是，当克雷格与我形成更密切的合作关系时，两个团队的行为也发生了明显变化。

当领导者成长至共创者层次时，他们形成的才能立足于促变者层次时才出现的因素。他们的愿景往往基于行业之外的现实，反映了不断完善的人生使命感，即改善人类的生活。如你所见，事实上建立新企业的共创者层次的领导者通常胸怀远见，勇于创立新型组织，并坚定地承担社会与环境责任。

共创者层次的领导者致力于打造由共同使命驱动的组织，其中个人积极性和共担责任都是重要的规范。只要有可能，他们更愿意缔造相互承诺的、彼此信任的、密切合作的利益相关者关系。他们缔造这种关系的本领基于核心的权力风格，该风格让他们得以深入洞察他人以及自己的参照框架，在自我的主张与适度接受他人的需求之间保持平衡。

这种深入洞察多种参照框架的才能使共创者层次的领导者形成了强烈的相互依赖意识和高超的综合性思考才能。他们退后一步并思考不同框架异同的本领可以为解决问题开展创造性对话，找出真正双赢的解决方案。

相比于促变者层次，共创者层次的自我意识赋予你更长时间与复杂感受共处的才能。当你对自身的经历有了更明确的意识时，就会发现内心矛盾，并开始把"隐蔽面"与有意识的人格整合在一起。当你更适应自己的实际想法、感受与行为时，就会增强尝试新观点和行为的才能，也会提高从自身体验中学习的才能。

在本章讲述的几个故事中，冥想发挥了一定作用，你可能想知道原因。经研究我们发现，许多领导者通过把冥想练习中培养的注意力融入日常生活，形成了共创者层次的意识与意图。冥想当然不是培养这种层次的意识与意图的唯一方式。尽管我们的样本中只有少数促变者层次的管理者进行冥想练习，但值得注意的是，40%的共创者层次管理者每天或多或少进行冥想练习，另有10%的人会不定期进行冥想练习。

本章讲述三位共创者层次管理者的故事[①]：肯（Ken）是一名企业家，创办了一家新型健康水疗会所；艾利森（Alison）是一名律师，创办了一家遵循合作法[②]的综合性律师事务所；格雷厄姆（Graham）是一名研究人员和活动人士，把数十个解决全球问题的网络合并为一个"元网络"，从而相互支持并开展行动学习。请注意，这三个例子可能会给读者造成下述印象：绝大多数共创者层次的管理者都在规模非常小的组织中工作。相比于促变者层次的管理者，共创者层次的管理者确实更可能创立小型组织，致力于以对社会和环境负责的方式运作。然而，也有许多共创者层次的管理者（如拉里）在大型组织中工作。在本章的最后，我们列举几位在大型组织中工作的共创者层次管理者。另外需要注意的是，第8章中提到的多数协同者层次（他们原先处于共创者层次）管理者也都在大型组织中工作。

[①] 研究表明，在所有管理者中，只有大约5%会成长至共创者阶段。当然，其中大约20%（即所有管理者的1%）后来成长至协同者阶段。

[②] 合作法是一种解决纠纷的新方式，主张不通过诉讼解决争议事项，而是将解决纠纷视为一个查找故障和解决问题的过程。——译者

共创者层次的关键对话

　　从踏进门那刻起，客人就能够深刻感受到宁静时光水疗会所的浓厚氛围。迎面而来的首先是东方草原和地中海花卉景观，接着是一条蜿蜒小径，穿过幽静的冥想花园，最后来到一个清澈见底、波光粼粼的小湖。湖的另一边，矗立着一座低矮的日式建筑，工作人员在这里恭迎客人的到来。空气中弥漫着淡淡的香味，迎接客人的话语飘入耳中，更衣室中的长袍摆放得整整齐齐，所有这些都体现了下述意图：放松、宁静、随意。在这里，客人会享受到无微不至的服务。

　　客人来此是为了进行面部护理、身体裹敷、推拿治疗、练习瑜伽等。肯是这家水疗会所的控股股东兼最高主管，他有理由为此感到自豪。开业仅六年，这家日间水疗会所已被评为全美最佳水疗会所之一。该会所的环境是其吸引力的主要来源。预约项目完成后，客人会受邀留下来，到占地四英亩的日式花园中小憩或散步。

　　肯是一位40岁出头的日裔美国人，从小在加州长大，并在那里上大学。尽管他主修计算机专业，但大部分空闲时间都用来和朋友共同创办一家园艺企业。大学毕业后，他剪掉了留长的马尾辫，在索尼公司位于圣迭哥的一家分公司从事计算机编程工作。就在30岁生日前夕，公司决定派他去京都。肯的曾祖父曾经生活在京都，并且葬在那里。当时肯仍然单身，且对圣迭哥的生活感到厌倦，于是决定接受这项安排。

　　在日本，肯惊讶地发现自己深爱日本艺术。尤其是安静庄严的茶道仪式，优雅朴素的日本插花，历史悠久的禅意花园，这些都深深打动了他。在一个寒冷的冬日下午，他慢慢地、满怀感激地穿过一座古老的花园。树枝光秃秃的，别无他物。他停下来，仔细打量着眼前的景象，脑海中没有任何其他思绪。在那一刻，周围的一切似乎都刻意要把他带入深沉的、宁静的、感恩的心境中。

此后不久，肯结识了一名日本传统园艺师，并受邀向对方学习。在不确定会获得什么结果的情况下，肯辞掉在索尼的工作，接受了邀请。学习期间，肯结识了许多新朋友，并体验到了这些年自己在圣迭哥极度缺乏的社区意识。

肯结识的新朋友中，许多是正在创业的年轻专业人员，他们都非常时尚。肯交往最多的朋友是马洛（Maro）和吉见（Yoshimi）夫妇，他们打算在京都郊区开办一家日间水疗会所。有一天，几人共进晚餐时，这对夫妇问肯是否能够把日间水疗会所的庭院改造成禅意花园。若肯愿意投入资金并共同做成此事，他们愿意吸收他为合伙人。肯欣然接受了提议。他后来说，相比于先前的工作经历，学习经营一家企业以及处理三人间的各种分歧，让他迅速变得成熟起来。

在京都开办水疗会所大约四年后，肯遇到了来日本探访表亲的年轻女子史黛西（Stacie）。肯与史黛西开始恋爱，并在一年内结婚生子，然后带着孩子回到了加州。通过史黛西，肯结识了在洛杉矶成功经营一家日间水疗会所的卡莉妮（Carlyene），她当时正打算新开一家会所。随着双方的交往，一个愿景逐渐浮现出来：在洛杉矶郊区创办一家日间水疗会所，打造城市生活中真正的绿洲。该会所的庭院是肯在京都建造的禅意花园的放大版。肯投入的资金最多，所以他将担任会所的执行董事。卡莉妮担任总经理，负责招聘并监管向客人提供服务的所有员工。

在京都时，肯曾经与年轻的禅意园艺师托莫（Tomo）合作。现在，他们开始在电话中长时间沟通。托莫也想要开创一番事业，并且非常尊重肯，因此被说服搬到加州，成为水疗会所的第三位合伙人。肯和托莫共同负责设计花园，并且由托莫负责监督水疗会所场地和设施的维护。此外，他们聘请路易莎（Luisa）负责监管会所的财务状况。

会所开业两年后，他们形成明确的共同愿景：一切都旨在营造一种宁静氛围。在离开时客人身心舒畅。该会所将成为一家对环境负责的企业，并对当地的非营利组织作出适度贡献。他们将创造一个沟通、合作、相互认可的工作环境，其中组织学习将成为常态。

如今已创办六年的宁静时光水疗会所拥有100多名员工、近20位签约水疗技师和瑜伽教练。许多人起初都是兼职员工，通常在该会所工作很短时间就决定到此全职工作。肯与管理团队最初设想为员工制定一份利润共享计划，但后来发现，提供有趣的、可实现的月度激励措施更现实，也更有效。

肯、卡莉妮、托莫三人组成管理团队，每月举行一次"愿景圈"会议，讨论愿景、当前的行动计划及落实情况。肯的目标是让每位员工都树立对整个企业的个人责任感——这种责任感现在刚刚开始形成。

在采访中，我们请肯介绍对会所至关重要的一次对话。他讲述了下面的故事：

类似的事情刚好在今天早些时候发生过。有位五大三粗的员工吉姆（Jim），大约一年前加入了我们的维修队。他非常独特，是会所在那个岗位上遇到过的最优秀的员工。他的理念与会所的价值理念非常契合。例如，无须收到指令，必要时愿意主动承担额外任务。

有一天，我正在帮助托莫处理某些维修和维护小湖的准备工作，恰好碰到了吉姆，于是要求他搬运某些沉重物品。我并不知道，他的肩膀刚刚受伤。我的要求让他很生气，结果不欢而散，我也感到莫名其妙。最后，我告诉他，如果我冒犯了他，那么我道歉，然后我继续做手头的事情。

第二天，吉姆来找我，怒气冲冲地说要辞职。他说，有些难以接受的事实要告诉我，这家会所被视为一个社区，所以他想要当着整个管理团队的面来说这些事。

我想了一会儿。我在一个非常厌恶冲突的家庭中长大，多年来不擅长处理冲突，但如今我已经能够更游刃有余地应对情绪化局面。况且他说的没错，我确实希望彼此的沟通保持公开透明。所以，我同意了。

当我走进会议室时，吉姆和其他人看起来都不自在。我有点紧张，但也自信能够处理可能发生的任何事。我想，如果自己能够坦然面对这种不适感，或许也能让他人感到一丝慰藉。

吉姆立刻爆发了，对我提出一系列指责：我说话不算话，我在资金问题上非常吝啬，我不懂得对人们的辛苦工作表示赏识，等等。我能够看出来，其他人对此感到震惊。他的情绪非常激动，我没有打断他。尽管许多指责都基于错误信息或误解，但至少有一部分确实是我已经意识到并且正在试图纠正的缺点。

当确信他讲完了之后，我问他是否有兴趣聊聊。他已经在心里形成了这种认识，所以我没期望改变他的立场。但我想，或许我们可以表现出一定程度的相互尊重和理解，以结束这场对话。他想了一会儿表示同意，说愿意听听我的说法。

我说，他是对的——他提到的许多事让人难以接受。我对他非常尊敬，因为他是我们会所最优秀的维修人员，并且坚定奉行我们主张的价值理念。

他说，问题就在于我把这些价值理念当成了空话。虽然他说话时情绪激动，但我注意到他的语气和举止已经有所软化。我承认，他的某些指责正是我需要改进之处。我还澄清了某些被他误解的事情。他认为我在资金问题上非常吝啬，我的回应是，在日本的经历让我懂得，生意成功与关心他人可以兼顾——我想要宁静时光水疗会所两者兼顾。

随着交谈逐步深入，某些事实显现出来，除了对我不满，还有其他原因让吉姆决定离职。我不知道他在多大程度上改变了对我的成见，但我感到在一定程度上双方的误会已经消除。我感谢他勇敢地说出自己的想法，鼓励其他人也这么做。在业余时间，吉姆从事某种雕刻工作。离职前，他邀请我去工作室看看他的作品，我接受了邀请。

我们询问肯，是什么原因让他能够坐在那里，坦然面对吉姆的所有指责。[1]

这是冥想带给我的。我在京都与禅意园艺师共同工作时，他教会我进行冥想。我的冥想练习并未如期望的那样持之以恒，但在宁静时光水疗会所我捡起了在日本学到的东西。

同马洛和吉见夫妇共事期间，我坐下来进行冥想练习时曾多次出现各种强烈的痛苦情绪。现在这种情况仍时常发生。当出现这种情绪时，我已经学会了放弃下述两种倾向：要么摒弃这种感受，要么用思考加以充实。当我这么做时，这些情绪就会犹如淤泥般沉到池塘底部。此时你的反思才能就会增强，内心也会变得更平静。

今天上午，当我倾听吉姆发言时，在某种程度上，我能够克制自己内心的感受从而不作出额外的负面回应。当他结束对我的抨击后，我并不想反驳，只是想保持对话，因此才问他是否有兴趣聊聊。

接着我们问肯，管理团队对此作出了什么回应，以及他认为自己从这次经历中学到了什么。

吉姆走后，卡莉妮、托莫、路易莎问我有何感想。我表示非常受触动，并且对已经取得的进展非常高兴。虽然我不想相互抨击，但我说，听到吉姆这样的人对我的看法，受益匪浅。我必须清楚什么有效什么无效，这可能帮助我成为一名更好的人和更优秀的领导者。

---

[1] 肯是一位充分发展的共创者，致力于成长为协同者。起码在这个故事中，在关键对话领域他表现出了充分发展的共创者层次利益相关者理解才能。

尽管他们立刻表态不赞同吉姆的看法，但我还是表示，希望这个小小的遭遇能够让我们四人更容易地讨论某些本来难以讨论的问题，例如，员工是否像我们认为的那样感觉到被赏识？在资金、激励或认可方面，实际上是否存在某些有待我们思考的问题？①

最后我们问肯，在领导力方面，此次经历给他最重要的启示是什么。

若你是组织的最高管理者，即使像我一样致力于成为一名非传统的低调领导者，你在他人面前仍然会比想象的更显眼。如同所有人，我也有缺点，但身处领导岗位，我的一切都会变得更明显。你无法掌控自己在他人（如吉姆）心目中的形象。我只是刚刚开始接受人们对领导者的某些夸张的期望和揣测。

共创者层次的团队领导

在曼哈顿的一家餐厅中，艾利森坐在丈夫身边，谈论着自己职业生涯中的一个十字路口。他们共同经历了许多事。两人都曾经在威斯康星大学读书，在那里他们积极支持社会正义事业。大学毕业后，两人在麦迪逊②结婚，养育了两个孩子。毕业大约十年后，艾利森的丈夫成为一名出色的纪录片导演，而她则进入威斯康星大学社会工作学院学习。

---

① 通过进一步讨论，肯和他的管理团队成员认识到，他们实际上很少与会所的关键员工分享财务信息。例如，会所的水疗服务价格提高了，但员工不理解为什么没有加薪。因此，他们决定制作若干简单的图表，每季度向员工公布一次基本财务信息。

② 麦迪逊是美国威斯康星州的首府，也是威斯康星大学主校区所在地。——译者

学习一年后，艾利森决定通过践行公益法^①来更好地致力于社会正义事业。后来她被纽约大学法学院录取，一家人搬到了纽约。毕业后艾利森加入了曼哈顿的一家律师事务所。

在作为一名诉讼律师的头六七年中，我开始认识到，即使是正当的诉讼，也不是解决冲突的有效方法。在家庭纠纷中，诉讼往往会加剧冲突。我觉得，一定有更好的方式。

律师事务所中的一些同事对替代性纠纷解决方式也很感兴趣。他们邀请我加入了一个委员会，探讨成立一家以此为重点的分支机构是否可行。最后，该委员会认为不可行，但这进一步激发了我的兴趣，我决定接受仲裁和调解方面的培训。因此，我工作时间的2/3都在执行调解、仲裁与合作法。合作法是指产生纠纷各方的法律顾问签订书面协议，尝试在没有诉讼或诉讼威胁的情况下解决纠纷的过程。

艾利森与丈夫关于职业生涯的谈话，源自与律师事务所同事克里夫（Cliff）的一场午餐聚会。像艾利森一样，克里夫也在麦迪逊长大，后来进入美国东部一家法学院学习，并对合作法产生了强烈兴趣。他们非常尊重对方的工作。克里夫告诉艾利森，他已经决定搬回麦迪逊并创立一家合作法律师事务所。当艾利森说自己非常羡慕他的决定时，克里夫问她，是否考虑搬回麦迪逊加入他的律师事务所。艾利森说，她会认真考虑这个提议。

艾利森和丈夫越讨论，就对这个想法越感兴趣。他们的孩子都已大学毕业，各自有了自己的生活。丈夫并不需要住在纽约，并且两人都觉得在麦迪逊生活会更好。于是，他们搬回了麦迪逊，艾利森成为麦迪逊合作法律师事务所的第五位合伙人。

---

① 公益法不是一个法律领域或法律体系，而是以非营利性为条件，致力于帮助贫困人口或社会边缘人群，推动相关社会政策变革的法律实践。——译者

艾利森的业务蒸蒸日上，对于为律师事务所增设多学科附属机构，她越来越感兴趣。

我在美国律师协会主办的《家庭法法学期刊》中读到一篇文章，提到一家律师事务所有一名在职的临床社工。我曾经在社会工作学院就读，能够理解社工对客户的帮助有多大。此外，如果你相信深层次的冲突解决方法，并以整体的方式看待他人，那么这种综合性方法就会发挥作用。超过90%的离婚都涉及财产纠纷，所以我认为，聘请一位财务规划师会有一定的作用。并且，在涉及孩子的离婚中，我认为家庭治疗师会发挥重要作用。

当克里夫和其他同事强烈反对艾利森开展综合性实践的想法时，她感到很惊讶。他们认为，这会分散律师事务所的业务焦点。最终，艾利森发现自己坚信综合性工作方式必将卓有成效，因此作出了一个艰难的决定：离开律师事务所，聘请一位助理，开创自己的事业。

那年晚些时候，她开始把自己的客户介绍给蒂姆（Tim），他是另一位在麦迪逊开展合作法业务的律师。蒂姆赞同艾利森关于创办一家综合性律师事务所的愿景，并很快以股东身份参与她的事业。他们的律师事务所蓬勃发展，在接下来几年中，他们聘请了五位律师，一位办公室经理，四位律师助理，三位她先前设想的附属领域员工：一位临床社工、一位财务规划师、一位家庭治疗师。

在招聘人员的过程中，我试着将其描述为一项正在完善的工作，这样他们不仅可以从事这项工作，而且可以参与创造和塑造这家律师事务所，使其不断发展壮大。

我们每周召开一次员工会议，这类会议一般在午餐期间开始。之后我们会召开一次业务会议，通常会持续到下午两点或两点半。律师事务所中所有人都受邀参会，包括律师助理、后勤人员。参会人数通常在 10～12 人。许多律师事务所都会召开业务会议，但通常只有律师参会。我们之所以改变这种安排，是为了避免在律师事务所内形成等级制度，以促进承担不同职责的人员密切沟通与合作。

在业务会议上，我们要么讨论案例、营销、伦理问题，要么讨论与经营一家综合性律师事务所的复杂事务有关的其他问题。① 如同每年两次的外出静思会，这也是律师事务所解决团队问题和决策问题的论坛。

艾利森和蒂姆以高度合作的方式经营律师事务所，非常重视共识型决策。他们利用半年一次的外出静思会处理需要整个律师事务所讨论的重大问题。附属领域的员工会与律师事务所中的每个人交谈。在外出静思会上不会突出个人的意见，附属领域的员工会强调最常见的问题，并推动展开讨论。在一次外出静思会上，一项提高员工福利的建议催生了一个健康项目，该项目现在包含一个减肥中心、一个跑步俱乐部以及周二上午为感兴趣者提供的冥想研讨会。

在另一次外出静思会上，艾利森和蒂姆发现，员工认为他们过于强调共识型决策。参会者普遍认为，有些决策应由艾利森和蒂姆作出，其他人只需服从。

我对共识型决策的支持部分源自对社会正义的承诺。如果你是一名年轻的有色人种女性，或者你没有法律学位，那么我们法律文化的一切都表明，你的观点和努力的重要性不如那些经验丰富的高学历白人男性律师。理论上，多数律师事务所（包括我在纽约加入的那家倾向进步主义②的律师事务所）的结构应该是真正的合伙人民主制。实际

---

① 艾利森和蒂姆在讨论案例时，会遵守对客户的保密协议。
② 进步主义是美国 19 世纪末 20 世纪初兴起的一种政治运动和意识形态，立场位于中间偏左，进步主义者强烈追求人权和社会正义，支持福利国家政策，反对垄断。——译者

上很少如此，甚至有时会使人感到严重疏离。蒂姆和我都有过类似的经历，所以我们不想复制这种传统结构。我们都认为，共识型律师事务所比传统的等级制律师事务所更尊重人，也更富有成效。

然而，对于在外出静思会上获得的反馈信息，我们非常重视。我们认识到可能对身处传统律师事务所的经历矫枉过正了，因此需要略微调整工作流程，以考虑到我和蒂姆实际上是律师事务所的两位所有者。

从那时起，关于在每周业务会议上如何作出特定决策，艾利森和蒂姆变得更明确了。他们会倾听每个问题，从而确定是否可以由参会者当场决定，是否需要先经过部分成员讨论，是否由他们两人根据会议的意见作出决策。

我与蒂姆共同作出战略决策而非操作性决策。幸运的是，我们对律师事务所怀有共同的愿景，也高度尊重彼此的判断，因此很容易作出战略决策。此外，每当决策公布时，我们都会征求员工的反馈意见。迄今为止，尚未有人对我们的决策指出任何问题。如果他们确实认为有问题，我想我们至少应该在作出最终决策前考虑他们的意见。

艾利森和蒂姆还把律师诺拉（Nora）提拔为执行董事，她起初是律师事务所的行政主管。诺拉现在定期与艾利森、蒂姆会面，对他们的决策有一定的影响力，并负责律师事务所的运营事务。

最重要的是，艾利森和蒂姆想要创办一家每个人都与两位老板具有同样责任感的律师事务所，致力于履行特定的使命、价值观并追求成功。例如，每周的员工会议并不是员工参与律师事务所重大决策的唯一机会。每当有人申请加入律师事务所时，除了艾利森和蒂姆外，律师助理、行政人员以及普通律师也会参与面试。律师事务所还为合伙人、专职律师、行政人员提供了360度反馈调查，其中包含律师助理的反馈信息。

当有新员工加入时，他们很快就能够体会到律师事务所的氛围。诺拉喜欢讲下面的故事：当她首次接受我们的面试时，律师事务所的一位律师助理乔纳斯（Jonas）告诉她："你永远找不到像我们律师事务所一样渴望成功的其他组织。"另一位律师经常对我说："这份工作就是我梦想中的工作。"一位业绩非常突出的律师在年度薪资评估时说："我喜欢在这里工作。无论是否给我加薪，我都想在这里一直干下去。"

我还想到一名与我合作的律师助理，她也是作出这种承诺的典型例子。她关心我们开展的每项业务——如何对待客户，外界的人如何看待我们，如何看待和理解我们的使命。她经常向我提出很好的主意，包括那些对她没有直接好处而对律师事务所有益的想法。

我们的很多好创意都来自员工对维护律师事务所独特的文化理念并努力追求成功的强烈责任感。让我印象深刻的是，人们愿意拿出自己的时间参加外出静思会，走出去并讨论当前的业务。播下种子，培育幼苗，认识到我们现在是一个高度关心共同创造之物的团队，这真的非常令人感动。我们觉得，大家共同开展工作，你无须成为律师事务所的所有者就可以对其发展方向和运营方式产生重大影响，或许这才是关键。

这种共担责任的意识部分源自对律师事务所使命（解决冲突）的共同承诺以及律师事务所秉持的价值观：为客户提供综合性服务、诚实正直、工作–家庭平衡、为社区服务。在过去的三年中，律师事务所的律师为20多家当地的和全国性组织提供了慈善捐款和无偿服务。

我认为，律师事务所对员工（包括我自己）有所帮助，每天去工作时，他们会感到自己的所作所为有益于整个世界。每天回到家时，他们会感到自己推动了使命的实现，从而改变了法律的执行方式——改变了人们解决冲突的方式。

在创办这家律师事务所前,我从未想过会成为一名领导者。但现在我想说,我担任的领导职务(尤其是某些无形方面)是最有意义的工作之一。早在20世纪70年代,我学会了超觉冥想。[①] 尽管没有定期练习,但这些年我一直没有完全放弃。超觉冥想帮助我体验到了某种程度的专注。在状态较好的时候,我会尝试把专注带到工作中。我希望这种能量能够让我以某种方式与他人产生共鸣,并帮助营造一种他们也能感受到专注和自我意识的氛围。这种领导力无关于你做什么,更多关乎你赋予每次互动的品质。

这就是我为什么非常喜欢现在的做事方式。它能够让我成为最好的自己,同时为他人提供切实的服务。

共创者层次的领导组织变革

职业生涯早期,格雷厄姆在华盛顿的一家小型组织担任项目主管。该组织运用行动研究方法改善企业、政府、公民社会组织之间的工作关系,从而帮助处理贫困、饥饿、营养不良、疾病、环境退化等全球问题。[②] 格雷厄姆是一名澳大利亚人,20多岁时曾经在澳大

[①] 参见罗斯(Roth):《超觉冥想》(*Transcendental Meditation*)。超觉冥想是一种源于古印度吠檀多传统的冥想形式。

[②] 公民社会有别于政府和企业,包括社会中各类志愿性公民组织和社会组织,具体包括工会、专业协会、慈善机构、宗教组织、大学、非政府组织、各类倡导团体等。

行动研究最早由社会心理学家科特·勒温(Kurt Lewin)提出,是一种应用型社会研究或组织研究,通常由一个包含实务者和研究者的团队来推进,通过从体验中学习以改善实践。行动研究过程遵循一系列行动学习周期,包括数据收集、问题诊断、目标设定与行动计划、实施以及关于行动效果的数据收集。参见马罗(Marrow):《实践理论家》(*The Practical Theorist*);斯特林格(Stringer):《行动研究》(第2版)(*Action Research*, 2nd edition)。

利亚工作，从事一个联合政府与企业的力量解决经济社会问题的项目。30 岁出头时他搬到美国，获得了 MBA 学位和博士学位。在此期间，他还参加了一系列关于个人成长的研讨会，并开始了终生的冥想练习。①

搬到华盛顿后，格雷厄姆花了大量时间研究亚非拉旨在解决全球问题的项目，并提供相关的咨询。例如，南非政府想要采用一种不同于传统的新方法为贫困地区安装供水设施，原因是采用传统方法安装的设施非常容易出故障。②为解决该难题，南非政府组建了一个由当地社区、非政府组织③、水务公司（如全球水处理巨头威望迪水务公司（Vivendi Water）④）组成的联合体。

该联合体的成员密切合作，界定各自的角色并协调相关活动。非政府组织帮助把社区成员组织起来，以便他们充分参与规划和建设过程。水务公司的角色从传统的施工企业转变为可持续的水务系统开发商。水务系统基础设施建成后，由社区负责维护并支付费用。基于该项目以及类似项目的经验，格雷厄姆发现，当每个组织可以贡献各自独特的能力和资源，弥补其他组织的局限时，这些合作活动就能够发挥作用。

围绕这一点，格雷厄姆应邀为联合国撰写了一份关于未来全球治

---

① 起初，格雷厄姆练习的是内观冥想（参见拉里的例子），后来他转向一种更虔诚的冥想方式，强调吟诵和祈祷。他说："潜在意图是促进个人的快乐与幸福，帮助创造一个更和平的世界。"

② 尽管这是一个地区项目，但解决的是全球问题。戴维·科尔滕（David Korten）指出："清洁的饮用水和适当的卫生条件可能是影响健康和长寿的最重要指标。"参见《当企业统治世界》(*When Corporations Rule the World*)，第 41 页。

③ 从技术上讲，非政府组织可能是营利性的，但通常是非营利性的，至少部分资金来自私人捐赠。非政府组织通常旨在解决社会、文化、法律或环境问题，而非商业谋利。其中某些组织认为非政府组织的称呼过于宽泛，更愿意被称为私人志愿组织（Private Voluntary Organization, PVO）。

④ 威望迪水务公司是法国最大的自来水供应公司，始创于 1853 年。——译者

理的报告。① 在这类项目中的工作经历使他注意到一种致力于解决全球问题的网络组织。如同南非的水务联合体，这些网络汇集了企业、政府、公民社会组织，致力于共同解决某个问题，但与水务联合体不同的是，这些网络同时在地区、国家和全球层面运作。

例如，地球首脑会议和政府间议程未能就全球森林契约达成一致，部分受此推动，来自世界各地的130位人士成立了森林管理委员会（Forest Stewardship Council）②。该委员会是一个网络组织，现在包括600多家伐木公司、林产品制造商、林业组织、环境与人权团体，以在世界范围内推广可持续林业为使命。

森林管理委员会成员承诺以民主和透明的方式运作，审查现有的国际林产品供应链及其对环境、社会、经济的影响。进而，委员会成员共同制定了一套标准，从而把供应链转变为环境友善、社会受益、经济可行的过程。建立这套标准的森林管理委员会能够授权独立的第三方组织，让它们为那些根据可持续林业原则经营的林业管理者和林产品生产商提供认证。③

格雷厄姆把森林管理委员会这类组织称为全球转型网络（Global Transformation Networks，GT-Nets）。他发现，这类网络的最有趣之处在于开发出了若干新方法，克服了解决全球问题的主流方法存在的关键局限。在联合国围绕环境退化和世界贫困问题召开的一系列会议中，可以找到主流方法的典型例子。联合国第一次针对环境问题召开的会议，围绕把环境关切纳入国民经济规划和决策达成了一项协议。

---

① 参见赖内克（Reinecke）等：《关键选择：联合国、网络与未来全球治理》（*Critical Choices: The United Nations, Networks, and the Future of Global Governance*）。

② 森林管理委员会是一个非营利国际组织，1993年成立，总部位于德国波恩。——译者

③ 截至2005年，在60多个国家和地区已经有5 000多万平方米森林按照森林管理委员会的标准进行管理，并且使用森林管理委员会认证的木材生产了数千种产品。有关森林管理委员会的更多信息，请访问www.fsc.org。

但多年过去了,全球变暖、臭氧耗竭、水体污染等问题日益加剧,对地球自然资源的破坏正以惊人的速度愈演愈烈。[1]

最后,联合国世界环境与发展委员会(UN's Commission on Environment and Development)发布了《布伦特兰报告》,呼吁世界各国支持可持续发展,这是一种新的社会经济发展方式,旨在"既满足我们现今的需求,同时又不损及后代子孙满足他们的需求"。为动员各国对可持续发展作出承诺,联合国在里约热内卢召开了地球首脑会议。

在地球首脑会议上签署的21世纪议程,堪称世界范围内消除贫困并实现可持续发展的蓝图。里约热内卢会议后,联合国围绕具体的环境问题举行了多轮会议,达成了更多协议,并把可持续发展理念纳入相关的政策与规划中。然而在世纪之交,可持续发展领域的进展令人极其失望。世界各国的贫困问题日益加剧,环境继续恶化。[2]

这些传统方法以及其他类似方法,本身显然不够敏捷,不能有效处理高度复杂(高速增长与迅速变化)的全球问题。更具体地讲,格雷厄姆的分析是,解决全球问题的主流方法存在两个主要局限。[3]

首先,以往的主流方法是一种官僚主义的方法,每一步都由不同专业的参与者负责执行。在刚刚提到的例子中,社会经济和环保领域

---

[1] 参见海因斯(Hynes):《地球权利》(*Earth Right*);布朗(Brown)等:《1986年的世界状况》(*State of the World 1986*)。

[2] 参见联合国可持续发展委员会:《约翰内斯堡审查会议:改变了什么?》(The Johannesburg Summit Test: What Will Change?),网址:www.johannesburgsummit.org;布朗等:《1999年的世界状况》(*State of the World 1999*)。欲了解更多最新信息,请访问世界资源研究所的门户网站(www.earthtrends.wri.org)以及2005年联合国人类发展报告《处于十字路口的国际合作:不均衡世界中的援助、贸易与安全》(*International Cooperation at the Crossroads: Aid, Trade and Security in an Unequal World*),网址:http://hdr.undp.org/reports/global/2005。

[3] 实际上格雷厄姆的评论更复杂,但为了满足此处的需要,我们将其概括为两个关键点。

的专业人员负责收集数据并分析问题。各国政府的代表负责起草并签署协议。接下来，来自每个国家多个部门的更大一批行动人员负责执行这些协议。

其次，以往解决全球问题的主流方法依赖各国政府签署的协议。在大多数情况下，每个国家的谈判代表都持有一个隐含的假设：他们必须最大化本国精英阶层的经济和政治利益。① 即使他们像在斯德哥尔摩和里约热内卢那样签署了类似的协议，这种思维方式仍会强烈影响后续行动。

结果导致没完没了的拖延，无法使许多需要付出共同努力的组织（致力于解决复杂的、迅速增加的全球问题）达成一致。② 全球转型网络在更高的敏捷度层次上运作，所以行动更迅速、更有效。③

全球转型网络不依赖各国政府之间的谈判，而是一个涵盖地区、国家和全球的行动舞台，汇集了解决特定全球问题的企业、政府、公民社会组织。通过这种方式，全球转型网络把来自富裕国家与贫困国家、不同文化背景、不同专业的人员联系在一起。通过确立共同的使命，培养合作性运作风格，每个领域的全球转型网络都会创建一个"容器"，帮助所有成员从更宏观的视角出发考虑自身利益。④

巴雷特价值中心（Barrett Values Center）的创始人理查德·巴

---

① 参见科尔滕：《当企业统治世界》。
② 参见弗兰克尔（Frankel）：《地球上的企业：商业、环境与可持续方面的挑战》（*In Earth's Company: Business, Environment and the Challenge of Sustainability*）；赖内克：《关键选择：联合国、网络与未来全球治理》。当然，世界各国有许多人真诚地致力于消除普遍存在的贫困和环境退化问题。此处强调的是，用来解决这些问题的主流方法不足以改变驱动传统机构的思维方式。
③ 从我们的角度来看，尽管根据全球问题的主流解决方法生成的报告反映了超越实干家层次的视角，但该过程本身在实干家层次上运作。全球转型网络正在学习如何在促变者层次上运作。格雷厄姆向全球转型网络提供了一个关于其潜力的愿景，包括组织敏捷度全面发展至促变者层次，进而发展至共创者层次。
④ 关于创建"容器"观点的更多信息，参见艾萨克斯（Isaacs）：《对话》（*Dialogue*）。

雷特（Richard Barrett）①把这种从更宏观的视角出发考虑自身利益描述为：

> 人类的所有动机都立足于自我利益。只有某件事对自己有利时，我们才会有动力去做。那么公共利益呢？追求公共利益的行动也基于自我利益吗？是的，但……这种自我伴随一种扩展的认同感……这种自我认识到，自己是连接所有人类与生活体系的互联网络的构成部分。②

此外，当全球转型网络以最佳状态运作时，各项举措被视为行动实验，过程中的每一步（诊断问题、形成方案、采取行动）都涉及多种利益相关者。对合作过程的定期审查有助于利益相关者保持合理一致，同时可以及时取得成果。③

当格雷厄姆得知联合国和世界银行没有支持全球转型网络的兴趣时，他决定自己采取相应的举措。第一步，格雷厄姆想要更明确地阐述全球转型网络的特点，这不同于其他数百个全球网络。为此，他组建了一个顾问团队，筹集了足够的资金对四个全球转型网络开展案例研究。为检验得出的结论并让参与者更加了解彼此，他邀请每个网络的成员参加一个小型会议以讨论这些案例。

第一步的成功引发了另外两个全球转型网络的行动研究项目。在这一时期，格雷厄姆的举措蕴含的愿景开始形成：促进全球转型网络的成型，支持成员网络的发展，帮助它们学习彼此的经验。格雷厄姆与美国一位活动家兼慈善家艾伦（Alan）合作，拟定了该举措所需的

---

① 理查德·巴雷特是英国作家，主要聚焦领导力、价值理念、文化发展等问题，1997年创立巴雷特价值中心。——译者

② 参见理查德·巴雷特：《解放企业的灵魂：创建有远见的组织》（*Liberating the Corporate Soul: Building a Visionary Organization*），第40页。关于组织内部开明的自我利益的讨论，参见布洛克：《赋权管理者》。

③ 参见史蒂夫·瓦德尔（Steve Waddell）：《社会性学习与变革》（*Societal Learning and Change*），该书把这种集体形式的反思行动称为社会性学习与变革。

预算资金。

随着格雷厄姆与各种全球转型网络的成员见面，通报类似网络的做法，人们的兴趣开始提高。后来，他与艾伦召开了第二次年会，吸引了 24 名人士参加，包括几位重要的全球转型网络投资者。在此次会议上，全球转型网络的理念以及将其结合在一起的价值观真正得到重视。之后他们举行了一系列电话会议，开始在全球转型网络成员之间建立联系。当格雷厄姆和艾伦召开第三次年会时，他们毫不费力地吸引了许多参会者。35 人参加了会议，代表 21 家处于不同发展阶段的全球转型网络成员单位以及其他 6 家组织。

第三次年会的主要目的是：首先，重申过去几年中形成的全球转型"元网络"共同愿景；其次，推出一系列支持该愿景的举措。此次年会几乎全部由工作会议构成，主题包括资助策略、领导力发展、战略规划、新通信技术、多方利益相关者的对话方法。年会结束时，格雷厄姆的梦想已成为参会者的共同愿景。

在接下来的几个月里，全球转型元网络推出了各种各样的合作性举措。其中一项举措旨在把元网络发展为一个"实践社区"①，帮助全球转型网络分享经验，更迅速地开发新工具和新做法，并避免其他网络遭遇的困境。其他举措包括确定适合网络结构的衡量标准，在全球转型网络成员之间建立电子会议关系。全球转型元网络也支持一系列承诺在中美洲国家相互配合的全球转型网络组织。

此外，这个元网络汇集了全球转型网络成员单位的首席执行官，他们基于 20 年的时间框架为各自的组织制定一个共同的长期愿景。关

---

① "实践社区"指的是一个社会性学习过程，包括对某问题或话题有共同兴趣的人在较长时间内开展合作，分享想法，寻找解决方案并进行创新。1998 年，温格（Etienne Wenger）出版了《实践社区》（*Communities of Practice*），首次将其用于组织情景。也可参阅温格、麦克德莫特（McDermott）和斯奈德（Snyder）：《营造实践社区》（*Cultivating Communities of Practice*）。

于全球转型元网络的未来以及自己在网络中扮演的角色,格雷厄姆的愿景是:

从长远来看,元网络要取得成功,显然必须形成一种强烈的共同所有权意识,我认为我们已经踏上了这条路。现在我自认为是全球转型元网络发展时期的管理员。未来,我当然想要成为该网络不可或缺的一分子,但我不想成为执行主管。我不擅长筹集资金和制定预算,也不想做这类工作。我甚至不确定该网络是否需要一名执行主管。

随着元网络的发展,我想要发挥的领导作用是继续为学习型社区的发展出谋划策,以便其逐渐成为一个仅根据独特目的和结构量身定制的学习型组织。

我自己的愿景是,全球转型元网络成为一个广泛容纳各种组织的全球社区,涵盖并超越公民权理念。成员之间的关系位于网络的核心,帮助人们切实相互联系,以便他们在生活中感到拥有强大的力量。最终,尽管这主要在于打造新的合作型组织结构,但也涉及个人层面的根本性改变,并通过持续的行动学习来改善人与人之间的关系。

共创者层次领导者的才能

当你发展至共创者层次时,四种领导力敏捷度类型会发生什么变化?

共创者的意识与意图

为了阐明共创者层次的意识,有必要简要回顾实干家层次和促变者层次的意识。处于实干家层次时,你进行反思的素质通常局限于自觉思维。处于促变者层次时，你会形成更直接的反思才能，能够直接、瞬间注意当前经历的某些方面（默会假设、无意识感受、行为模式），否则你的自觉意识不会关注它们。① 紧随这种瞬间认识之后是一个迅速的反思过程，让你能够理解自己的经历，并相应地调整自己作出的回应。

共创者层次的意识可以描述为有意识地（尽管是暂时地）进入一种轻松的全神贯注状态的才能，心理学家米哈里·契克森米哈赖（Mihaly Csikszentmihalyi）称为"心流"（flow）。② 你可能有过类似的经历：随着时间的流逝，你全神贯注于正在做的事情。期间你不会分散精力注意无关的想法和判断，并且可能忘记时间。

各个成长阶段的人都曾经在某个时刻经历过心流状态。当你从事一项几乎不需要费神的娱乐活动（如观看一部精彩的电影或阅读一本有趣的书籍）时，最容易进入心流状态。然而，米哈里·契克森米哈赖关注从事目标导向的活动（如体育运动、象棋、音乐表演等）期间经历的心流状态。他注意到，当人们从事相对结构化的活动时，最可能进入心流状态。这种结构可以释放思维，从而全神贯注于手头任务。

共创者层次意识的新特点是，当遭遇非结构化的领导力挑战时能够有意识地进入心流状态，这种挑战在心智上比较复杂且往往情绪化。例如，在诚实正直问题上，吉姆对肯进行了非常情绪化的抨击，而肯有过类似经历，对此并未作出防卫性回应。显然，这并非顺其自然，在某个时刻做感觉良好的事情。享受一场精彩的舞会，其环境可能带你进入身心愉悦的心流状态，当然你也许有意识地进入令人不快的心

---

① 例如，你可能注意到，你刚刚主张的某项计划立足于一个未经检验的假设；你在回避某人，因为你觉得上次谈话时遭到他不公平的指责；你打断某人的发言，而你刚刚说了想要听他把话说完。

② 米哈里·契克森米哈赖曾经担任芝加哥大学心理学系主任，现在是克莱蒙特管理研究生院生活质量研究中心主任。他的两本代表作是：《心流：最优体验心理学》(Flow: The Psychology of Optimal Experience)、《发展的自我》(The Evolving Self)。

流状态。

相比于促变者层次，共创者层次的意识让你具备把注意力更长时间聚焦于不快感受的本领。然而在共创者层次上，运用反思才能来应对情感波动仍然非常重要。如同拉里和肯，共创者层次的领导者通常认为，重要的是以一种非指责方式找到这些经历的意义，并获得更深刻的理解。①

在共创者层次上，你更有本领理解表面想法和感受的背后，并扩展至同他人以及周围世界的关系。因此，你现在可以更深入地洞察不同的参照框架。这让你得以从多种框架（包括自己的框架）退后一步，识别其异同点。你会形成强烈的相互依赖意识以及综合性思考才能，这有助于洞察多种参照框架如何共同解决非结构化问题。

共创者层次的意图植根于不断完善的人生使命感，这让你得以挖掘更深层次的才能和兴趣，同时提高他人的生活水平。与此同时，追求这种人生使命往往要求你勇于承担重大风险。拉里放弃寻找更志同道合的人，决定留在就职的大型公司，致力于从内部推进变革。为了实现自己的愿景，艾利森不得不痛苦地与志同道合的同事分道扬镳。为了实现全球转型元网络的愿景，格雷厄姆不得不在单人办公室中基于微薄的预算资金开展工作。

追求深刻的人生使命会存在风险，但这往往为个人成长和职业发展提供重要机会。在面对具有挑战性的机会时，相比先前几个成长阶段的领导者，具备共创者层次意识与意图的领导者的性格会变得更整合。因此你会发现，相比先前各层次上形成的才能，共创者层次上形成的各种才能存在更密切的联系。

---

① 对于退出麦迪逊合作法律师事务所时经历的不快，艾利森持有同样的态度。因为在前文拉里和肯的故事中已经介绍过共创者层次意识的这个方面，所以艾利森的故事中没有涉及。

共创者的环境设定敏捷度

我们现在阐述在共创者层次上形成的四种能力,首先是支持环境设定敏捷度的两种才能:情景意识和使命感。

情景意识。我们已经阐述了先前层次情景意识的发展,描述了实干家层次管理者分析周围环境中关键参与者动机和行为的本领,以及促变者层次管理者把行业及关键利益相关者所处的宏观环境纳入考量范围的本领。我们注意到,相比于英雄式领导者,促变者层次的领导者可能更积极关注组织造成的社会和环境影响。

在共创者层次上,你的情景意识可能会扩展至全球范围(若先前尚未实现这一点的话)。更重要的是,这种意识在品质和深度方面都发生了变化:你会更深刻地意识到全球范围其他人的经历、你与他们的关联、人类大家庭与自然环境的相互依赖。[1] 如同肯和艾利森,当共创者层次的领导者创办新企业时,他们很可能会对社会和环境福祉作出承诺,并将其作为经营过程中必不可少的组成部分。[2] 然而,尽管某些共创者层次的领导者试图在全球层面解决问题,但其他人"从全球角度思考,从当地角度行动"。[3]

相比于促变者层次,共创者层次的情景意识对组织结构图中"空白"的认识更深刻,包括对组织生活相互依赖的本质形成强烈的认识。例如,共创者层次的领导者能够从宏观和微观两个角度审视组织:组

---

[1] 这仅仅是一个例子,共创者层次的情景意识和利益相关者理解等不同的才能会变得更整合。

[2] 在我们选取的样本中,所有创立新组织(除微型教练组织或咨询机构外)的共创者层次领导者都对社会和环境责任作出了承诺,并将其作为组织经营过程中必不可少的组成部分。所有人之所以这么做,都是因为持有强烈的个人承诺。遵守法律并不是一个动机,任何公共关系收益充其量只是次要原因。实干家层次和促变者层次的领导者有时也会做同样的事情,但共创者层次的领导者更可能作出这种承诺。

[3] 格雷厄姆强调,他从事的全球性工作并不比其他人在较小范围内从事的类似工作更重要或更高级。他说:"我们需要人们在所有层面开展工作。"

织结构和文化理念塑造个人行为,同样,个人态度与行为每时每刻都在共同塑造组织结构和文化理念。前文中格雷厄姆对全球转型元网络的评论也反映了该观点:

> 最终,尽管这主要在于打造新的合作型组织结构,但也涉及个人层面的根本性改变,并通过持续的行动学习来改善人与人之间的关系。

使命感。当领导者处于后英雄式环境设定敏捷度层次时,他们会形成在日益延长的时间框架中提出愿景的才能。① 然而,尽管这些愿景通常都是长期的,或者会产生长期影响,但时间框架可能会由于环境因素而发生重大变化。共创者的愿景最主要的特征不在于时间框架,而在于其背后深刻的使命感。在共创者层次上,你的使命感源自渴望更充分地自我实现,而这种渴望受到下述因素的推动:日益重视作为定性时间维度的当下体验。②

缅因州波特兰市一家成长型探险旅游公司的人力资源副总裁丹妮丝(Denise)说:

> 对我而言,最重要的是人生意义和使命。真正的使命感不是深思熟虑决定的。使命感更依赖直觉,也更无形。我想,你也可以称之为方向感。它不是你始终能意识到的事物,不是能够一劳永逸解决的问题,更不是一个有待抵达的目的地。在一生中,使命感会随着你的不

---

① 我们在第6章提到,当你成长至促变者层次时,预见未来结果的本领就会提高,这让你更容易在短期、中期、长期时间框架内转换。你现在有才能提出对个人有意义的创新性愿景,即使它可能需要十年甚至更长时间才能完全实现,仍可以让你保持高度的积极性。然而,这并不意味着所有后英雄式领导者当前都在努力实现长期的创新性愿景。环境也具有一定的作用。例如,直到担任石油公司的总裁,罗伯特才提出一个宏伟的愿景。

② 当你成长至共创者层次时,会形成一种强烈的承诺:以真实的方式生活。你想要更诚实地面对自己的真实感受和动机,并且想要以一种能够真正展现自己最深层价值观和潜能的方式生活。你为实现这个承诺采取的行动越多,就越能够与深层的人生使命感产生共鸣。关于定量时间与定性时间(古希腊人分别称为 kronos 和 kairos)的区别,参见艾萨克斯:《对话》,第 288~290 页。

断探索而发展完善。

我认为，真正有意义的是让你的人生与使命感保持一致的直觉过程。当思想与感受符合内心深处的召唤时，我就能够真实地、诚实地采取行动。对我而言，这是一种具有创造性的自我展现。

共创者层次领导者的人生使命感往往独一无二，但也具有某些普遍特征。例如，它通常包括从事某些自认为特别有成就感的事情，切实提高他人的生活水平。本章中提到的所有领导者都表现出上述特征。某些共创者层次的领导者创立了坚定奉行某种人类价值观的新型组织①，而那些身处老牌组织的共创者层次领导者往往具有所谓的所有权心态。长期在一家《财富》500强计算机企业工作的思瑞尼（Srini）对这种心态的描述如下：

我的强项不在于管理大型组织。幸运的是，我总是能够找到或营造类似于初创企业的环境。我参与营造这种小范围的亚文化，在这种文化氛围中，我们打造一种完整的商业模式，致力于某种不同于以往的新事物，这种文化氛围为创新提供了广阔的空间。

各种官僚主义确实妨碍了我发挥创造力。我会想："如果这种新商业模式是我亲自创造的呢？"我要完全掌控自己的命运。如果必须为风险投资者撰写一份一页纸的商业计划，我会写什么呢？

以这种方式自我赋权具有极好的激励效果，让我能够提出有创意的想法，进而让客户或任何能够从中受益的人检验这些想法。创造有用的新事物让我充满干劲，我还需要调动其他人的积极性，让他们也满怀热情地投身于此。我创造的新事物会被其他人进一步完善，然后得以实施，从而改善人们的生活，这犹如一个完整的循环。

---

① 关于此处"人类价值观"的定义，请访问 www.iahv.org/humanvalues.htm。

如同促变者层次的领导者，共创者层次的领导者想要创建的团队和组织具有下述特征：坦诚沟通、高度自治、参与决策。然而，他们尤其热衷营造一种以高水平合作（植根于共担责任的精神）为常态的工作环境。例如，尽管肯、艾利森、格雷厄姆是各自组织愿景的主要提出者，但这些愿景都是在与其他领导者合作的过程中逐步形成的。他们还创建了淡化等级并仅在必要时运用职位权威的团队和组织。

最后，共创者层次的领导者往往非常注重组织学习。无论组织规模有多大，他们都会建立某种论坛，如律师事务所每年两次的外出静思会或宁静时光水疗会所的"愿景圈"会议。在论坛中，人们坦诚对话，谈论各自在多大程度上实现了使命、愿景与价值观，并负责作出必要的变革。①

共创者的利益相关者敏捷度

支持利益相关者敏捷度层次的两种才能是利益相关者理解和权力风格。

利益相关者理解。在促变者层次上，你认识到价值与信念体系受到家庭教养、社会经济地位、文化背景等因素的强烈影响。因此，你会对不同的参照框架产生更大的兴趣与耐心，也会形成一定的同情心，让你得以想象处在他人的情景中，遭遇他们的经历时会如何。

共创者层次领导者的同情才能得以增强，能够更充分地洞察明显不同的参照框架。因此，在理解其他文化、亚文化与种族群体方面，共创者层次领导者的才能通常更强。例如，尽管肯是日裔美国人，但他在成长过程中很少接触日本文化。然而，当他发展至共创者层次后，

---

① 随着时间的推移，共创者层次的领导者也利用这些论坛重新审视组织的使命或目的。例如，经过两年的运营，宁静时光水疗会所的管理团队重新审视最初的使命、愿景与价值观，并进行了修正。在相似的时间框架内，艾利森律师事务所的成员发现，他们需要对重视调解而非诉讼作出进一步的澄清。

就能够在传统日本文化、当代日本文化、美国文化之间游刃有余地转换。他还能够自如地与多族裔管理团队（包含一名非洲裔美国女性、一名墨西哥裔美国女性、一名日本男性）密切合作。无独有偶，拉里也选择深度参与解决公司中各少数族裔群体面临的问题。

拉里对克雷格的抨击作出的回应及肯对吉姆的抨击作出的回应，表明了共创者层次领导者的利益相关者理解情感才能的完整范围。对于抨击自己的人，拉里和肯都表现出了非凡的理解才能和同情才能。① 这种才能使每位共创者层次领导者能够以难得的建设性方式作出回应。

权力风格。当你发展至共创者层次的利益相关者敏捷度时，就会充分认识各种不同的权力：基于专业知识与职位的权力（专家层次），基于性格与政治立场的权力（实干家层次），基于愿景与参与的权力（促变者层次）。作为共创者层次的领导者，你能够保留在上述所有层次发挥作用的本领。然而当成长至共创者层次时，你会更侧重基于人生使命与深度合作的权力。

通过有意义地提高他人的生活水平，共创者层次领导者的人生使命感可以推动自我实现，因此会让你形成一种权力风格：坚持自己的主见，同时帮助满足他人的需求。例如，肯以一种高度专注的方式（置身于吉姆的参照框架，同时保持自己的框架）回应吉姆的感受。这种兼顾两种参照框架的本领让肯能够以下述方式作出回应：抓住有效的反馈点，同时考虑双方所处的情景。

要理解合作对共创者层次领导者意味着什么，我们可以回顾先前层次管理者如何理解合作。在实干家层次上，你可能把合作视为作出妥协的过程，以便利益相关者更有动力支持相应的决策。在促变者层次上，你可能把合作视为有意义地参与决策，从一开始就相信这不仅

---

① 格雷厄姆也表现出了这种才能，在接受我们访谈的过程中，他能够热情而准确地再现一位全球转型网络领导者（起初他对构建一个全球转型元网络几乎没有兴趣）的感受。

会带来更坚定的承诺，也有助于作出更好的决策。在共创者层次上：

［合作关系］的特点是真实、坦率地展现自我，建设性澄清并诚实地面对分歧。合作意味着一种关系，既要求个人诚实正直，又需要具有共同的愿景和使命。这就是真正的合作关系非常罕见的原因之一。①

共创者层次的领导者认识到，对于营造整体权力动态而言，团队或组织中的每个人（甚至那些自认为是被动的受害者之人）都发挥了某种作用。因此，在创造赋权与合作型文化的过程中，尽管组织里位高权重的人发挥关键作用，但共创者层次领导者明白，组织文化终究是共创的。所以，他们会不遗余力地鼓励其他人加入自己的行列，打造相互赋权和共担责任的团队或组织。②

共创者的创造性敏捷度

你的创造性敏捷度取决于联结意识和反思性判断的层次。

联结意识。正如前文所言，在共创者层次上，你形成的联结意识让你能够从多种参照框架退后一步，对不同的参照框架加以比较，并在它们之间建立有意义的联系。在参照框架相互冲突的情况下，这种才能让你能够识别框架是什么，何处存在冲突，有哪些共同要素，从而帮助你找到真正双赢的解决方案。③ 例如，格雷厄姆深刻地理解企业、政府、公民社会组织彼此不同的思维方式与运作风格，并且高度

---

① 参见乔伊纳：《追求合作性探询》（Searching for Collaborative Inquiry），第6～7页。
② 关于在各种不同的组织角色关系中相互赋权意味着什么，相关的框架请参阅巴里·奥施瑞：《组织的可能性》。
③ 正如肯与吉姆的经历，以及艾利森离开麦迪逊合作法律师事务所的决定，双赢并不总是意味着双方保持密切关系。即使在这两个例子中，双方也没有围绕相关问题完全达成一致，但他们确实就未来关系的最佳形式找到了解决方案。回过头来看，这两种解决方案都是可能的最佳结果。

赞赏它们的相互依赖与合作潜力,上述综合性思考才能为这种理解奠定了基础。在艾利森当前的律师事务所中,每个学科都有助于满足"客户的整体需求",我们注意到,她关于满足需求的方式的理解也体现了这种综合性思考才能。

随着每个层次联结意识的发展,你会对人际交往过程中的因果关系形成更复杂的理解。在专家层次上,你会形成简单的线性理解:"如果你想要完成 X,就去做 Y。"在实干家层次上,你会朝着多种结果努力,认识到多种途径会导致这些结果,具体策略可能需要随机应变。你还会认识到,人际交往是相互的,你采取的每项行动都会影响他人的下一步行动,反之亦然。

在促变者层次上,你会认识到,即便是成功的行动,也会造成意想不到的负面影响,这些影响可能一直挥之不去。换言之,人际交往既可以是循环的,也可以是线性的。在共创者层次上,你知道人际交往涉及互为因果的关系①:所有的组织过程与结果都源自许多人同时发挥作用。共创者层次领导者对创造共担责任的工作环境很感兴趣,上述对互为因果关系的理解为其奠定了基础。

反思性判断。前文已经提到,家庭教养、气质、性格结构、社会阶层、种族背景、宗教和政治条件等很大程度上都是无意识因素,在共创者层次上,你可以更深入地洞察价值与信念体系由这些因素塑造的程度。你还能够提高自己的下述本领:识别并理解不同解释框架(包括你自己的解释框架)立足的假设。

每当你与他人共同解决业务或组织问题时,很容易发现这些都是非结构化问题。甚至在开始讨论这些问题之前,你就已经知道很可能

---

① 互为因果关系源自自生、混沌和复杂性理论,鼓励人们理解变化是如何通过循环互动模式展开的,以及组织是如何演化或消失的,从而更系统地思考组织所处的环境和演化模式。——译者

每个人都会基于不同的假设和标准来界定问题并评估解决方案。基于此，再加上你侧重令各方都满意的结果，自然而然地使你对有意义的对话产生兴趣：探讨不同观点的合作性对话，以增进共同理解，制定互利的解决方案。

共创者的自我领导敏捷度

你的自我领导敏捷度取决于自我意识和成长动机的深度。

自我意识。促变者层次的自我意识涉及下述本领：直接注意通常情况下被忽略的行为、感受或假设，紧随其后是一个反思过程，把你的观察转化为思考或话语。促变者层次的自我意识在各种情景中得到反复应用，让你的自我理解比处于实干家层次时更准确，也更复杂。

然而，某些充分发展的促变者层次管理者认识到，该层次的自我意识仍然限制了他们对潜在感受和假设的体验。例如，第 6 章中提到的消费品经理帕特里克指出：

> 我有过一段相对自鸣得意的时期，那时似乎一切都顺风顺水。但有时我会产生剧烈的情感波动，这通常由某些令人不快的互动引发。如果不能以一种让我感觉更好的方式与他人共同解决问题，那么情感就会继续波动。在那些时候，我会尝试与信赖的人交谈，但主要还是进行"头脑旅行"。我尚不愿意直接体验那些令人不快的情感。我想，如果我发展至下个阶段，那么会更直接、更持久地体验更广泛的感受。

我们问帕特里克，他是否认识已经具备这种才能的人，他立刻想到了某生物技术公司的高级产品开发经理玛丽莲（Marilyn）。帕特里克和玛丽莲去同一家教堂祷告，并且都是社会行动委员会的成员。当我们采访玛丽莲时，发现她向共创者层次自我意识的过渡始于决定去看心理治疗师的时候。之所以寻求治疗，是因为她想要克服对冲突的厌恶，这种厌恶限制了她作为一名领导者的有效性，并导致同女儿的关系出现问题。

在接受了几个月面对面的谈话疗法①后，玛丽莲和心理治疗师决定换一种方式，以便她能够更直接地体验更广泛的感受。玛丽莲表示：

> 心理治疗师提供某些指导，但不是非常直接。我闭着眼睛躺在沙发上，无论有什么感受，只需悉心体验——让它们表现出来，发出自己的声音。我并不是在分析不同的感受与事件，而是让它们在我身上表现出来。

我们发现，多数具有共创者层次自我意识的人都会这么做，具体可能采取下述两种方式：通过类似玛丽莲的治疗过程或通过类似肯介绍的冥想练习。尽管两种方式具有不同的长期目标，但它们都让想法和感受通过自觉意识流动，而不做判断或定位。②

如同先前的敏捷度层次，处于共创者层次并不意味着你始终在这个自我意识层次上开展工作。然而，当你激活共创者层次的意识时，就能够把注意力更长时间聚焦于痛苦和不安的感受。你也会发现，在对这些感受的直接觉察与你对它们的理解之间反复转换变得更容易了。③

---

① 谈话疗法正式名称为心理疗法（psychotherapy），是心理健康专家用来与患者交流的方法，目的在于帮助人们识别导致情绪困扰的原因。——译者

② 尽管本章中提到的领导者采用的冥想技巧主要来自各个佛教流派，但我们并非倡导某种宗教或冥想形式，也不是要将冥想练习等同于共创者层次领导力。成长至共创者层次和协同者层次的关键因素是特定层次意识与意图的发展。多种形式的冥想有助于这种发展，尽管它们在日常生活中的应用会导致个人领导力有所不同。需要注意的是，这两章中提到的某些领导者并未进行冥想练习（包括思瑞尼和玛丽莲），但他们通过其他方式形成了该层次的意识与意图。也有一些领导者把冥想与其他方法（如个人成长工作坊）结合在一起。

③ 具有了更高层次的自我意识，你的下述本领会日益提高：通过放弃理解的过程来转化锁定在痛苦感受中的能量，进而充分地直接体验余下的情感能量。

玛丽莲给我们讲述了一个类似拉里的故事，揭示了这种层次的自我意识如何通过大幅提高建设性处理冲突的本领而使她成为一名更有效的领导者，并且帮助她改善了与女儿的关系。"这是一个奇妙的过程，真的，犹如重新找回了被自己以某种方式剥离的部分自我。"换言之，当你进入先前从知觉中剥离的思考流和感受流时，会自发地逐步把"隐蔽面"（你通常避免体验的那部分自我）整合到日常性格中。

尽管共创者层次的自我意识尚不具备彻底平衡和整合所有内部冲突所需的深刻和微妙的力量，但它确实能够让你比在先前层次时更容易、更明确地体验这些冲突。或许在共创者层次上，你体验的两个最常见的内部冲突分别是：独断与包容之间的冲突；内心批评与部分自我（采取伤害、愤怒、顺从或反抗方式回应内心声音）之间的冲突。①

如果你像多数管理者一样，除非发展至促变者层次，否则将意识不到第二种基本冲突。在促变者层次上，你开始发现自己如何无意识地依赖他人来获得自尊（例如帕特里克认识到，被视为成就卓越者的需要是一种情感依赖形式）。为克服这些依赖，你要培养一种更肯定自我的态度，在可能挑战你的自信和自尊的情景中尤其如此。

在共创者层次上，你会发现，相比于事后的自我肯定，更充分地面对自己的当下体验孕育了一种更直接、更强烈的自我接受。你也会越来越接受下述事实：所有重要关系都需要某种程度的相互情感依赖。矛盾的是，你越充分地体验脆弱的感受，就越能摆脱这些感受及其导致的反应性行为。

成长动机。在促变者层次上，你的兴趣在于克服自身的防卫，过

---

① 例如，肯和玛丽莲这类人有适他人优先事项的历史，他们能够重回独断风格。拉里和艾利森这类人的风格往往更独断，他们可以重回包容风格。

更有意义的生活。随着你成为共创者层次的领导者,上述兴趣就会变成对真实性的强烈承诺。当你追求以遵从最深层价值观和潜能的方式生活时,就会更符合人生使命感。这不是你觉得应该做某事的问题。相反,强烈渴望自我实现是你的成长动机。

作为一名领导者,追求不断完善的人生使命感会给你创造发挥最大才能的机会,也会促使你克服个人的局限性。事实上,你会比以往任何时候都更清楚地认识到,领导力发展要求个人成长。但是,你对个人成长的兴趣并不局限于它会影响你的领导能力。核心动机是希望在生活的所有方面都得到更大的满足。正如玛丽莲所言:

为什么只过一半的生活?为什么不体验完整的生活?作为一个人,如果你不尝试成长,就会缺失许多经历与情感。作为一个人,如果你意识到自己的存在,并且不断成长,就会营造更融洽的人际关系。我认为,不仅对作为一名领导者的你,而且对作为一个人的你,这一点都非常重要。

这种立场使共创者层次的领导者更诚实地面对自己真实的想法、感受与行为,更能尝试新态度并采取新行为,并且更积极地从体验中学习。

第8章
协同者层次：引发意想不到的可能性

克里斯蒂娜（Christine）在美国南方长大，就读于亚特兰大的埃默里大学，其间积极参与社会正义事业。大学毕业后，她进一步获得神学硕士学位，后来成为一家妇女与宗教中心的主管，该中心接受一家神学院联盟的资助。她和同事挑出了联盟中在政策和实践方面最具性别歧视和种族歧视色彩的神学院，同这些神学院的院长对立，揭露这些神学院的缺陷，组织抗议活动，试图让他们难堪，以此促使他们做正确的事情。

对抗策略没有奏效。事实上，这只会激怒那些神学院，使其坚决不屈服。该联盟拨给妇女与宗教中心的预算开始缩减，甚至一些神学院威胁完全切断预算。这段经历是克里斯蒂娜作为一名领导者获得成长的转折点。克里斯蒂娜认识到自己与同事在促进对抗而非变革，于是改变了该中心的策略：把焦点转移到对女性和少数族裔最友好的神学院上。妇女与宗教中心宣传这些神学院已经采取的积极措施，支持其院长，邀请他们向别人介绍自己的愿景与价值观。

新策略产生了奇迹般的效果。① 这非但没有造成负面影响，反而增强了积极的力量。克里斯蒂娜等人甚至设法把该策略用于先前对立的神学院。当该中心发现进步主义色彩最弱的神学院采取了某项消除偏见的积极举措时，会大力宣传该举措。那些神学院的院长最终成为妇女与宗教中心的坚定支持者，并且公开表扬其工作。②

随着职业生涯的发展，克里斯蒂娜担任过其他几个非营利组织的领导职务，并且越来越关注跨国公司对地球及人类未来福祉的影响。③ 她开始相信，自己的人生使命在商业领域从内部推动企业变革。后来，克里斯蒂娜进入一家《财富》50强高科技公司担任区域人事经理，非常低调地开始了新生活。

起初，克里斯蒂娜支持某位经理，后来由于该经理存在辱骂行政助理的行为，两人开始对立。然而，现在她已经形成非常平衡的权力风格。通过一系列坚定而温和的举措，克里斯蒂娜把这位潜在的对手转变为长期的朋友。克里斯蒂娜建议该经理对聘用少数族裔暑期实习生持更开放的态度，他感到迟疑，但还是决定尝试一下。结果取得了非常好的效果，以至于他同意在一所少数族裔高校定期举行招聘面试，这与在常春藤高校的做法一样。

这位经理返回公司后表示感到意外。他说，相比于接受面试的常春藤高校学生，少数族裔学生要成熟得多，并且他们已经证明自己是出色的管理者，除了学习全日制课程，往往还要从事两三份兼职工作

---

① 该策略符合肯定式探询（appreciative inquiry）干预方法，20世纪80年代初该方法产生于组织发展领域。应该指出，虽然这种策略有时会被协同者层次的领导者采用，但促变者层次与共创者层次的领导者也可以使用。参见库珀里德（Cooperrider）、索伦森（Sorensen）、惠特尼（Whitney）和耶格尔（Yaeger）：《肯定式探询》(*Appreciative Inquiry*)。

② 尽管克里斯蒂娜在该中心的变革中广泛采用了强调积极举措的策略，但她认为，该策略仅能用于特定的时间和空间条件下，这划定了可接受行为与不可接受行为的界限。例如，她认为这种策略在公民权利运动初期尤其重要。

③ 参见科尔滕：《当企业统治世界》。

以赡养父母、供养孩子。此外，这些少数族裔学生与常春藤高校的学生一样聪明能干。"他们仅仅缺乏富裕家庭学生拥有的经济支持。"这位经理与克里斯蒂娜共同制定了把这些少数族裔学生吸收进他们部门的举措。三年后，该部门已经实现超出平权行动①的目标，克里斯蒂娜也成为整个公司的招聘主管。

在接下来的几年中，克里斯蒂娜取得了许多非凡的成就。每项成就都符合她的人生使命，并且都对企业的成功与福祉作出了贡献。每当走到一个十字路口、感到矛盾或担忧时，她都会求助于"内心深处一个微弱的声音，一种深刻的认识：这既是我的一部分，又脱离了我自己"。尽管克里斯蒂娜起初往往不知道该如何着手，但这些"内在的提示"可以引导她采取符合人生使命的举措。她每次都能够利用自身的优势取得成功：与同事一次又一次合作，强调积极方面，把潜在对手转变为朋友和盟友。

在该公司工作六年后，克里斯蒂娜成为一个最重要业务部门的人力资源主管。任职期间，她被执行副总裁选中领导一项变革计划，旨在促使该部门转变成全世界最优秀的同类组织。克里斯蒂娜建议执行副总裁提出一系列有关愿景的问题，而不是他自己设想可能的愿景。所有层级的员工都被问到，他们可以做些什么来促使该部门成为全世界最优秀的同类组织。

克里斯蒂娜发起一项员工调查，收集到许多想法。她没有把所有想法汇集成悬在人们头顶的大量幻灯片，而是采用 15 年前曾经使用过的"读者剧场"方法：从调查中挑选关键性想法，以此为基础编写一个关于该组织的剧本。② 然后，她说服六位经理说出工程师和行政助理

---

① 平权行动是 20 世纪 60 年代以来美国兴起的一场社会运动，旨在防止因肤色、种族、宗教、性别等因素歧视少数族裔或弱势群体。——译者

② 克里斯蒂娜挑选时进行了匿名化处理。

的观点，六位工程师和行政助理说出六位经理的观点。这一戏剧随后面向该组织 30 位级别最高的经理演出。起初，全场一片寂静，接着是雷鸣般的掌声。观看戏剧的经理们表示，他们的认识已经达到了通过演示幻灯片永远无法实现的水平。

通常，最高管理团队对员工调查的回应是把推进变革的责任赋予下级人员。然而此次他们亲自承担发起变革的责任，鼓励并赋权所有层级的人以任何可能的方式为推进变革做贡献。① 在接下来的几年中，变成全世界最优秀的同类组织的意图在各种组织改进项目中得到贯彻。克里斯蒂娜在公司内外建立了一个令人难以置信的同事网络，所有人都支持她，愿意共同为推进变革付出努力。

加入该公司 11 年后，她受邀在年度女性大会上发表主题演讲，这是她几年前参与发起的一项活动。一阵担忧过后，她决定袒露心迹：询问人们能为公司做些什么是一个必要的问题，但这还不够。为什么？因为这把人们局限在了一家他们向来非常了解的公司里。真正的问题是：经过我们的努力，公司能够为这个美丽的、脆弱的世界，以及世界上受苦受难的、极其宝贵的人做些什么？

克里斯蒂娜的演讲触到了人们的痛处。整个公司的人纷纷作出积极回应。她自己都没有意识到，她的业务部门的愿景不再仅仅是成为世界上最优秀的同类组织，而是成为为世界作出贡献的最优秀的同类组织。该部门克服了各种艰难险阻，在她推出最初的举措六年后，终于可以理直气壮地声称已成为全世界最优秀的同类组织之一。

克里斯蒂娜也了解了格莱珉银行（Grameen Bank）及其引发的小

---

① 克里斯蒂娜获得了聘请一家大型咨询公司的预算资金。然而，她把这笔资金用于支持员工发起的变革项目。尽管没有拒绝任何申请资金的人，但她发现，多数人只是希望自己的付出被注意，并得到认可。

额贷款革命。① 这家银行每年向世界上最贫困的200万人提供5亿美元贷款，回报率达到惊人的96%。该模式成功地让许多人摆脱了贫困，受此启发，克里斯蒂娜发起了关于公司能做些什么的讨论。除了公司内部的新老志同道合者，她还与世界各国数十位在该领域有知识、专长与关系的人建立了联系。

在首席执行官的支持下，克里斯蒂娜经过三年的认真探索与实验，在公司内部与他人共同成立了一个初创组织。该初创组织与各国政府、国际发展团体合作，向各国的穷人提供促进底层社会经济发展的技术。这个创新型组织不仅向贫困社区的人们赋权，还通过吸纳新人才、发现服务于新兴市场的新商业模式来提高大型企业的竞争力。

克里斯蒂娜成为一名受欢迎的代言人，在这家公司中担任一个可以让她全身心投入变革项目的角色。克里斯蒂娜有非常强的倾听和创造性合作才能，这使她成为充满活力的全球变革推动者网络中的一员，其中的所有人都致力于运用智慧和善意，为每个人创造更美好的世界。每当遇到志趣相投的人，她总是让他们与能够帮助他们实现目标的人相互联系。

领导力对协同者意味着什么

年轻时，克里斯蒂娜认为伟大的领导者都是天赋异禀之人，或许可以遇到并追随某位真正的领导者，但自己永远不是这样的领导者。正如她当时的看法，致力于创造更美好世界的领导者，是那些选择投身于具有深刻意义和使命的宏伟故事之人。她说，首先你需要找到一

---

① 关于格莱珉银行和小额贷款革命的信息，参见康茨（Counts）:《给我们贷款》(*Give Us Credit*)。

个值得付出终生努力的故事，或者在那些你认为有吸引力的事业中创造一个新故事。①

为了作出解释，克里斯蒂娜讲述了自己的故事：世界上大量企业必须成为地球的管家，这是她的愿景。她承认，有许多让人感到绝望而不是看到希望的证据。然而，她仍然觉得自己选择的故事有希望，令人信服。通过与他人合作，发挥优势，强调积极举措，领导者可以把对希望的务实承诺变成自我实现的预言。她相信，如果你投身于深刻而有意义的故事，优秀人才会受你吸引，事态发展也会超出预期。

克里斯蒂娜的例子表明，协同者层次领导者怀有不断完善的人生使命感，通常表现为强烈关注人类在全球范围内面临的问题。他们强烈倾向于让自己的领导举措符合人生使命，即使在目标非常具体的组织中工作。他们常常经历树立矢志不渝的目标的时刻。在这些时刻，他们可能会有一种非凡的感受，自认为是在正确的时间、正确的地点出现的正确的人；或者他们可能对下一步行动产生强烈的直觉，这将使他们保持"有意识地觉察"。

协同者层次的领导者非常乐于熟悉各种形式的权力，培育"临在的权力"，这也是一种微妙的利益相关者敏捷度，以活在当下为中心。这种取向使协同者层次领导者有才能深入地与他人、团体、组织进行协调。有时候，他们可以感觉到微妙的能量动态，若处在先前的领导力敏捷度层次上，他们无法感觉到这种动态。临在的权力还使他们能够关注公共利益，以准确且有同情心的方式包容利益相关者（包括他们自己的）相互冲突的多种观点和利益。

---

① 克里斯蒂娜使用术语"故事"的方法类似于基恩（Keen）和瓦利－福克斯（Valley-Fox）在《你的传奇之旅》（*Your Mythic Journey*）中的用法，基恩和福克斯在该领域的作品以神话作家坎贝尔（Joseph Campbell）的作品为基础。

当协同者层次领导者与他人合作解决非结构化问题时，他们在意识中能够保持心智与情感的复杂性，这种本领可以产生协同直觉，有助于采取对各方都有利的方式，从而解决貌似不可调和的冲突。然而，即使当这些直觉突破似乎可以实现时，协同者层次领导者通常仍会感到有必要通过反馈或在行动中检验他们的想法来复核观点的实际有效性。

协同者层次领导者个人成长与职业发展的动机源自一种愿望：全心全意地生活，真正地造福他人。关于自己的五种感官、实体存在、思考过程、情绪反应，随着协同者层次领导者形成直接的、注意当下的意识，他们的自我意识会表现出一种新颖的、即时的品质。因此，协同者层次领导者不仅对自己的习惯性反应形成了更强的意识，也能体验人生的喜乐与奇迹。

尽管这是本书介绍的最后一个敏捷度层次，但非常重要的是，不能过分理想化，误认为已成长至该层次的领导者"一定如何"。一方面，协同者阶段并非人类成长的终点。[①] 另一方面，作为个人，成长过程并非旨在实现完美，而是一段趋向完整的旅程。

本章其余的故事说明了这个层次的领导者具有非凡的敏捷度，同时也展现了他们的人性与多样性。杰夫（Jeff）是一家非常成功的财富管理公司的老板，也是巧妙解决冲突的专家。唐（Don）是一家基金会的总裁兼首席执行官，因擅长创造互利机会并解决难题而闻名。斯坦（Stan）是一家《财富》50 强企业的公司治理高级副总裁，调动了一个 IT 组织的积极性，该组织一度是提高整个公司敏捷度的障碍。最后，在某一流大学中，健康教育项目的不同利益相关者存在严重冲突，劳拉（Laura）解决了这个噩梦般的问题。

[①] 本书附录 B 的最后几页讨论了超越协同者的阶段。

协同者层次的关键对话

杰夫是繁殖感公司（Generativity）的首席执行官，这是一家独一无二的、非常成功的财富管理企业，总部位于伦敦，在纽约、巴黎、法兰克福设有分支机构。"繁殖感"概念源自发展心理学家爱利克·埃里克森的作品，其含义在一定程度上接近创造性，但特指成年人对后代福祉的贡献。① 该公司以一句经常得到引用的非洲谚语作为口号："这个世界不是父母留给我们的，而是子孙后代借给我们的。"

繁殖感公司的财务规划方式超越了传统方法，传统方法通常仅限于关注客户的财务目标和风险承受力等容易量化的因素。繁殖感公司的顾问建立了彼此高度信任的客户关系，并帮助客户阐明自己的核心价值观和最衷心的愿望。他们与每个客户合作，然后共同拟定一份健全的财务规划，从而实现上述愿望。该方式为公司吸引了一批忠诚的客户，并赢得了商业媒体的赞誉。

繁殖感公司独立运作，不接受佣金或中间人的费用，也不出售自身业务之外的服务。该公司专门为高净值客户服务，并采取一项控制增长的战略，每年仅选择有限数量的新客户。毫不奇怪，公司的多数客户都想要为世界作出具有持久价值的贡献。

这些合作伙伴致力于建立的组织具有如下特征：秉承相互尊重和慷慨大度的价值观管理客户关系、内部工作关系、公司与外界的关系。作为这些价值观的具体体现，繁殖感公司采取对社会和环境负责的方式运作，根据这些标准审查投资，把一定比例的利润捐赠给慈善机构，

---

① 请参阅埃里克森关于繁殖感阶段的深刻传记式研究：《甘地的真理》（*Gandhi's Truth*）。"越来越多的心理学研究表明，高繁殖感是心理健康和成熟的标志。根据繁殖感衡量，得分高的人往往比得分低的人生活更幸福，并且抑郁和焦虑的可能性更低。"引自麦格拉思（McGrath）：《繁殖感：成功的新定义》（Generativity: The New Definition of Success）。

还为员工制定了利润分享计划。

合作伙伴经过密切合作作出的决策，每周都会在全体会议上公开讨论，合作伙伴也被鼓励积极参与。杰夫和合作伙伴也非常重视个人成长。在冥想或其他类似练习（如瑜伽、太极、气功等）方面，每位合作伙伴都有数十年的经验。[①] 他们还优先雇用那些不仅承担社会责任和环保责任，而且注重个人成长的人士。

杰夫以擅长解决人际冲突而闻名。作为一名财务顾问，他之所以赢得这种赞誉，部分是由于财务技术娴熟，部分是由于处理难题的本领突出。例如，他擅长帮助夫妻解决金钱方面的冲突。员工们强调，杰夫能够巧妙处理客户的投诉。连杰夫的妻子都说，他非常善于处理冲突。当被问及为什么别人会这么看他时，杰夫坦言：

我认为，这源于我在不自在的情景中感到越来越轻松自如。这是逐步形成的，主要归功于冥想练习。多年前，我开始进行冥想练习。起初，我的动机平淡无奇：希望自己思维更敏捷，以便取得更好的考试成绩。后来我发现，冥想练习让我在社交方面变得更自信了，帮助我在大学期间顺利担任了某些领导职位。

大约七年前，我才开始与一位真正的冥想老师合作，每天都进行冥想练习。在我的经历中，主要的具体做法是有意识地对发生之事不做判断，学会不排斥任何想法或感受，欢迎出现的一切想法或感受。

近年来我注重把这种意识融入日常生活情景——首先是非常简单的情景，如沿路散步，接着是更复杂的情景，如与他人交谈。

通过冥想培养上述体验各种情感的才能（进而将其融入日常生活与工作），这就是你提到的巧妙解决冲突的本领背后的原因。

---

① 太极和气功是源自古代中国道教传统的运动和注意力练习方式，旨在提高生理、心理和精神的健康水平。

我们请杰夫介绍一个这种才能发挥作用的情景，尤其是同他人的关系比较紧张的情景。他讲述了下面的故事：

大约四个月前，我们公司伦敦办事处的经理离职了，于是我提拔汤姆（Tom）接手相关工作。起初，我认为汤姆的工作表现不错。但几个月后，员工纷纷向我抱怨他难以共事。

当然，我对此有点担忧。我实地了解了相关情况，采取各种方式与汤姆的同事交谈，并且找机会观察他在工作中的表现。下级人员感到，汤姆总是批评他们，试图控制他们的一举一动。一些人感到非常恼火，也有一些人只是感到沮丧。他们说，汤姆难以共事，经常喋喋不休地自吹自擂等。

通过这些交谈，我指导员工如何应对汤姆的上述怪癖。但为了从根本上解决问题，我知道需要与汤姆深入交流。为此，我邀请他共进晚餐。

此时，我们请杰夫仔细回忆，复述接下来发生的事情，并用现在时态进行介绍。

我为会面做的准备工作，不是试图弄清楚发生的事情，而是围绕汤姆本人进行冥想练习。我注意到，自己心中存在某些困惑和恐惧感，还有一定程度的悲伤。汤姆工作非常努力，在许多方面表现出色。然而，他在用自己的方式开展工作，并且不是非常喜欢手头的工作。我看到汤姆的神情，能够感受到他内心的紧张。我觉得汤姆有支持他继续成长的才能，但也可能自我封闭，变得过于防卫。伴随这种"不自在"的烦恼，我对汤姆产生了一种同情，于是决定帮助他应对当前的局面。

接着，我们请杰夫介绍晚餐的经过，他说道：

我坐在汤姆对面点餐,然后把注意力转回自己身上。我放弃了本来想说的话,打算只听他说。汤姆已经开始罗列过去两个月内完成的工作清单,他的语气局促不安,并具有防卫性。在某个时刻,我怀疑他是否愿意接受反馈信息。然后,我就完全让他表达自己的看法。我一边领会着他的话语和能量,一边体会他此刻的真实感受。

我非常诚恳地说:"汤姆,即使没有实现这些卓越的成就,你也是公司的宝贵资产。你的工作极为高效,在每个岗位上都作出了卓越贡献。"我看到他吸了一口气,然后呼出一口气,终于放松下来。他的防卫性消失了,整个举止发生了变化。我感到惊讶,同时又觉得在意料之中。我不想干扰事情的进展,只想保持彼此之间已经营造出的坦诚氛围。

汤姆问我,是否可以推心置腹地告诉我某些自己生活中遭遇的重大危机。我说:"当然。任何你觉得可以分享的事情,都可以告诉我。"他向我讲述了一件非常痛苦的往事——任何人都难以想象之事。由于这件事,他在很大程度上丧失了自信。他说,他经常在工作中自我孤立——基本上承认了他人的所有抱怨。

汤姆说:"奇怪的是,我非常期待这顿晚餐,因为我希望你能告诉我,我做得非常不错。但当你真的这么做时,我认识到,听到别人说这些话并不能抵消我对自己的感受。我不过是在兜圈子。我对自己感觉糟糕,所以做他人不喜欢的事情,这进一步让我感觉糟糕,如此反复。"

此时我说,如果他真心想要改变这种状态,公司愿意为他聘请一位教练。他说:"是的,我确实需要帮助。我很想改变。"令人惊讶的是,我不需要说出其他人的反馈意见,他对此一清二楚。三个月前,汤姆开始接受一位教练的指导,现在已经产生了非常明显的效果。

我们对协同者层次的关键对话很感兴趣，于是采访了西雅图某基金会的总裁兼首席执行官唐。他是一名敬业的、谦逊的领导者，擅长解决难题和创造互利机会。他的办公室中装饰着许多来自亚洲、拉丁美洲以及其他地区的艺术品，其中多数是他早年为各种教育和人道目的出国旅行时收集的，墙上挂满了旅行期间和近期访问基金会支持的组织时拍摄的合影。

唐的基金会有约20年的历史，采取收费模式经营。基金会通过接受捐赠和投资来筹集资金，然后向各国的组织提供赠款或贷款，以促进可持续的经济发展、政治平等与文化自治。基金会还以慈善管理、社区投资、咨询服务、教育项目的形式提供额外援助。

人们公认唐是一名有创意的思考者，当我们询问这一点时，他回应道：

我不得不表示同意。去年夏天我参加国家训练实验室（National Training Laboratories，NTL）的一个领导力项目时，确实收到了许多这样的反馈。[①] 有人告诉我，他们觉得我发自内心地从事领导工作。意思是说，我首先用心感受所处的情景，然后才用大脑思考。整个过程可能会很快完成，但我注意到，这是我产生一些最有趣、最有用的创意的原因。

我们问唐，能否用类似慢动作的方式描述该过程，唐说道：

该过程始于我多年来拥有的一个意图。每当有人走到我的门口，我内心的问题总是："我能为他做什么？"这个问题会引导我进入一个非常深刻的领域，犹如身体的分子运动慢下来了，我进入了一种半冥想状态。我变得只注意当下，以至于能够真切感受到他人的情绪。

[①] 国家训练实验室是一家非营利性行为心理学研究中心，1947年由科特·勒温创立，对克里斯·阿吉里斯、沃伦·本尼斯等人的研究产生了重大影响。——译者

这并非把自己的感受投射到他人身上，而且我也没有想："他一定会感到这样或那样。"对此，我能做的最佳描述是，对于他人的情绪状态，这是一种直接的、发自内心的体验，犹如脑海中灵光一闪，继而各种创意开始涌现。

我们问唐能否介绍一个最近发生的例子，他说：

几个月前，一位男士坐在我面前，就在你们现在坐的位置。他代表一家认证有机产品的非营利组织。该组织接受了我们基金会的大笔资金，并且取得了辉煌的成绩，年增长率高达20%。

但他们对客户调查结果感到担忧。数年前，小部分消费者已经开始购买有机产品了。该组织的增长很大程度上依赖这些尝试新产品的消费者。关于有机产品的真正好处，这部分消费者的理解似乎非常肤浅。由于有机产品的成本越来越高，该组织担心消费者的兴趣会剧烈变化。

他们认为，解决办法是更好的消费者教育。但由于多数收入来自许可，他们觉得接受捐赠与开展消费者教育会产生利益冲突。

许多时候，人们会对这些问题感到非常痛苦和焦虑。这些问题与组织履行使命的本领有关，并且他们感到许多事情都处在紧要关头。在这种情况下，我能感受到心脏下方的位置（心口）疼痛。我感受到了纠结情绪。

你可能称之为感受问题，在我看来，这与得到解决办法之间存在一个未知的空间。这犹如一种易接受的预感——如果有这个词的话！这个空间的存在可以非常短暂，也可以更长久。我需要对此多加关注。通常情况下，当我停留在这个未知空间的时间略长时，围绕问题各个方面的创意就会涌现。

当时，正如我说的，我感受到灵光一闪，思路被打开了，创意开始涌现。我得到的主要创意是，基金会可以设立一个基金，致力于促进有机产品领域的消费者教育。进而，被授权商和任何对该问题感兴趣的人都可以向该基金捐款。

这是一个非常前卫的创意，因为它需要基金会与受资助机构相互高度信任，并且运作非常透明。通过被授权商与基金会直接联系，这家非营利组织会承担下述风险：基金会可能无法妥善处理这些关系，或者得知关于授权项目的负面消息。但由于相互高度信任，这家受资助机构接受了上述创意。唐补充道：

当这个创意变成对话内容时，我可以发现某些真正需要的东西被创造出来，一种喜悦和感激之情涌上心头。尽管整个身心都能够感受这种情绪，但该过程最终会回到我的内心。

有时似乎更宏观的因素在发挥作用。在刚刚介绍过的会面后不久，我飞到洛杉矶访问那里的办公室。在走出宾馆去找地方吃午餐时，我恰好遇到一位女士，她是基金会的一位大客户。我们共进午餐，商讨了许多事情。潜在的新事业涌现出来。在谈话中，我提到为有机产品领域的消费者建立新基金，她突然想到一位能够提供重要帮助的高净值人士。

这类事情经常发生，令人非常惊喜。当你感到某些更宏观的因素正在发挥作用时，你应该积极顺应。当你这么做时，往往受益匪浅。

协同者层次的团队领导

当弗兰克（Frank）走进斯坦的办公室时，后者关掉了笔记本电脑。斯坦已经60岁了，但依然精神矍铄，他很久以前就学会了感知他人。这没什么奇怪的，只不过是高度注意自己和他人的实际存在。

在几秒钟内，他就能够准确感知弗兰克的状态及其对坦诚对话的准备程度。

弗兰克有点紧张，这是可以理解的。斯坦此前被任命为这家《财富》50强制造型企业的临时首席信息官，是弗兰克的直接上司。在过去的五年中，信息技术部门在领导力方面始终存在缺陷。前任首席信息官采取一种不干涉的中心辐射型管理方式。他的直接下属过于关注内部客户，导致组织出现碎片化。

公司的新任首席执行官熟悉信息技术。上任六个月后，他宣布计划打造一个新的信息技术部门，从而帮助公司超越竞争对手。为了推动这项变革，斯坦被任命为临时首席信息官，从1月到7月要完成两项主要任务：引导这个2 000人的组织朝着正确的方向前进；寻找一位能够实现该愿景的新首席信息官。

斯坦作为一名内部组织发展顾问的任职时间长达25年，并且后来任职于一系列直线管理岗位，为公司在欧洲、非洲、亚洲的新兴市场制定新战略和组织结构。他的正式头衔是公司治理高级副总裁，直接向首席执行官和董事长汇报工作。关于先后四任首席执行官的继任问题，他曾经向董事会提出建议，现在仍然为首席执行官和董事会提供咨询——这非同寻常。[1] 就在被任命为临时首席信息官前，他刚刚完成了作为人力资源主管的临时任务，在任期间调整人力资源战略，作出重大的人事决策，推进必要的变革，并找到一位继任者——所有这些都在短短几个月内完成。

虽然斯坦极为聪明且能说会道，但他能够让共事的人感到轻松惬意。很快，弗兰克告诉斯坦，自己希望接任首席信息官，并讲述了自认为有资格担任该职务的理由。斯坦说，他很欣赏弗兰克的坦率，接

---

[1] 在多数情况下，新任首席执行官不希望有人与董事会长期保持密切关系。然而，斯坦成功赢得了每位新任首席执行官的信任。

着把谈话引向了最关心的问题:弗兰克和同事准备如何变革信息技术部门,从而帮助公司超越竞争对手?

几个月前,公司的高级领导团队批准了一项计划,准备设立一个整合的供应链部门(类似于财务部门和人力资源部门),从而为公司的所有五项业务提供服务。这个新部门将会在未来几年为整个公司节省数十亿美元资金。在评估公司为实施此次变革所做的准备工作时,高级领导团队审视了所有的支持性部门。战略和法律部门已经准备就绪,人力资源部门可以帮助推进变革。财务部门需要学会以不同的方式看待问题,这并不是一个难题。唯一的障碍是信息技术部门,除非该部门改变管理和组织方式,否则会成为企业变革的障碍。

斯坦迅速改变了前任首席信息官的中心辐射型管理方式。前任首席信息官每三个月召开一次部门会议。斯坦每月都会召开一次全天会议,并且前一天会与参会者共进晚餐。会议之间的几周,他会举行半个小时的电话会议,迅速提出自己的观点,然后简要讨论。他还会召开月度网络会议,向信息技术部门分布在全球的每位成员传达最新消息。

在头两次现场会议中,斯坦重申了首席执行官代表公司高层对信息技术部门提出的愿景,并试图让员工努力与其保持一致。由于斯坦对信息技术专业领域不熟悉,所以严重依赖自己作为一名组织发展顾问掌握的辅助技能。经过两次会议,他了解了该团队是如何变得碎片化的。

马蒂(Marty)是战略与架构领域的年轻专业人员。每当他发言时,五位同事中总有两人(弗兰克和加里(Gary))会反驳。但如果弗兰克主动提出并主张某个观点,加里也会立刻反驳。反之亦然。这是一种糟糕的群体动态。我打断了几次,并描述了我看到的事情。他们承认自己的所作所为适得其反，但依然如故。

就在第二次会议后，我突然认识到：无论是否有意，在他们心目中我都犹如一名代课老师。他们仅仅是在应付，等待真正的首席信息官来告诉他们做什么。

到第三次月度会议时，关于自己对信息技术部门管理团队的感知，斯坦已经同该部门内部客户、该部门中层经理、公司高级领导团队进行了讨论。该管理团队过于碎片化，无法有效支持企业的变革。若时间足够，斯坦自认为可以将其打造为能够作出最优决策的合作型团队，但其他部门不能等那么长时间。

斯坦退后一步，把自己的管理团队视为更大系统（依次为信息技术部门、公司、全球市场）的子系统。从这个视角出发，斯坦认识到需要彻底修正自己的方法：

我想到的是能量场的比喻。我需要在团队周围建立一个"容器"或力场——创造条件，引导他们提高绩效，团结一致，为已知该做的事承担集体责任。①

其中一个条件是坚定不移地讲真话。团队成员需要知道自己的绩效如何，也需要知道利益相关者正密切关注他们。对于一个碎片化的、合作才能非常有限的团队而言，这样做是正确的吗？我想，如果我把他们视为值得高度信任并且能够不断成长的人，那么他们也许能够应对这种局面。

在第三次月度会议开始时，斯坦请首席执行官来与团队成员交谈，并在会前提醒他应开诚布公。

---

① 关于团队"容器"和"对话场"的详细讨论，请参阅艾萨克斯：《对话与共同思考的艺术》(*Dialogue and the Art of Thinking Together*)，第 239 ~ 290 页。斯坦没有采用艾萨克斯概述的方法，但在团队周围建立容器或能量场的想法与艾萨克斯在理念上相似。

他做得非常好。他有丰富的信息技术工作经验，并让团队成员知道他理解面临的挑战及其复杂性。与此同时，他明确表示，信息技术部门是提高企业绩效的主要障碍。他非常具体地指出，如果信息技术部门能够迅速行动并帮助实现该目标，那么改善的供应链部门会带来什么成果（以及如果不这样做会付出什么代价）。

当首席执行官离开后，斯坦公布了从公司高级领导团队和信息技术部门中层经理那里收集的反馈信息。尽管团队成员被视为非常能干的专业人员，但上下级对他们作为一个团队的运作状况深感失望。尽管公司各业务部门曾经对其绩效感到满意，但现在需要信息技术部门来支持重组，这些业务部门将会在一个新水平上运作。

我列举了两个非常典型的例子。一年半以前，他们就一套项目组合管理流程和一项重组计划达成一致。这两项变革将有助于支持企业的重组，但两者都没有得到落实！

在此次会议前，斯坦仔细研究了最初的项目组合管理流程提案，并且准备发布担任首席信息官以来的第一份声明：新流程必须在6月1日前实施。

我给了他们两个半月时间，让他们从支持公司新组织结构的角度来确定各项目的优先次序。他们对截止日期感到惊讶，但我知道，如果他们组成一个合适的团队，就能够做好相关工作，并且按时完成。

斯坦说，他还审查了停滞的重组计划，并告诉人力资源经理，他准备从下面两个层级抽调20名最优秀、最聪明的员工组成一个团队，用两个月时间审查最初的计划并提出相关建议：鉴于我们现在需要发挥的作用，这项计划能让我们实现目标吗？如果不能，那么需要进行哪些修改？两人当场拟定了成员名单。

我告诉他们："在 5 月份的会议上，当信息技术部门管理团队提出相关建议时，你们需要当场决定想要如何推进重组工作。接下来需要立刻予以落实。我会在随后一周的月度网络会议上传达此次会议的成果。"①

为两者设立最后期限帮助斯坦实现了其他目标。但对于公开采取行动，他遭到了管理团队的抵制。

为推进项目组合管理流程，他们必须与内部客户进行艰难的对话，这些客户需要获得新的支持，并且希望先前的承诺得到履行。但当你大声说出来时，他们会感到有点尴尬，因为你知道，要么接受变革，要么由于逃避现实而遭遇失败，再无其他选择。

在接下来的两个月中，斯坦确保组织的其他成员都了解正在推进的变革。他常常重申首席执行官的观点，即目的并非削减成本或精简职能，而是提高有效性。关于信息技术部门的重组流程如何运作，斯坦与管理团队进行了讨论，并告诉那些低层级成员，他们将参与确定相关的细节。

在 5 月份的会议上，当重组团队的三位代表提出他们的建议时，斯坦说："再过几个月，我就不在这里了。你们将领导这次重组。我将离开这个岗位，而你们将扮演集体首席信息官的角色。"

当我离开会议室时，我感到已经为构建力场迈出了最后一步。他们面对的是三位备受尊敬的人（代表组织的其他部门）。他们也非常清楚，公司的高级领导团队在关注其行动。没人告诉他们信息技术部门的新组

---

① 请查看《我们的快速变革过程》（Fast Track Change Process），网址是：www.changewise.biz。

织结构应该如何，但我觉得，他们很难不站出来作出妥善的决策。

斯坦离开后，团队成员偶尔会产生分歧，但他们会退后一步，认识到各自在使用不同的语言表述同一件事。他们认可了团队的建议，进行了若干修正，并把部分设计留待落实时再确定。在斯坦看来，让此次会议如此富有成效的原因是"在团队周围建立的力场、容器以及环境"。两周后，也就是6月1日，项目组合管理流程开始实施，刚好赶上斯坦定下的最后期限。

7月，斯坦及遴选委员会选定了新任首席信息官卡罗尔（Carol）。在正式上任前，斯坦邀请她参加当月的管理团队会议。

头一个小时，卡罗尔静静地坐着倾听。第二个小时，她询问了若干问题。到第三个小时，她开始阐述自己的看法。会议结束时，她成了货真价实的新任首席信息官，明确表示支持我们确定的新方向。推进变革的所有障碍都被消除了。现在，她已经投入工作，加快了重组步伐，这与整个公司已在推进的重组计划完美契合。

最后我们问斯坦，激励他在这家大型企业继续扮演各种角色的使命感是什么。他说：

我获得了宝贵的机会，不仅可以制定继任规则，而且可以塑造公司得以保持竞争力的运营模式。进入21世纪，我认为我们有机会创造某些事物，10年后人们回顾时会说："哇！这正是你吸引、识别并培养最优秀领导者的方式。因此，在持续的且通常具有颠覆性的变革过程中，这也是你迅速、灵活、回应性地组织各项工作的方式。"

我希望公司成为对社会和环境负责的模范大型企业。作为公司治理高级副总裁，我与质量高级副总裁密切合作，在公司的最高管理层倡导社会责任、环境保护、安全生产等理念。新任首席执行官也非常重视这些问题，这对我们大有帮助。

作为一家全球制造型企业，我们可以在最大限度减少环境影响的同时，构建一种卓越的财务模式。我也希望看到，公司在既有成就的基础上继续前进。当前我们正在通过发展当地经济解决人们面临的医疗、教育、交通问题，同时利用公司的必要手段为极度贫困之人提供所需的资源，并对他们赋权。这就是为什么我喜欢去印度，为在那里开展业务的大型企业提供公司治理方面的建议，以便它们能够筹集资金，并与世界上更发达的地区建立联系。

对我而言，最重要的是与世界上犹如点点繁星般的各界人士相互交流，努力让世界变得更美好。

协同者层次的领导组织变革

劳拉与博尔德①的朋友们相处融洽，得知丈夫身患癌症之初，她在几个月内悲痛不已，朋友们提供了无私的帮助，因此劳拉非常不愿意离开他们。当她开着U-Haul公司②的卡车穿越堪萨斯一望无际的麦田时，伤感如麦浪般袭来。过去一年来，她似乎在不断失去自己珍视的一切：埃里克（Eric），她的微笑始终让劳拉如沐春风；博尔德的其他朋友；博尔德的山川美景。现在，她已经知道如何应对悲伤情绪，如何面对未来的一切。

卡车飞快地驶往新英格兰地区，劳拉不禁对未来的新生活产生了一丝期待。过去三年中，她在博尔德一所大学运作一个创新的健康教

---

① 博尔德（Boulder）又称圆石市，是美国科罗拉多州的城市。——译者
② U-Haul公司是美国的一家搬家卡车租赁公司，1945年创立，总部位于亚利桑那州的凤凰城。——译者

育项目。尽管劳拉只有32岁,但已进入波士顿一所顶尖大学行政人员的视野,并在该校的学生医疗中心获得了一份新工作。

新工作包含两项任务。劳拉需要拿出一半时间监督一系列提高学生健康水平的项目,涉及毒品、酒精、抑郁、焦虑、饮食、强暴预防、性健康等问题。另一半时间需要变革并管理一个项目,该项目在学生医疗中心给医学院预科学生志愿者提供担任医疗助理的机会。

劳拉对医学院预科学生项目特别感兴趣。聘用她的学生医疗中心主任查尔斯(Charles)说,该项目采用的模型已超过10年,现在已经过时。他希望劳拉在波士顿表现出博尔德项目中卓越的创造力。对劳拉而言,这听起来是一份完美的工作。利用创新的教育形式,培养未来具备更广阔医疗保健视野的医生,这非常符合她的人生使命。

在8月初抵达波士顿时,劳拉对这个医学院预科学生项目没有预先的计划。她打算在第一个学期熟悉这两项任务,了解学生的状况,思考应如何运作一流大学的创新性医疗助理项目。

第一次会面时,查尔斯让劳拉给所有医学院预科学生发送一封邮件,除了自我介绍,还通知他们该项目当年不再招收任何新志愿者。查尔斯说,这个项目正在缩减规模。劳拉感到非常震惊。当得知缩减规模是查尔斯想要推进的一项变革时,她告诉查尔斯自己大吃一惊。

查尔斯没有表示任何歉意,只是解释道,该项目的成本非常高,为了保持可行性,它必须满足医疗中心和志愿者双方的需求。在很长一段时间里,志愿者满足了医疗中心的真正需求。但现在有60名学生参与该项目,他们减慢了病人的就诊速度,缩减了病人与专业临床医生的接触时间。

劳拉发送了这封邮件。后来她说,接着发生的事情"极其糟糕"。

我很快就收到了具有攻击性的邮件。我没有夸张。有些学生来到我的办公室，怒气冲冲地说："你竟敢这么做！"我非常不喜欢冲突，因此对学生的回应感到非常痛苦。①

接着，学生的父母开始向该校支持医学院预科学生的组织抱怨。我接到一些电话，打电话的人质问："你是什么意思？你要把学生从项目中赶走吗？这会损害他们未来的职业生涯！"

为此我去找查尔斯沟通，结果了解到，我的邮件是学生收到的关于项目变革的第一封信。管理层甚至没有通知学生我的前任已离职。这封信引起的反应令查尔斯大吃一惊。他表示会与医学院预科学生的相关组织沟通。除此之外，每当我求助时，他都极力推诿，说知道我是一位聪明的、有创造力的、受欢迎的人，一定能够妥善处理此事。

当明白这是查尔斯唯一愿意作出的回应时，我感到非常沮丧。在很短的一段时间内，我极其消沉，感觉自己被骗了，是一名受害者。为了这份看似完美的工作，我作出了重大牺牲，到头来却是一场噩梦。同时我也恨死了自己：为什么当初不详细了解这份工作呢？为什么没有问查尔斯已经向学生传达了哪些信息呢？

最重要的是，我再次遭受令人悲痛之事，埃里克也去世了。我明白，对待悲痛的最佳方法不是自我封闭和沉溺其中，而是按照一定的节奏梳理和平复情感波动。因此，我在生活中为有关埃里克的感受腾出了空间，同时也为丧失"完美的工作"产生的感受留下了空间。

这让我内心产生了某种力量，反而不再沮丧。我知道，在人生的宏观计划中，这些不过是过眼云烟。直觉告诉我，从事这份工作是我的一项使命。我觉得，如果我努力前进，忠于使命，那么问题必然会以某种方式解决。

---

① 由于劳拉具有非常高层次的自我意识，因此长期以来她非常清楚自己对冲突感到不适。然而，她能够置身高度冲突的情景，因为她已经知道自己可以忍受这种不适感，只要它一出现，就用心去体验并使其逐渐平复，就像体验丈夫去世造成的悲痛一样。

在那个时候，我得知有几位学生准备集会，他们打算联合其他学生共同撰写一封抗议信。与学生打交道是我的强项，因此我要求与他们面谈。

劳拉与两位能言善辩的医学院预科学生德鲁（Drew）和本尼（Benny）见面，亲自了解到学生把医疗助理项目视为非常宝贵的机会，他们可以从中获得大量实践经验，在申请顶级医学院时就会具备一定的优势。在几次类似的会面后，劳拉决定主动采取措施，把关键利益相关者聚集在一起。

我召集所有医疗助理开会，多数人都到场了。我还邀请医疗中心其他6位行政人员中的3位参加会议。① 查尔斯声称抽不开身，没有参会。

我在会议开始时说道，我们来这里旨在围绕医疗助理项目进行坦率交流。我讲述了自己的经历，以及在博尔德从事的若干创新性项目。然后，我指出了医疗中心的这个项目存在的问题，但对于如何解决这些问题，我表示尚未作出任何决定，欢迎参会者提供意见。接着，我把话题转移到参会者的关心的问题上。

会议气氛非常紧张。不知什么原因，参会者认为项目会被取消，我不得不多次重申不会取消。尽管如此，发言的学生仍表示不希望项目有任何变革。最后我表示，我会继续与学生、行政人员会面，直到所有问题都得到妥善解决。后来，当参会者纷纷离开会场时，一位名叫贾斯汀（Justin）的学生朝我走过来。他非常愤怒地声称自己遭到了背叛、受到了伤害，还向我吼道："我永远不会原谅你！"离开会场时，我差点落泪。

---

① 该医疗中心的规模庞大，共有7名行政人员和100多名员工。

接下来的两个月里,劳拉继续同德鲁、本尼见面,两人被学生推选为代表。她也同医疗中心的行政人员、员工举行了一对一谈话以及团体会议,还召开了三次全体人员会议。这是一个极其困难、复杂的过程,因为每个人都有不同的计划,并且都对其他人感到失望。

在这家医疗中心工作的护士分为三个等级。①护理主任不喜欢这个医疗助理项目,因为仅受过初步专业训练的执照护士往往袖手旁观,让志愿者去做那些本该他们从事的工作。其他护士有时会作为志愿者实际上的导师。他们喜欢这个角色,因此不希望改变项目。而医生抱怨没有得到与病人接触的足够时间。

该项目通常持续三个学期。进入医疗中心开展工作前,医学院预科学生需要在一个学期内接受60～80小时的专门培训。学生及其父母认为这个学期非常有价值,并希望医疗中心提供更多机会,从而增大申请医学院时的优势。相比之下,劳拉的行政人员同事都希望减少医疗中心的志愿者人数,他们每个人对项目的看法不一。她感觉到,有些人对此并不在乎,只是想息事宁人。

劳拉认为,相比于科罗拉多州博尔德的社会工作与公共健康专业学生,该校医学院预科学生的目标更单一。博尔德的学生希望在社区、社会、政治领域有所作为。波士顿的医学院预科学生对医疗保健的看法狭隘得多,仅关注自己未来的职业生涯。她认为,如果学生学会沟通与团队合作技能,获得一定的拓展经验,那么该项目会变得更有吸引力,也更有意义。通过与校园、社区中的人互动,学生能够了解更宏观的医疗保健背景。

必须找到一种方法,修正该项目,使其更完善,这不仅对学生有利,也对所有利益相关者有利,劳拉自认为是唯一持这种想法的人。

---

① 美国的护士分为三个等级,由低到高分别为:助理护士(nurse aide)、执照护士(licensed practical nurse)、注册护士(registered nurse)。——译者

我处理事务的方式是以同情的态度同每个团体沟通，从他们的视角出发审视所处的情景。会议结束后，我有时会打电话询问参会者："对于你的担忧，我的理解准确吗？你觉得这个主意怎样？"

在脑海中兼容所有这些错综复杂的事情有时会令人无所适从，甚至让人发疯。我制作了相关的表格，画了许多图。当我对所有观点都有了清晰的理解后，就会提出几个修正方案，但我找不到满足所有人需求的方案。然而，我知道一定有解决办法。

找到解决方案的压力日益加大。在召开第四次全体人员会议前一天的傍晚，劳拉在会议室的墙上贴满囊括所有不同观点的图表。第二天早晨，起床后洗澡时，随着水流的喷洒，各种观点在她脑海中重新排列组合。所有一切突然结合在一起了，她迅速穿好衣服，把一切都记录下来。①

突然间，我明白了这些各不相同的需求和观点如何能够真正地结合在一起。我很快就整理妥当，这样就可以在下个学期培训相关人员。说实话，我觉得自己发现了超乎寻常的事物。②

---

① 埃文斯和罗素在《创造性管理者》中提出了一个五阶段创造性过程模型，劳拉的故事体现了其中的每个阶段：准备（收集所有不同的观点）、挫折（持有彼此冲突的观点却没有解决方案，这使人感到不适）、孵化（用数周时间仔细思考）、洞察（洗澡时的经历）、解决（同他人审视该想法，并通过实践检验）。这个创造性过程模型非常接近先前的模型，区别在于增加了一个挫折阶段，我们认为这非常有价值。

② 我们问劳拉，在她的生活中，是否会定期发生某些事情有助于她形成这种直觉性洞见。她回应道："我坚持不懈的是，每周参加一次某宗教的集体欢乐。这群人来自波士顿地区，彼此不拘一格，在该群体之外，我几乎没有见过类似的人。聚会时，我们会击鼓、吟诵，并且一起旅行，其间会有大量具体事务。这些经历强化了我亲近大自然的渴望，我试着给自己留出一段安静的时间思考梦想的生活，体验内心的感受。没有比这更微妙复杂的了。但我想说的是，我的内心生活确实丰富多彩。"

她接着说："需要强调的是，我认为大型集体会议非常重要，因为每个主要利益相关者的关切都能被其他各方注意到，进而有助于相互理解对方的观点。"如果我只是同每类利益相关者私下讨论，并完全由自己提出想法，会难以切中要害。我认为，在一定意义上我们都在"维系空间"，这使正确方案的出现成为可能。

我很兴奋,但我不断反问:"我有没有忽略什么?这真的可行吗?"我走进会议室,把大概的想法告诉了几位参会者,问他们我是否忽略了什么。他们都说这听起来非常好。我也征求了德鲁和本尼的意见,他们表示没有异议。

在那天下午开会前,我走进会议室,绘制出每个学期该项目的示意图,甚至概括出拟开设课程的草案。一两个小时内,这一切就全部完成了。

开会时,我确实不知道参会者会如何回应。我想可能会发生激烈的争论,但每位参会者都赞成,他们全体起立向我鼓掌。我终于松了一口气!

新项目保留了最初的三个学期的培训形式①,尽管仍然包含基本的上岗培训程序,但学生们现在可以经历更丰富的学习过程。

新课程可以让学生超越症状层面进行思考,使他们接触到行为改变理论②与整体健康模型。我们邀请社会工作者和公共健康专业人员开设讲座,帮助学生了解社区健康问题、人们到医疗中心就诊的原因、影响因素有哪些、为什么某些人不像其他人那样喜欢到医疗中心。

新项目还采用了体验式方法,如绳索攀爬课程,促使学生学习沟通与团队合作技能,从而帮助他们成长为领导者。不同于所有常规医学院预科课程,要想顺利通过项目的培训,学生必须学会合作。事实上,该项目重视合作性集体活动,为医学院预科学生在校园内提供一个安全的、非竞争的场所,他们可以轻松惬意地待在那里,形成各种朋友圈子。这营造了非常独特的学习氛围。

---

① 除劳拉之外,没人认为该项目的校友与项目的未来息息相关。劳拉邀请一些校友参与第一个学期的培训,谈论自己在医学院的经历,并帮助传授某些基本程序,例如,测量血压以及其他生命体征的方法。这些校友都乐于参与,因为他们想要维护项目的良好声誉,希望与这家大学保持联系,并享受参与教学的机会。

② 行为改变理论是试图解释行为变化原因的理论,认为环境状况、个人特质、行为特征是决定行为的主要因素。——译者

另一项变化是：学生在医疗中心度过一个学期，另一个学期则参加校园和社区的延伸项目。

这导致身处医疗中心的志愿者人数减少了一半。通过这种方式，已加入该项目的每位学生都能够完成所有三个学期的学习，并且尽管我们不得不为每个类别招募一半学生，但无须停止招募新学生。

因为项目质量提高可以抵消学生减少的事实，所以校园中支持医学院预科学生的组织对上述变革表示赞同。

在以往，学生志愿者只能偶尔得到护士的非正式指导。现在，每位学生志愿者都配备了一位护士作为导师，在整个项目期间接受指导。当我与那些志愿担任导师的护士交谈时，他们都说非常喜欢分享自己热爱的专业知识。这让他们对每天从事的工作更有自豪感。[1]

劳拉每年都会使用各种方法评估该项目的有效性。担任医疗助理的学生及其父母、行政人员、医疗中心的普通员工以及校园中的其他学生等，所有人都对项目的变化感到高兴。劳拉接手这份工作两年后，在一个春光明媚的日子里，她收到一张精美的卡片。这张卡片来自一位参加过该项目的学生，他坦言自己非常珍视参加项目的经历。那天下午的晚些时候，劳拉正在收尾若干文书工作，这位学生来拜访她，并对她所做的一切表示感谢。劳拉后来说："贾斯汀这么做需要很大的勇气。我真的非常感动。这让一切都进入了良性循环。"

---

[1] 这项新的导师计划也让学生在许多方面受益匪浅：他们不必花过多时间与导师在一起，就能形成固定关系，学生在参加项目期间可以随时联系导师。由于确立了这种关系，学生在第一学期可以学到更多知识，并且在医疗中心开展工作时犯更少的错误。导师也能给学生提供重要的反馈信息，当项目结束时，他们可以为学生申请医学院撰写有说服力的推荐信。医疗中心的医生也欢迎这些变化。由于特定时刻处在医疗中心的志愿者数量更少，并且作为导师的护士能够对留下的志愿者进行指导，所以来医疗中心就诊的患者能够得到更有效的治疗，医生也能有更多时间诊治患者。

协同者层次领导者的才能

如同先前的每个敏捷度层次，协同者层次的才能通过意识与意图层次的转变而发展。

协同者的意识与意图

每位后英雄式敏捷度层次的领导者都对当前的体验非常感兴趣。不同层次意识的关键区别在于注意力的品质。促变者层次的领导者可以直接但瞬间注意当前的体验，能够在其发生后立刻反思性地认识到相关假设与情绪反应。共创者层次的领导者可以更长时间注意当前的体验流，具备了接近并用语言表达这些体验的本领，否则它们将保持在知觉范围外。

然而在共创者层次上，即使有意进入"心流"状态，你的意识也会全神贯注于当时关注的事情。你形成协同者层次的意识后，共创者层次专心致志的意识对人生体验的限制就会变得很明显。对此有人描述道：

> 我突然认识到，这么多年来就像一直在沉睡，从未活在当下。我自认为清醒，但实际上迷失在梦境中。事实上我并未看到当下，甚至不知道当下。[1]

在协同者层次上，你开始形成一种敏锐的、轻松的、注意当下的意识，这种意识从一个时刻流向下一个时刻。尽管一朵花立刻就会被认出来，但它不再单单是一朵花，更是一种没有标签的丰富感官体

---

[1] 对于熟悉冥想练习的读者而言，此处描述的"觉醒"类型并非最终的觉醒，而是觉醒过程的开始，该过程通过超越协同者的多个阶段展开。具体论述请参阅戈尔曼：《冥想思维》(*The Meditative Mind*)。

验。① 这些简单的"在场的瞬间"经常产生微妙的惊奇感。泰德（Ted）是在一家大型企业负责领导力开发项目的协同者层次领导者，他指出：

> 当我进入活在当下的状态时，感到最震撼的是一种美的体验。我每天都会对许多非常普通的事物多次产生这种感受。例如，我坐在航班座位上，敲击着笔记本电脑，突然，我看到一个可口可乐罐，或者看到前面一束亮光照在某人的头发上。此时我会停下手头的事情，仔细观察，意识到这些细节太美了。我放慢节奏，仔细品味，内心就会产生这种感受。我想，你可以称之为一种欣赏或感激之情。

不同于共创者层次的意识，协同者层次意识的特点表现在非强迫的意图性、丰富性、直接将意识扩展到关注焦点之外的方式。当下的体验流变得充满活力，以至于碰巧关注的任何事物都会从背景中凸显出来。你不仅看到花朵（或可口可乐罐）；相比之下，你还看到一个扩展的、略微失焦的但依然丰富的感官背景。如同其他阶段，协同者层次的领导者不会（以任何方式）始终在这个意识层次上开展工作。然而无论如何，他们培养了这种意识，并且只要真心希望这么做，就能够非常容易地获得这种意识。

在协同者层次上，你会对体验完整的人生产生持久的兴趣。你也会形成一种强烈的善意感，这是一种切实有利于自身和他人的真诚意图。相比于共创者层次领导者的使命感，你通常会形成一种更关注当前、更易察觉也更抽象的使命感。如同共创者层次领导者，协同者层次领导者加入的项目或组织通常符合自己的使命感，但他们更频繁地产生肩负使命的体验。

如同许多协同者层次的领导者，唐与泰德发现，他们关于周围世界的意识经常触动自己的心灵，唤起内心深处的情感，如喜悦、感恩、

---

① 当协同者层次的领导者选择聚焦某种感官的感知时，尽管各种想法通常会消失，但这并不意味着他们不能思考！随着时间的推移，尽管协同者层次的领导者往往忘记，但他们仍具备下述本领：可以把同样的专心致志融入思考流和情感流以及整个身体中。

欣赏、同情等。尽管先前敏捷度层次的领导者也很可能达到这个深度，但即使在日常生活中遭遇困难的情景下，协同者层次的领导者也开始日益频繁地产生由衷的善意。①

协同者层次的领导力敏捷度有赖于八种才能的支持，当你阅读下文时请记住两点：第一，相比于先前任何层次，在协同者层次上这八种才能更整合，所以关于这些才能的描述有更多重复；第二，协同者层次保留了先前层次上形成的才能，包括反思才能和分析才能。事实上，你越充分地成长至协同者层次，先前形成的才能获得的提升就越大。

---

① 在我们选取的16名协同者层次领导者样本中，50%定期进行冥想练习，大约35%"半定期"进行冥想练习。杰夫的伙伴等一些人进行一种更积极主动的冥想练习，如哈达瑜伽、合气道、太极、气功等，从而培养活在当下的意识。冥想和武术的形式很多，所有形式都有助于人们成长至并超越协同者阶段。

在共创者层次一章中，我们讲述了四位领导者的故事，他们每个人都进行冥想练习。事实上，在我们的样本中，尽管只有不多的促变者层次领导者定期进行某种冥想练习，但在共创者层次领导者样本中，40%定期进行冥想练习，另外10%以零散的方式练习。假如冥想是形成协同者层次意识的主要手段，那么为什么这些领导者没有成长至协同者阶段呢？

答案在于你的意识与意图层次对成长阶段产生影响的方式：相关研究表明，在一年或更长时间内每天定期进行冥想练习，至少在某些例子中有助于个人成长至下一个阶段。根据我们的研究，个人成长至下一个阶段（形成该阶段具备的素质）的方式是：不断把位于该阶段核心的意识与意图融入日常生活情景中。我们相信，共创者层次领导者（也是冥想者）把足够的"心流状态"意识融入日常生活，从而成长至共创者阶段；协同者层次领导者（也是冥想者）把足够的"注意当下"意识融入日常生活，从而成长至协同者阶段。

有人专门研究了咨询、戒毒、伊斯兰或基督教团体、定期超觉冥想对一座最高安全级别的监狱中271名囚犯成长阶段的影响程度。在控制不同处理方案的人员重叠、19项人口统计学特征和犯罪史因素的情况下，只有定期进行超觉冥想的人的成长阶段出现了重大变化。该研究审视了两组"超觉冥想研究对象"：一组刚刚接触超觉冥想，另一组在过去的20个月里定期练习超觉冥想。平均而言，经过15.2个月的练习，新的超觉冥想研究对象会从服从者阶段成长至专家阶段；高级超觉冥想研究对象会从研究开始时的专家阶段成长至实干家阶段。参见亚历山大（Alexander）、奥姆-约翰逊（Orme-Johnson）：《超觉冥想对最高安全级别的沃波尔监狱囚犯的影响研究Ⅱ：发展与精神病理学的纵向研究》（Walpole Study of the Transcendental Meditation Program in Maximum Security Prisoners Ⅱ: Longitudinal Study of Development and Psychopathology）。

最后需要记住的是，几乎所有年龄段和成长阶段的人都学会了冥想练习。关于冥想对成长阶段造成的影响，相关研究表明，处于较高阶段的人更容易适应该过程，并且他们的冥想体验具有不同的品质。参见哈利·拉斯科（Harry Lasker）1982年秋在哈佛大学开设的成年人发展课程（Course on Adult Development）。

协同者的环境设定敏捷度

当你在后英雄式层次获得成长时,情景意识和使命感在范围和时间框架方面会得到扩展,但这两种才能主要以得到深化的定性方式扩展。

情景意识。在我们的样本中,几乎所有协同者都充分意识到全球问题并予以关注。然而,样本中多数共创者都具有相似的才能。在情景意识方面,共创者与协同者的主要区别在于后者从人的角度出发对更广泛的环境进行洞察的深度。因此,协同者的情景意识与其利益相关者理解存在许多重叠。

当斯坦注意到信息技术部门管理团队避免集体问责的立场时,他感到产生这种立场的最快和最有效的方法是调整团队周围的"能量场",使之成为一种令人信服的立场。无独有偶,当克里斯蒂娜采取某种领导举措时,她察觉到组织中的"能量向量"已经在朝着期望的方向移动,于是采取了有意加强这种正面能量的行动。① 在杰夫与汤姆的谈话中,他说彼此之间已经营造出坦诚的氛围。尽管采用的术语不同,但在每种情况下,这些领导者都能够理解并处理各自环境中某些微妙的重要因素。②

使命感。在共创者层次上,不断完善的使命感推动领导者采取行动,使个人得到满足的同时也赋权他人。在协同者层次上,这种有意

---

① 克里斯蒂娜和斯坦都在寻找并调动已经朝着期望的变革前进的力量。这种方法体现了一种被称为"肯定式探询"的后英雄式干预理念。参见库珀里德、索伦森、惠特尼和耶格尔:《肯定式探询》。与此同时,重要的是要注意,克里斯蒂娜和斯坦都没有仅关注积极方面。他们每个人都做了克里斯蒂娜称为"举起镜子"的事——克里斯蒂娜通过"读者剧场",斯坦通过首席执行官的到场和他自己的声明。

② 要了解更多关于感知与处理组织能量动态的信息,请参阅阿克曼(Ackerman):《心流状态:组织与管理的新观点》(The Flow State: A New View of Organizations and Managing);德斯劳里埃(Deslauriers):《高能量区:高效团队的六个特征》(In the High-Energy Zone: The 6 Characteristics of Highly Effective Groups)。

识地觉察生活的使命感要活跃得多。例如，前文介绍的领导力开发顾问泰德不仅谈到了美的时刻，也提到了树立矢志不渝的目标的时刻。

我的许多领导力开发项目都涉及团队会议，在会议上我们根据客户的要求确定项目的各个方面。这通常是我、几位顾问、客户企业共同开展的工作。有时候，在这些会议上我会产生一种恰逢其会的美妙感觉——不仅是做一些真正有价值的事情，而且是一种英雄有用武之地的感觉，犹如我就是为某个团体或企业的那个时刻而生的。使得这些体验如此令人愉悦的部分原因是人们会感到自己非常具有创造性。例如，我们可能面临团队遇到困难的情景，然后一股新力量得以形成，使得团队发生变化，并以更整体的方式重构面临的问题。

协同者层次领导者经常会关注所谓的"下一步直觉"——帮助他们与目标保持一致的"内在的提示"。例如，杰夫通过"关于汤姆的冥想练习"为两人的晚餐做准备。他体验了万花筒般的想象与情感，从而产生了一种如何共进晚餐的直觉。与此类似，当唐追随自己的直觉时，他经常会在产生创造性方案的同时感知意想不到的下一步。

然而，正如泰德在访谈中强调的那样，这种下一步直觉并非总是令人愉悦。如前文所述，克里斯蒂娜提出的许多领导举措都源自"内心深处一个微弱的声音，一种深刻的认识：这既是我的一部分，又脱离了我自己"。与此同时，她的一个优点是愿意承认这些内在提示可能带来恐惧和担心的感受。再如，劳拉深深地感到，波士顿的新工作在某种程度上代表着自己下一步的发展，然而，她认识到非常难以离开博尔德，在波士顿工作的头几个月很艰难。

领导力专家约翰·舒斯特（John Schuster）指出，之所以会产生恐惧感，是因为在这些关键时刻，领导者往往被要求在个人成长方面向前迈出一大步。他说道：

真正的声音（真实的使命）正在发挥作用的一个信号是感到某种恐惧。如果这个声音让你在处理重大问题时有点颤抖，甚至非常担心，那么你可能走对了……

［这种特殊的恐惧］与需要做某些不容易的事情有关，对此你可能喜欢，也可能不喜欢，甚至可能对此没有任何准备，并且你知道，这既会有所得，也会有所失……

真正的声音而非你的自我正在发挥作用的另一个信号是，即使付出最艰苦卓绝的努力，你关注的问题或事业仍超出了一生可能完成的限度。[1]

协同者层次领导者产生这些内在的提示，一个原因可能是他们经常反思下述问题：我为什么要工作？或者如克里斯蒂娜所言："当我们思考为什么（无论你想到的是大自然、伟大精神或世界的某种愿景）工作时，就会看到最宏观的环境。如果我们为了更小的目标工作，就会在个性冲突、组织政治或琐碎事务中迷失自我。"

协同者的利益相关者敏捷度

协同者的利益相关者敏捷度层次取决于利益相关者理解和权力风格的层次。

利益相关者理解。不同的协同者以不同的方式与他人协调。然而，如果我们回忆下述场景：杰夫与汤姆面对面共进晚餐、唐与被授权者面对面坐着、斯坦坐在弗兰克对面等，就会发现协同者有一项共同的本领：能够密切注意他人，同时保持一种关于自己身体存在的背景

---

[1] 参见约翰·舒斯特：《履行使命：追随内心深处目标的指南》（*Answering Your Call: A Guide for Living Your Deepest Purpose*），第 119～122 页。

意识。

即使在高度紧张的环境中，协同者也具备下述才能：准确、感同身受地兼容不同利益相关者相互冲突的观点和利益。例如，即使受到最想为之提供服务的利益相关者的攻击，劳拉仍能够保持这种层次的意识，并继续关注公共利益。克里斯蒂娜具备出色而持久地把潜在敌人转变为朋友和盟友的本领，我们也发现这种才能在发挥作用。

权力风格。在共创者层次上，你有本领运用多种权力：专业知识与职位的权力、个人与政治的权力、愿景与参与的权力、人生使命与深度合作的权力。在协同者层次上，你在这些才能的基础上增加了临在的权力。我们所说的**"临在"**（presence）不一定是指克里斯玛（charisma）①。随着在后英雄式层次的成长，有些领导者会变得更有魅力，也有些领导者不会如此，还有些领导者让自己变得更成熟，因为它会弱化真实的临在以及与他人的联系。

我们所称的"临在的权力"仅仅是指微妙的权力与敏捷度，源自以活在当下为中心的理念。相比于先前任何层次的领导者，这种才能让协同者层次领导者可以采取更有趣的方式行使权力。以斯坦为例，他有本领从指令性权力取向（当他主管人力资源部门时）转变为促进性权力取向（当他刚成为临时首席信息官时），进而转变为两种取向兼备。犹如一位经验丰富的画家在创作油画过程中娴熟运用光影变化，斯坦可以运用各种可用的权力资源。

临在的权力也有助于形成一种综合性权力风格，这让协同者兼具独断性与包容性。通过采取这种高度平衡的立场，协同者可以完全聚焦于自己的感觉（关于需要什么），同时充分回应感知到的利益相关者需求，即使这些需求与他们自身的需求存在冲突。例如，劳拉非常严肃地对待所有利益相关者的观点与利益，将其（包括她自己的）记在心

---

① 克里斯玛在政治学、管理学中是指领导者具有的超凡魅力。——译者

里，即使她自己设想的若干重要方面似乎不可能实现。最终，在这种持续的权力紧张状态下，一种解决方案得以形成，并且该方案不仅满足所有利益相关者的需求，也符合她自己的观点。①

协同者的创造性敏捷度

协同者层次领导者擅长把非结构化问题转化为预期成果。他们的创造性敏捷度源自高超的联结意识和反思性判断才能。

联结意识。相比于共创者层次，协同者层次领导者的联结意识更广泛、更有创造性。许多协同者层次领导者具有同时在本地和全球开展工作的本领。例如，斯坦把他的信息技术管理团队视为更大系统（依次为信息技术部门、公司、全球市场）的子系统。克里斯蒂娜也具有相似的才能。她能够审视市中心暴力等问题，并将其与她所在的公司乃至非洲大陆等系统中的项目和人员联系起来。

联结意识还指兼容多种相互冲突的想法、情感和可能性的本领。共创者层次的领导者能理解不同的利益和观点，注意关键的异同，确定共享方案的标准，进而创造性地思考满足每种标准的方案。协同者层次领导者形成了注意当下的意识，使得这种思考才能提升到更高层次成为可能。

协同者层次的领导者往往具备产生协同直觉的新本领，这种直觉能以有利于所有利益相关者的方式解决貌似不可调和的冲突。例如，唐的问题是："我能为他做什么？"这把他带入了一个非常深刻的领域，对别人面临的难题深感同情，能够真切感受到他们的痛苦。当他面对难题并感到痛苦时，会引发一个快速的直觉过程，进而产生有利于许多人的想法。劳拉在洗澡时的顿悟、杰夫与汤姆的对话都是这方面的

---

① 参见库斯勒：《创造的艺术》；布里格斯（Briggs）：《熔炉之火：创造性天才的炼金术》(*Fire in the Crucible: The Alchemy of Creative Genius*)。

例子。

相比于共创者层次领导者，上述过程的不同在于强调接受对僵局（未知）的直接体验，其间各种感受相互对立，似乎没有任何解决方案。以一种自觉的、耐心的、关怀的方式注意这种体验，可以释放能量，为协同的新可能性开辟道路。协同直觉类似于许多科学发现背后的直觉突破[1]，两者的主要区别在于，协同者层次领导者利用这种层次的创造力来解决人的内心冲突、人与人之间的冲突。

反思性判断。在实干家层次上，你对人类主观性的初步认识导致强调基于数据解决问题。在促变者层次上，你会接受不同参照框架对问题界定以及解决方案产生的影响。在共创者层次上，你形成了下述本领：洞察不熟悉的解释框架，并富有想象力地由内而外体验它们。当成长至协同者层次时，注意当下的意识让你能够更深刻地洞察多种相互冲突的构架现实的方式。

在协同者层次上，你越留意表达对日常生活的感知，就会越深刻地理解所有人类感知的主观性。与此同时你会发现，注意当下的意识具有突出的客观品质，这不是传统意义上的"基于可证实实验数据的理性结论"，而是对身体姿势、思路、情绪反应的一种直接的、无言的意识。[2]

与此类似，正如泰德在前文所言，某个时刻协同者层次领导者树立矢志不渝的目标可能会孕育一种"对的感觉"。似乎对所有关键利益相关者都有效的突破性直觉也可以产生这种感觉。因此，在协同者层次上，你有时会发现自己处于自相矛盾的境地，一方面感觉自己确实了解某事，另一方面又强烈地意识到自己是一个完全主观的人。

---

[1] 要寻找一份启发协同者层次领导者的出色指南，从而在冲突条件下创造性地开展工作，请参阅林格（Ringer）：《不可能的教师》（*Unlikely Teachers*）。

[2] 请参阅威尔伯在《眼对眼》（*Eye to Eye*）中对理性之眼与默观之眼的区分。

为了走出这种矛盾境地，本章中提到的领导者做了科学家产生突破性直觉时所做的事：找到检验自己的见解是否有效的方法。当每个因素在劳拉的脑海中闪过，一套貌似多赢的方案出现时，她并未走进办公室宣称："我刚刚从一个超越自己正常知觉的智慧源泉那里获得了所有难题的答案。"相反，她首先询问自己和若干关键利益相关者，这个想法是否真的适合所有人。然后，她在所有利益相关者参加的会议上公开这套方案，征求反馈意见。直到该过程结束时，她才确定这套方案真的有效。

本章中提到的其他协同者通过付诸行动、观察结果、确定方案真正具有的实用价值来检验自己的直觉突破。在多数情况下，这些结果不仅有利于他人，也有助于领导者的个人成长和职业发展。

协同者的自我领导敏捷度

最后，自我意识和成长动机才能会影响协同者的自我领导敏捷度。

自我意识。潜在假设与情绪反应一旦出现，促变者可以立刻反思性地予以识别。共创者可以触及并用言语表达想法与感受，否则它们就会保持在自觉意识的表面之下。在五种感官、内在的生理感受、思考过程以及情绪反应方面，协同者会对培养直接的、注意当下的意识产生兴趣。

在身体层面上，你会发现全神贯注于肌肉紧张有助于放松。当你注意自己的呼吸而不企图以任何方式改变时，呼吸就会变得更顺畅、更放松。沿着走廊散步、驾驶汽车等简单行动可以成为获得更丰富生活体验的门户。通过在各种日常活动中培养这种意识，你可以非评判地注意到自己的肢体表达习惯：姿势、手势、表情、语气等。

对于起初感觉到的似乎无休止的内心碎念，你也会更熟悉。正如一位协同者所说：

我犹如对待一颗松动的牙齿那样对待一个想法，通过注意它而使其保持活力。这些想法（关于以往的想法、关于未来的想法）一直萦绕在脑海中，所以我自己几乎没有活在当下。

你的思维会如同在海边散步一样，反复用关于过去的联想以及内心的评论掩盖其新鲜感。你会理解语言（实际上是思想本身）如何造成感知和表达方面的偏见。通过这些经历你开始认识到，心智联想和情绪反应比以往认识到的更加习惯成自然。

当你学会缓解强迫性思考，并关注自己的身体时，你开始更直接地体验情绪反应。在共创者层次上，你对感受的体验与下述"故事线索"紧密相连：发生了什么、原因何在、未来可能发生什么。当你成长至协同者层次时，就会形成一种日益增强的才能来放下故事线索，体验犹如流经身体的能量一样的情感。[1] 例如，当能量流经身体向上移动时，你可能体验到兴奋感，想要立刻表达出来。当流经身体各个部位的能量紧缩时，你可能会体验到恐惧感，随之口干舌燥、手脚冰凉。

下面是协同者层次情感意识的两个不同的例子。有一位60多岁的女性在西北太平洋地区休假三个月，她在旅行日记中写道：

我感到胸口疼，虽然不是很强烈，但仍感到疼。我该怎么办呢？顺其自然吧。我的呼吸变得更深沉、更吃力，慢慢平复下来。我的眼睛里浸满了泪水。我没有试图理解，而仅仅关注发生的事情，我开始用一种无法言传的方式理解。只有我自己清楚。[2]

走回小屋的路上，我知道自己因某人/某事生气。尽管除此之外不知道该怎么做，但我知道无须为［消除这种感受］而把自己的愤怒

---

[1] "放下故事线索"的说法来自佩玛·丘卓（Pema Chödrön）的论述，请参阅她出版的有声读物：《脱身》（*Getting Unstuck*）。

[2] 参见史蒂文斯（Stevens）：《河流无须推动》（*Don't Push the River*），第5页。

与某人/某事联系起来。在小屋里，我感受自己的愤怒，体验其全部。我变得更愤怒了。除了愤怒没有其他情感。当我试图搞清楚某人/某事让我生气时，我无法……"某人"还是"某事"似乎无关紧要……过去了。我不再生气了。所有一切都烟消云散了。①

这种体验当前情感的本领提供了一种更有力的方式来处理相互冲突的情感。哈尔（Hal）是西点军校的一名毕业生，经过多年历练，他最终成为一名学术管理人员和政府官员。哈尔对协同者处理相互冲突的感受时采用的方法进行了富有启发性的描述：

我发现，内心有许多相互冲突的想法、感受与分歧，这经常让我感到困惑，甚至达到下述程度：我迫使自己澄清或否认，发现自己在回避真实的感受，自我欺骗，最后变得更困惑。人生充满矛盾：坚强与软弱、热爱与憎恨、欢喜与悲伤、痛苦与快乐、感性与理智。我只是刚刚开始接受（屈服）对所有这一切的体验。相互矛盾的内心让我进退维谷，深感痛苦。然而当我在内心接受这一切后，感到非常快乐，也充满了活力。②

成长动机。克里斯蒂娜想"找到一个值得付出终生努力的故事"并非追名逐利，而是寻找人生使命，希望体验完整的人生，让自己和他人同时受益。正如第7章中的丹妮丝所言，这种使命感会"随着你的不断探索而发展完善"。在协同者层次上，该发现过程通常从树立矢志不渝的目标的时刻开始，有时感觉在自己的道路上受到提示前进一步，有时仅仅有所感觉，就像泰德所言，"英雄有用武之地"。

尤其在协同者层次上，目的最明确的领导举措往往对你提出挑战，促使你在个人和职业方面进一步发展。这些举措通常会激发你最大的

---

① 参见史蒂文斯：《河流无须推动》，第179～180页。
② 参见莱昂（Lyon）：《是我，我在这里》(*It's Me and I'm Here*)。

优势，同时也会引发你最大的恐惧与局限性。正如克里斯蒂娜所言，这些举措提供的机会可以发挥你的优势，突破你的局限。

然而，协同者不需要特殊的挑战来促使其不断成长。如前文所言，协同者有动力把注意当下的意识和善意感尽可能多地纳入生活中。在这么做的过程中，他们必然更清醒地认识到习惯性反应的力量与普遍性，而这些反应不利于实现自己的理想。

以年轻的组织发展专业人员马特（Matt）的下述日记为例。在撰写日记时，他进行冥想练习已三年，对于把注意当下的意识融入日常生活有强烈兴趣。

在上个星期，我能够非常频繁地开启自己注意当下的意识——一种柔和、清晰的意识，不会干扰我当时正在做的事情。

我开始认识到自己多么被动、多么囿于习惯。几乎是第一次，我在不干扰它们的情况下意识到判断和幻想——仅仅看清它们本来的样子。当我意识到注意力发生转移时，我明白它在不断被拉扯，犹如没有自己的生命。

星期六早上，我与母亲的谈话非常不愉快。在当天剩下的时间里，我不断陷入消极的感受、怨恨、争论中，这些在我的脑海中挥之不去。我的意识难以回到当下。最后，当我在网球场上对着后挡板击球时，我的意识才回到当下，于是我站起来，挥舞球拍。那是一种非常强烈的体验，犹如置身于另一个世界。

这类重复体验会使你产生动力去增加这段临在时间的频率和深度。这种动机可遇而不可求，它是一种能量，当受到关注时就会自然地成长。

03

第三部分

成为更敏捷的领导者

LEADERSHIP AGILITY

第9章

评估领导力敏捷度

本书最后两章旨在帮助你运用从前两个部分学到的知识来提高领导力敏捷度。本章会指导你对自己的领导力敏捷度进行更个性化的评估，指出哪些部分已经较强，哪些部分有待改进。你也可以运用本章的知识评估下级人员的敏捷度。如果你是一名领导力开发专业人员，那么可以运用本章的知识来评估自己以及你服务的管理者。第10章介绍如何成为一名更敏捷的领导者。

常见问题解答

当管理者深思熟虑地评估自己的领导力敏捷度时，经常会询问若干关键问题。我们将予以解答，然后指导你进行自我评估。你可以跳过与自己无关的问题。

领导力敏捷度与组织职责层级

有人想知道，领导力敏捷度层次与组织职责层级之间的关系。较低的敏捷度层次是否更匹配较低的组织职责层级？较高的敏捷度层次是否更匹配较高的组织职责层级？管理者想知道，更高的敏捷度层次是否有助于承担更高层级的职责，所以他们经常询问这些问题。领导力开发专业人员重视如何与领导者共同运用该框架，所以他们也会询问这些问题。

能否用管理者所处的组织职责层级来预测领导力敏捷度层次？相反呢？第二部分中的故事（也许还有你自己的经历）表明，组织职责层级并非敏捷度层次的可靠预测因素。例如，你已经读过五位首席执行官的故事，他们分别处于不同的敏捷度层次。[①] 同样，敏捷度层次也不能预测组织职责层级。若能够预测，我们介绍的一位协同者层次领导者（劳拉）就不会是低层级行政人员。

然而从统计角度看，敏捷度层次与组织职责层级之间存在一定的相关性。表9-1概括了一系列研究的结果，这些研究评估了四个不同组织职责层级的管理者所处的敏捷度层次。[②] 表格显示，两者之间没有一一对应的关系。然而我们发现，层级较高的管理者总体上要比层级较低的管理者处于更高的敏捷度层次。

---

① 凯文担任一家地区医院理事会的首席执行官，是一位专家层次的领导者。马克担任一家健康维护组织的首席执行官，是一位实干家层次的领导者。罗伯特担任一家石油公司的总裁，发挥促变者层次的才能经营公司。肯和艾利森实际上担任各自组织的首席执行官，是共创者层次的领导者。杰夫担任繁殖感公司的首席执行官，唐担任一家基金会的首席执行官，两人都是协同者层次的领导者。

② 关于这四项研究，参见托伯特：《平衡的权力》，第43～49页。

表 9-1　敏捷度层次与组织职责层级之间的相关性

敏捷度层次	组织职责层级				
	一线主管 $n=37$	初、中级管理者 $n=177$	高级管理者 $n=66$	执行官 $n=104$	总计 $n=384$
	(%)	(%)	(%)	(%)	四舍五入平均值(%)①
前专家	24	14	6	3	11
专家	68	43.5	47	43.5	46
实干家	8	40	33	39.5	36
后英雄式	0	2.5	14	14	7

关于该问题，一个更恰当的提问方式是：有效履行更高层级的组织责任是否需要更高的敏捷度层次？针对该主题的研究尚未确定在某个组织职责层级上有效的领导力所需的敏捷度层次阈值。② 然而这些研究发现，随着敏捷度层次的提升，从一线主管到首席执行官等所有层级的管理者都变得更高效。③

---

① 本表内的四舍五入平均值与第 1 章中的表格略有不同。要了解具体的原因，请参阅附录 A 的最后部分。

② 要确定有效履行特定层级的组织责任所需的心态与技能要求，请参阅查兰（Charan）、德罗特（Drotter）和诺埃尔（Noel）:《领导阶梯》(The Leadership Pipeline)。

③ 例如，一项针对一线生产主管的研究发现，实干家比专家更有效，专家比服从者（低于专家层次）更有效。参见史密斯:《自我成长、权力难题与组织中的协议》。

另一项研究考察了 10 位首席执行官的高效性，他们都试图通过领导重大变革来重振公司。其中 7 位首席执行官（5 位处于后英雄式敏捷度层次，2 位处于英雄式敏捷度层次）改变了公司，带领公司取得了辉煌成功。3 位首席执行官（他们都处于英雄式敏捷度层次）遭遇了失败，公司因此蒙受了损失。在取得成功的首席执行官中，2 位处于英雄式敏捷度层次，他们通过接近后英雄式敏捷度层次的领导者取得了成功：在实施变革举措时，他们有一位后英雄式敏捷度层次的顾问，或者把一位或多位后英雄式敏捷度层次的团队成员作为密友。相比之下，3 位遭遇失败的首席执行官日益远离了后英雄式敏捷度层次的影响力来源。参见托伯特和鲁克:《首席执行官在组织转型过程中的角色》。

托伯特及其同事的进一步研究表明，相比处于英雄式敏捷度层次的中层管理者，后英雄式敏捷度层次的中层管理者更高效。参见鲁克和托伯特:《作为首席执行官成长阶段之函数的组织转型》(Organization Transformation as a Function of the CEO's Developmental Stage)。

这让我们想起第 1 章的一个发现：若要确定有效履行职责所需的敏捷度层次，最佳标准是每天面临的复杂多变程度。在以往，相比于低层级的管理者，最高管理者向来更直接地受环境变化的影响。然而最近几十年来，复杂多变已经渗透到组织的方方面面，在组织所有层级上有效的领导力都需要具备更高的敏捷度层次。

领导力敏捷度与领导力有效性

如前文所言，在当今快速变化的经济环境中，领导力敏捷度是取得持续成功所需的一项元能力。这是否意味着，在当今复杂多变的环境中，只要掌握领导力敏捷度的四种能力就能成为一名高效的领导者？并非如此。

例如，请回忆担任 Overmyer AMT 公司新任首席执行官的艾德：他非常聪明，受过良好教育，具备多年的管理经验，能够敏锐地把握商业和技术问题，并且工作积极主动，绩效突出。在追求成为一名越来越高效的领导者的过程中，这些可能仅仅是你想要拥有且需要培养的部分成功因素。

根据我们的理解，领导力敏捷度是各种成功领导因素的必要补充。由于领导力敏捷度提高了你的所有其他能力，因此可以视为一项元能力。例如，若要成为一名更高效的领导者，无论你需要具备哪种技能、思维方式、个人品质，自我领导敏捷度都会提高你识别并发展它们的本领。

领导力敏捷度与企业责任

在我们的研究对象中，只有极少数实干家采取相关举措时会考虑社会与环境责任。该比例在促变者中显著提高。共创者层次和协同者层次领导者都对社会与环境责任作出了强烈的个人承诺，并常态化纳入相关举措中。① 这是否意味着该承诺是形成更高层次领导力敏捷度的前提？

我们的研究并非旨在回答该问题。然而我们认为，上述研究结果反映了各敏捷度层次的才能的发展。由于专家对宏观环境关注有限，所以不太可能主动采取举措履行社会与环境责任。由于某些实干家遵循自己的价值与信念体系，所以可能采取举措履行社会与环境责任。其他实干家之所以这么做，可能仅仅是由于认为这是一种实现更重要成果（如提高企业的声誉）的手段。②

为什么后英雄式领导者越来越有可能对企业责任作出强烈的个人承诺？因为情景意识、使命感、利益相关者理解、权力风格都发展到了促使他们这么做的程度。在我们的样本中，共创者与协同者的主要区别在于，总体上后者愿意为贯彻这些准则承担更大的风险。我们得出的总体结论是：对社会与环境责任的承诺并不是形成更高层次领导力敏捷度的必要条件，在多数情况下，这种承诺似乎是领导力敏捷度发展至更高层次后自然而然的产物。

微调你的自我评估

根据我们的经验，参加领导力敏捷度工作坊、教练辅导以及行动学习项目可以为提高敏捷度提供最好的支持。③ 除此之外，提高敏捷度

---

① 鉴于我们开展的研究的性质，我们更有信心进行大致的估计而非给出具体的百分比。另外请记住，此处我们并非旨在谈论领导者对企业责任的看法。我们谈论的是，当领导者实际采取相关举措时，在多大程度上会把企业责任纳入其中。

② 在第6章的开头，布伦达概述了化工行业对环保问题的历史性立场。

③ 要获得有助于你以及组织提高敏捷度层次的更多资源，请参阅本书最后的相关资源部分。

层次的主要推动力是自我领导：主动评估自己当前的优劣势，明确成长目标，在日常举措中尝试更敏捷的态度与行为。①

确定你当前的领导力敏捷度层次

尽管所有人的领导力敏捷度层次都会发生变化，但每个人都存在一个基本层次——他们在日常工作中不断表现出的敏捷度层次。② 此时，你可能觉得已经清楚了自己当前的领导力敏捷度层次。若非如此，我们建议你回顾第 1 章的图表，第 2 章关于艾德的场景，或者第二部分中最符合你当前层次的章节。

当你评估自己的敏捷度层次时，最好把自己的感知与他人的反馈进行比较。通过与三四个人交谈，你可以进行一次非正式的、小规模的 360 度反馈调查。③ 向他们展示第 1 章的图表，询问他们哪个层次能最准确地描述你在三个行动领域大部分时间里的工作方式。最佳的询问人选应该符合两个标准：第一，他们熟悉你在不同情景中的行为；第二，他们会给你提供真实的反馈信息。

当你获得反馈信息时，可以要求他们使用简短故事或具体例子来说明，这非常有用。最终，你不得不亲自作出评估。例如，如果有人认为你犹如实干家那样领导团队，其他人认为你犹如专家那样领导团队，那么你需要根据自己的经验和他们举出的例子来考虑这些观点。

---

① 通过反思自己的经历，审视从中所学，进而把所学融入新的行动实验（并继续前进），由此构成一个完整的反思性行动循环。

② 这是由于每个领导力敏捷度层次都植根于特定的个人成长阶段。事实上，当你并非处于过渡阶段时（多数时候如此），成长阶段会趋于稳定，这使你的领导力敏捷度层次具有很高的稳定性。参见罗伯特·凯根：《超越我们的头脑》。

③ 关于你可以使用的各种领导力敏捷度评估工具，更多信息请访问 www.changewise.biz。

降低层次

有些管理者自认为处于多个敏捷度层次，难以确定基本层次。例如，你可能发现，自己在不同时间分别处于促变者层次、实干家层次、专家层次。如果你确定自己表现出广泛的促变者特征，那么这意味着促变者是基本层次，但在特定情景中，你可能下降至其他敏捷度层次。例如，若情况允许，促变者通常会树立一个长期愿景。然而，他们也必须考虑中期战略与短期策略。降低层次并不意味着存在多个基本层次。①

成长至新的敏捷度层次

在前面的例子中，如果你自认为已完全处于促变者层次，那么某些行为表明故意降低层次的想法是有道理的。或者，你可能自认为频繁地在两个层次（如实干家和促变者）间反复转换，果真如此的话，你可能正处于从一个层次成长至下一个层次的过程中。处于两个层次间的过渡阶段与降低层次截然不同。更高的层次犹如一种首选的新领导方式，而先前的层次则是更陈旧、更熟悉的领导方式。这是一个成长过程，涉及成长至新的敏捷度层次，无意识地退回原先层次，并且可能反复转换直到新层次逐渐成为基本层次。

以第4章和第5章中被提拔到新知识管理岗位的呼叫中心经理盖伊为例。他已经完全处于专家层次，但为了有效地开展新工作，需要从专家层次成长至实干家层次。在第10章，我们将更详细地讨论从一个层次向下一个层次的过渡过程。与此同时，如果你觉得自己正处于类似的过渡阶段，那么我们建议你务必熟悉两个敏捷度层次。

---

① 无论基本层次如何，你都具备在必要时故意降低至先前层次的本领。

跨越两个层次

还有另一种可能性：在两个连续的敏捷度层次中，你强烈认同每个层次的特定要素，但并不认为自己正成长至更高层次。许多管理者自认为属于这种情况。对某些管理者而言，这是由于他们总是在不同的行动领域中表现出不同的敏捷度层次。例如，在领导组织变革领域，某人主要表现为促变者层次；但在团队领导和关键对话领域，此人主要表现为实干家层次。对另一些管理者而言，这是由于他们比其他人具备更多领导力敏捷度的能力。例如，某位领导者从事某些工作时可能运用促变者层次的创造性敏捷能力，但从事其他工作时可能运用实干家层次的能力。如果你已经形成跨越两个敏捷度层次的稳定状态，那么机会就在于把这种静态分裂转变为动态成长过程，这将让你完全处于更高层次。

例如，我们在第 4 章提到的会计部门主管卡洛斯，他已经处于专家层次，并在一定程度上处于实干家层次的利益相关者敏捷度，这主要是由于他的利益相关者理解才能较强。然而，他已经稳定在这种状态。为了向实干家层次利益相关者敏捷度发展，卡洛斯需要打造一种更平衡的权力风格。通过这么做以及发展环境设定敏捷度、创造性敏捷度、自我领导敏捷度，卡洛斯会成为一名非常能干的实干家层次主管。

无意识降低层次和情绪绑架

某些领导者（通常是后英雄式领导者）认识到，他们无意中降到了更低的敏捷度层次，以至于难以确定基本层次。例如，一名共创者层次的领导者可能会说："我通常试图与利益相关者形成合作关系，但有时我无意中表现得像一名专家或实干家：要么自认为正确无误，不征求他们的意见；要么征求他们的意见，但实际上旨在让他们接受我的想法。"[1] 我们称这种情况为**"无意识降低层次"**（unintentional downshifting）。

也有些领导者由于《情商》（*Emotional Intelligence*）作者戈尔曼所称的**"情绪绑架"**（emotional hijacking）而难以确定具体的基本层次。[2] 这通常发生在压力情景引发强烈的情绪反应时，如愤怒、恐惧、抑郁、职业嫉妒等。当你被情绪绑架时，通常意识与意图就会降至更低的层次。例如，共创者层次的领导者拉里突然发现自己对同事大吼大叫，协同者层次的领导者劳拉在受到希望为之服务的学生抨击时短暂陷入抑郁。

无意识降低层次是一种较缓和的情绪绑架。在这两种情况下，情绪反应都会导致你走上一条意外的道路。当无意识降低层次时，由于你没有意识到这一点，所以这些反应会改变你的行为。当出现情绪绑架时，由于情绪非常强烈，所以也会改变你的行为。

所有五个敏捷度层次的领导者都会经历这两种情绪反应。然而处于较高层次上，你更可能在其出现时意识到，并且不太可能使其变得更糟。在一定程度上，它们确实会暂时掌控你，让你的敏捷度层次大幅降低。在这个意义上，我们可以非常准确地说，在一天内你的敏捷度层次会出现波动。然而请记住，现在你进行评估是为了确定基本层次，即你在多数时间内所处的领导力敏捷度层次。

---

[1] 为了更严谨地探询该问题，发展心理学家哈利·拉斯科曾与哈佛大学的研究生共同开展研究。当学生参加非胜即败、非常具体的竞争性游戏时，他们的表现往往犹如仍处于先前的成长阶段。一旦实验结束，他们就会恢复如初。

[2] 参见戈尔曼：《情商》，第42页。

评估当前层次内的敏捷度

领导力敏捷度的五个层次是不同的阶段，人们自然而然地关注从一个阶段向另一个阶段的转变。从这个角度看，领导力发展犹如向上攀登阶梯。尽管这个比喻在某些方面是准确的，但它忽略了领导力发展的一个重要方面：在每个层次内掌握领导力敏捷度的过程。

掌握领导力敏捷度层次

我们可以使用一个比喻来更贴切地描述掌握某个领导力敏捷度层次的过程，该比喻来自一类电子游戏，这类游戏通常设定多个关卡。起初，你被赋予某种身份，仅掌握某些基本本领。你通过运用已经具备的本领赢得挑战，从而掌握每一关的玩法。每次挑战获胜都会让你得到提高，赋予你新的力量或本领。当你赢得了某一关中所有的挑战时，也会获得一套新本领。这套本领一旦被你掌握，就为进入下一关奠定了基础。

尽管你可能已经掌握了当前的敏捷度层次，但多数管理者发现，他们能够在当前层次内进一步发展。因此，如果你与多数管理者一样，那么非正式评估在当前敏捷度层次内的位置就会让你受益。

四种领导力敏捷度类型。要进行这种非正式评估，你需要考虑四种领导力敏捷度类型。在第3章，我们介绍了领导力敏捷度罗盘，此处我们再次介绍这个有效的非正式评估工具（见图9-1）。[①]

请查看四个象限。你的哪种领导力敏捷度得到了最充分的发展？你想要更全面地掌握哪种领导力敏捷度？我们建议，你可以返回能最准确描述自己当前敏捷度层次的那一章，找到最后一节，这部分内容

[①] 关于评估领导力敏捷度所用工具的更多信息，请访问 www.changewise.biz。

描述了该层次上形成的才能。根据这些描述来评估哪种敏捷度类型得到了最充分的发展，以及想要进一步发展哪种类型。

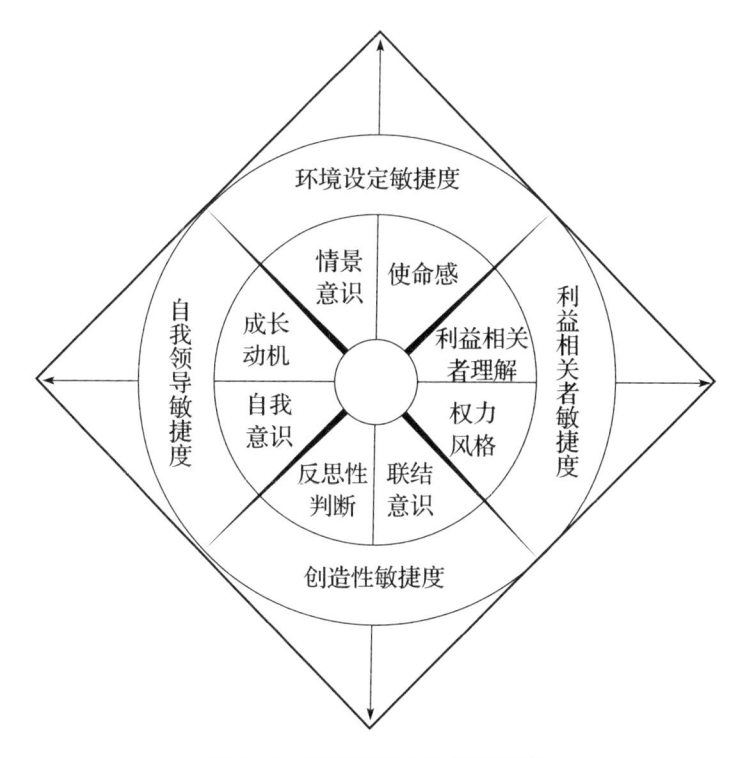

图 9-1 回顾领导力敏捷度罗盘

自我评估的例子

萨拉（Sarah）是一名聪明能干的产品开发经理，在一家公司的业务部门工作，该公司为生物技术和制药实验室制造精密设备。她自我评估为一名实干家层次的领导者，然后向同事征求反馈意见，结果发现自己在处理特定类型的对话时不够高效。一个引起萨拉注意的例子是，她曾经与某位质量经理对话，后者不同意某产品的准备工作从研发部门转移到制造部门。尽管萨拉以擅长交际自豪，但面对这位经理的反对,她的回应是询问某些含沙射影的问题,这导致对方变得具有防卫性,更坚决地反对她的观点。

萨拉从反馈中获得了三点重要见解:第一,她明白了,正是自己的行为导致此次对话毫无成效。第二,她认识到,这并非个例。她对这类对话的回应向来如此,所以经常造成类似的后果。[①] 第三,她在这种情景中作出的回应就是无意识降低层次的例子。她决定要达到下述状态:能够运用实干家层次的最优才能来应对这种情景。

然后,萨拉使用领导力敏捷度罗盘评估自己遭遇他人强烈反对时作出的回应有哪些优缺点。她最大的优点之一在于创造性敏捷度。然而在这种情景中,她处于较低的利益相关者敏捷度层次,这严重损害了找到创造性解决方案的本领。此外,她没有充分利用自己的环境设定敏捷度。尽管她知道,研发部门与质量部门之间的分歧属于意料之中,但很少主动以合作解决问题的方式来构架对话。与此同时,自我领导敏捷度也是萨拉的一个优点:她愿意诚实地审视自我,愿意在日常举措中进行尝试,从而变得更高效。在第 10 章,你将会得知她取得的进展。

---

① 在与一群同事共同参加的一个关键对话项目中,萨拉获得了这些反馈信息。

第10章

发展领导力敏捷度

在最后一章，我们将首先帮助你树立领导力发展目标。作为该过程的一部分，你可以决定在当前层次内进一步发展还是发展至新的敏捷度层次。无论是哪种选择，你都将学习如何运用反思性行动来实现发展目标。为了展示该过程的细节，我们将继续讲述产品开发经理萨拉的故事，她通过运用反思性行动变得更高效，同时保持在实干家层次。我们还会讲述某通信公司副总裁亚当如何运用反思性行动成长至促变者层次。最后我们将阐述，发展注意力能够如何推动你成为后英雄式领导者。

树立领导力发展目标

一旦你评估了自己当前的领导力敏捷度层次，自我领导循环的下一步就是树立领导力发展目标。在设定目标时，你需要决定是发展至新的领导力敏捷度层次，还是仅仅在当前层次内进一步发展。

发展至新的敏捷度层次

第 4 章和第 5 章提到的盖伊和卡洛斯都决定发展至新的敏捷度层次。他们作出这个决定的原因相同：首先，要高效地履行职责，就必须学会新的领导行为。盖伊想要掌握某些技能，从而帮助他成功地与利益相关者（盖伊与他们之间不存在正式的上下级关系）合作。卡洛斯想要成为会计部门名副其实的主管。在这两种情况下，有待学会的行为要求他们成长至实干家层次的领导力敏捷度。其次，盖伊与卡洛斯都是充分发展的专家层次管理者，已经准备好发展至新层次。多数管理者之所以决定发展至新层次，也是出于上述两个原因。甚至有些人已经准备好进入下一个层次，以至于仅仅了解相关信息就会激发成长至该层次的强烈动机。

然而，仅仅确定你已经准备好发展至新的领导力敏捷度层次还不够。如同盖伊和卡洛斯的做法，你还需要确定想要改变的具体行为。许多管理者试图一次改变太多。开始时，你可以选择三种左右想要学习的行为，并且这些行为属于下一个领导力敏捷度层次。随着逐步掌握这些行为，你才可以继续增加学习的行为。

在当前层次内进一步发展

尽管发展至新的敏捷度层次有吸引力，但务实的做法（立足于当前的位置前进）也很重要。对许多管理者而言，这意味着在他们当前所处的敏捷度层次内进一步发展。我们在第 9 章中提到的管理者萨拉是一个典型的例子，这个例子表明即使在当前的层次内，你作为一名领导者也能实现成长。

你应该记得，萨拉在特定类型的工作对话方面存在障碍：当同事在某些重要问题上强烈反对她的观点时，她的回应是询问某些含沙射影的问题，这导致同事变得具有防卫性，甚至更坚决地反对其观点。这种遭遇以特定频率出现，尤其在产品开发过程的关键时刻经常出现。萨拉对这些讨论感到非常不快。更重要的是，她估计，如果在这些关键时刻开展有效的对话，那么生产周期至少可以缩短一个月。[1]

萨拉收到的反馈帮助她认识到，遭遇困难的根本原因在于自己的权力风格：当遭遇他人强烈反对时，她没有坚持自己的观点以作为回应。为什么？因为她觉得，若表现得过于强硬，那么可能损害双方之间重要的工作关系。不知不觉中，她试图采用间接却适得其反的方式（询问某些含沙射影的问题，这听起来像是尖锐批评）坚持自己的观点，从而作为包容性权力风格的补充。讽刺的是，这恰恰导致了她本希望避免的后果：在重要问题上妥协，并且让对方不快。

一旦萨拉明白正是自己造成了这些负面后果，她就可以树立领导力发展目标了：通过平衡自己的权力风格，增强利益相关者理解来提高利益相关者敏捷度。基于这些见解，她确定了想要学会的三种新行为。

为形成更平衡的权力风格，萨拉将学习通过探询进行主张，从而合作解决问题：更直接地主张自己的观点，而不再"恭维"反对者。萨拉把主张性陈述与探询结合起来，不再勉强同意他人的观点，而是真诚地征求他人的意见并认真对待。通过这种方式进行探询，即使遭遇强烈反对，萨拉也能够对他人的观点感同身受。[2]

萨拉还确定了想要学会的另外两种行为：采取相关举措构架具有挑战性的对话，让他人知道她想合作解决当前问题。此外，如果对方

---

[1] 通过参加我们的一个关键对话项目，萨拉产生了这些见解。如同对待所有参与者的方式，一旦她学会了更有效的方法来应对具有挑战性的对话，就被要求对下述问题作出保守估计：若采用现在学会的方法作出回应，那么会对业务产生什么影响？萨拉的估计是生产周期至少缩短一个月，在她所处的情景中，这会增加1万～1.5万美元的利润。

[2] 更多关于通过探询进行主张的论述，请参阅第4章、第5章、第6章的关键对话部分。也可参阅我们的白皮书，乔伊纳：《从脱离到对话》(From Disconnect to Dialogue)。

变得非常强硬，她会欢迎他们坦陈自己的意见，并引导对话朝着积极的方向发展。掌握这些新行为非常有挑战性。如果她试图做得更多，那么会不堪重负。

实施自我领导

一旦你树立了领导力发展目标，自我领导循环的下一步就是在日常举措中尝试新行为。

萨拉的行动实验

萨拉决定在自己的观点遭到他人反对的某个情景中尝试新行为。小的分歧尤其受欢迎，因为它们为萨拉提供了练习新行为方式的低风险机会。萨拉发现，每天都有机会尝试这些新行为。每天下班后开车回家的路上，她都会反思并总结经验教训。每周她与罗恩（Ron）见一次面，后者是一名高级产品开发经理，也是她的教练和导师。罗恩帮助萨拉反思自己，并就她面临的组织问题提供合理的建议。①

几个月后，萨拉接到一个科学家团队打来的电话，该团队为公司的一个客户提供服务。科学家团队最近购买了一台活细胞成像仪，这是目前可用的最新仪器。新仪器用到一种透明底板，只有萨拉的团队以及两家对手企业能够设计。科学家团队遇到的难题是，市面上没有任何底板能够与该成像仪匹配。

在与使用新型成像仪的科学家见面后，萨拉了解到，购买底板的

---

① 我们或相关内部人员为关键对话项目的参与者提供教练支持。在这个例子中，参与者从两位高级产品开发经理中选择一位作为自己的教练，而这两位经理通常都不是参与者的上司。萨拉的教练与她共同参加了该项目，因此对她的学习情况和领导力发展目标非常熟悉。

决策将由更高级别的经理作出。进而，他们坚持要求获得成像仪发明者（在新型成像仪的生产企业工作的科学家克劳斯（Klaus））无条件背书。与萨拉见面的科学家已经给克劳斯邮寄了一套她设计的底板以供评估。为了获得背书，萨拉获得许可直接联系克劳斯，后者同意给她发送一份评估报告副本。

萨拉的噩梦

克劳斯的评估报告指出，除了一个萨拉认为可以纠正的问题外，她设计的底板符合所有正式规格。但该报告也包括大量评论，暗示萨拉的设计不能满足那些未明确表述的规格。更糟的是，评估报告的整体评价非常负面。克劳斯不仅拒绝为该底板背书，而且似乎怀有强烈的非理性偏见。萨拉从一位经理口中得知，在她休产假期间，他曾经与克劳斯围绕某个早期版本的底板发生冲突，导致两人都感到沮丧和愤怒。其他几名同事也提到了类似的经历。

萨拉的心沉了下去。她明白接下来该做什么：必须亲自与克劳斯见面，而这种会面对她而言恰恰是最棘手的。为了获得克劳斯的背书，萨拉知道自己需要设计符合所有标准的可接受底板，并使对方相信萨拉的团队能够做到。但当萨拉想到，克劳斯似乎对她设计的底板持有非理性偏见时，她感到犹豫不决。第二天，萨拉和罗恩讨论了此事。

角色转变

罗恩知道，对萨拉而言，与克劳斯见面是一项重大挑战。为了帮助萨拉用一种更集中注意力、更有同情心的取向代替焦虑，罗恩邀请她尝试"**角色转变**"（reverse role-play）教练方法。该方法非常有助于领导者提高利益相关者理解才能。①

罗恩问萨拉，她是否愿意花几分钟时间站在克劳斯的立场上思考。萨拉表示同意。罗恩没有询问萨拉她认为克劳斯会有什么感受，而是要求她假定自己是克劳斯，坐在椅子上等待萨拉来面谈底板问题。罗恩说："我知道，你以前没有见过克劳斯，但根据你了解的一切，设想他坐在那里会说什么。"萨拉非常信任罗恩，所以她愿意试试。

假定萨拉是克劳斯，罗恩对她说："我知道您最近发明了一款新型细胞成像仪。您怎么看待这项成就？""克劳斯"说道："我很自豪。这是当前市面上最好的成像仪。但我对那些制造底板的公司非常失望。没有一家让人满意！没有质量过硬的配套底板，新型成像仪就毫无用处。"罗恩要求萨拉继续扮演克劳斯，进一步感受他的自豪与失望。

罗恩接着说："听说您准备与刚才提到的一家公司的经理萨拉见面。""克劳斯"回应道："是的。我为他们设计的底板出具了一份评估报告。以前我没有见过她，但上次与她所在公司的合作令我非常沮丧。"罗恩问："你们见面时，萨拉怎么做才能让你对她的努力给出积极的回应？""克劳斯"说："我希望萨拉对先前合作中的不快作出解释。底板对新型成像仪的前途至关重要，我还需要得到保证（在技术层面，甚至可能在个人层面），才能放心地把配套部件托付给他们。"②

当两人结束角色转变练习后，罗恩问萨拉有什么收获。她答道："我觉得，让克劳斯有机会表达沮丧，得到倾听，这是赢得信任的重要步骤。"为此，她会在生产出早期版本的底板后询问克劳斯："应该如

---

① 我们中的一人指导萨拉的教练已有几年时间，所以他对一般的教练过程（尤其是角色转变）非常熟悉。

② 询问萨拉克劳斯会怎么想，这是一种实干家层次的练习。让她"变成"克劳斯的角色转变更符合超越实干家的层次。这个例子表明，人们经常能够成功地采用高级成长阶段特有的做法。然而，采取这些做法时他们可能需要更多指导，并且不太可能像处于相应阶段的人那样自行继续这些做法。

何改进?"这将帮助她在一个建设性的经验教训框架内理解克劳斯的全部规格。萨拉表示自己应该感谢克劳斯,"他主动拿出大量时间评估我们的底板,并给出了我们团队无法得到的宝贵的分析结论。我要明确承认,他的所作所为非常难得。"① 这番话甚至令萨拉自己感到意外。

重要会面

萨拉还认识到,与克劳斯会面不仅是自己的成长机会,也是与她一起参加会面的两位团队成员贾妮斯(Janice)和斯科特(Scott)的成长机会。萨拉决定指导两人按照她和罗恩共同设想的方法为会面做准备。在所有关键的转折点,萨拉将及时引导两人,并要求他们都发挥重要作用。

当三人见到克劳斯时,萨拉对他出具评估报告表示由衷的感谢,并告诉他,自己想要根据客户的具体要求制造底板,以便同新型成像仪完美匹配。克劳斯开心地笑了。但当萨拉问克劳斯应该从先前生产的底板中吸取什么教训时,后者的消极感受倾泻而出。他列举了一系列问题,并对耗费时间进行评估表示非常失望。萨拉和两位团队成员认真倾听,并询问了若干相关问题。接着克劳斯非常激动地说,会向他们展示关于先前底板的评估报告内容。

鉴于克劳斯以往的沮丧情绪已发泄,萨拉用与他的激动情绪匹配的语气回应道:"克劳斯,谢谢您!我们很快就可以制造符合所有规格的底板,从现在起我就会着手去做。您意下如何?"克劳斯停顿了一下,说道:"好,让我们着手吧。"他的语气发生了戏剧性变化。

贾妮斯和斯科特也向克劳斯保证,他们已经掌握了新的制造技术,能够做到以前做不到的事情。克劳斯明确介绍了全部规格,表示他们

---

① 除此之外,萨拉的经历还表明,在关键对话领域成功的举措如何能够在团队和组织领域引发积极的连锁反应。

的底板已经超越了竞争对手的产品，并说愿意投入更多时间测试新产品。萨拉对克劳斯的态度转变感到非常吃惊，为确保没有听错，她重复了一遍克劳斯的话。当几人结束这次短暂的会面时，已经可以确定克劳斯会为萨拉公司生产的底板背书。此外，在克劳斯的帮助下开展测试会缩短产品上市时间，并确保该成像仪及配套的底板可销售给各种企业。后来萨拉表示：

我们实现了所有目标，并且通过采用合作的方法，彼此从僵硬的对抗转变为融洽的伙伴。在短时间内，我们公司成为第一家向市场推出新型成像仪配套底板的企业。据保守估计，五年内公司至少能够获得75万美元收益。

通过反复练习自我领导，萨拉同时实现了两个目标：她的举措取得了成功；她本人成为一名更敏捷的领导者。

反思性行动的力量

领导力敏捷度的核心是指从当前关注点退后一步以便作出更明智的决策，进而全身心从事下一步的工作。我们把该过程称为**反思性行动**（reflective action）。反思性行动既是领导力敏捷度的本质，又是发展领导力敏捷度的最佳方式。

反思性行动循环

反思性行动是包括四个步骤的循环，强化了从体验中学习的自然过程。在图10-1中，该循环的每个象限代表四个步骤中的一步。

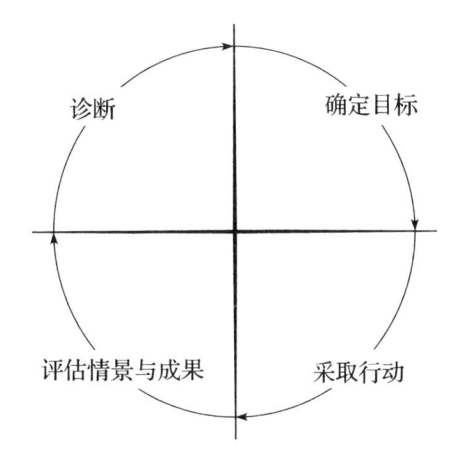

```
        诊断              确定目标


     评估情景与成果        采取行动
```

图 10-1　反思性行动循环

实际上，你可以从四个步骤中的任何一步开始该循环。我们从左下象限开始介绍反思性行动循环。

1. 评估情景与成果：审视所处的环境，确定哪些问题（难题或机会）需要引起注意。

2. 诊断：当你确定了需要注意的问题后，采取行动前请尝试理解哪些因素造成了难题或妨碍了抓住机会。[1]

3. 确定目标：明确你想要实现的成果，并决定如何实现。

4. 采取行动：落实你决定采取的行动。

5. 评估情景与成果：重复第一步，评估行动的成果，如此循环往复。

我们所有人每天都会不断经历反思性行动循环。然而，很大程度上我们往往对此无意识。因此，我们忽视了该循环具有的大部分力量。萨拉的故事之所以与众不同，是因为她积极主动地推进该循环。更不

---

[1]　此处我们的介绍类似速写。诊断可以采取多种形式，包括力场分析（确定形成妥善解决方案的促进因素以及限制因素）和肯定式探询（重点在于确定并发展积极的素质）。难题可以通过识别并利用现有优势得以解决。

寻常的是，萨拉还借此练习自我领导。①

当你练习自我领导时，会遵循反思性行动循环的步骤前进。以萨拉见克劳斯时采取的方法为例：她需要在会面过程中解决的问题不仅包括技术问题，还包括克劳斯的沮丧情绪。她还关注下述挑战：在重要问题上遭到强烈反对时如何保持注意力集中。萨拉为此次会面确立了两个目标，一是赢得克劳斯的信任，二是利用此次会面尝试更有效的态度与行为。两个目标相辅相成，可以融合为一个意图。

能复原的态度

反思性行动涉及尝试新行为的意愿以及诚实地审视自我，因此这需要一定程度的好奇心、勇气、自信，还要求坚持下述信念：最终不仅要为自己的成长负责，还要为生活中需要的应对一切负责。我们称之为**"能复原的态度"**（resilient attitude），因为复原力可以囊括刚才描述的一切，能够推动反思性行动。

你的复原力水平部分取决于成长动机。正如前文所言，每当你发展至新的领导力敏捷度层次，成长动机也会发展到新层次。一般而言，在每个新层次上，你内心对待成败的态度会变得更容易复原。

除成长动机外，复原力水平也取决于许多其他因素。② 如果你想要保持能复原的态度，那么我们建议进行三种简单的日常练习：有氧运

---

① 如果你检查使用每项领导力敏捷度的能力（第 3 章进行了简要介绍）执行的基本任务，就会发现每项能力都包含一个反思性行动循环：环境设定敏捷度涉及审视所处的环境（评估），理解需要解决的问题（诊断），明确想要实现的成果（确定目标）；利益相关者敏捷度包括识别关键利益相关者（评估），理解他们关注的问题（诊断），找到提高一致性的方法（确定目标）；创造性敏捷度包括识别非结构化问题（评估），理解其原因（诊断），并产生独特的解决方案（确定目标）；自我领导敏捷度涉及认清自己的高效性（评估），识别自身的优势与劣势（诊断），确定领导力发展目标（确定目标）。萨拉的例子表明，环境设定敏捷度和利益相关者敏捷度涉及的行动步骤会推动你掌握领导力敏捷度的另外两种能力，而创造性敏捷度和自我领导敏捷度涉及的行动步骤通常相互交织。

② 你对待成败的态度不仅受成长动机影响，还受到下列两个因素影响：童年时学会的对待自己的态度、当前他人对待你的态度。

动、聚焦练习（采用某种放松或冥想技巧）、创造性练习[①]，这些方法效果不错且令人振奋。经验表明，每天进行其中一项练习，平均只需15分钟，就能产生明显的幸福感和可靠的复原力储备。[②]

把反思性行动作为一项基础练习

把反思性行动作为一项自觉的日常练习有助于提高领导力敏捷度。第一步，每天挑选一个你想要主动解决的问题（重大的或琐碎的）。第二步，在拟定解决方案前，务必要理解问题所在。第三步分为两个部分：首先也是最常被忽视的部分是澄清你所需的成果；其次是明确你将采取哪些行动实现该成果。第四步，采取行动，然后花点时间反思并从发生的事情中学习。

反思性行动可以非常迅速地凭直觉作出（如在对话过程中）；也可以比较缓慢地系统性作出（如在制定一项新企业战略的过程中）。重要的是遵循上述四个步骤不断练习反思性行动，直到习惯成自然。你往往想要对诊断、确定目标、规划给予足够的注意，从而提高工作的有效性，但你不想被自我分析或自我评判束缚。你想要学会轻松地完成整个周期。面对挑战时，你能更好地培养能复原的、自我赋权的态度，对反思性行动的承诺就会更坚定。

如果你把反思性行动作为一项基础练习，那么它也可以提高你指导下属时的工作效率，具体表现在两个方面：第一，这会让你明白，有效的教练活动包括激发并增强他人对反思性行动的承诺；第二，当你把反思性行动作为一项日常练习时，你就会成为终生学习的榜样，对他人产生激励作用。

---

① 创造性练习的具体方式可以因人而异，例如选择划船、木工、园艺、绘画、写诗、刺绣、摄影、雕刻、唱歌、骑马、奏乐以及学习一门新语言。
② 这套特殊的训练由缅因州的一名教练桑迪·戴维斯（Sandy Davis）开发。

意识与意图层次

萨拉的故事告诉我们，在当前领导力敏捷度层次内，你可以如何运用反思性行动从本质上变得更敏捷。但如果你已经准备好发展至新的敏捷度层次呢？在这种情况下，反思性行动仍是关键：你需要在日常举措中练习新领导行为，并形成支持该行为的才能。然而，现在你关注的是与新敏捷度层次匹配的行为与才能。真正的秘诀在于：运用同新领导力敏捷度层次匹配的意识与意图。①

这到底是什么意思呢？你该怎么做？我们已经注意到，反思性行动是领导力敏捷度的潜在动力：从当前关注点退后一步，以便获得新见解，作出更明智的决策，进而从事下一步工作。退后一步对应反思性行动循环的前两步：确定并理解问题。另外两步描述了重新参与行动的过程：明确想要实现的成果，并落实决定采取的行动。退后一步获得的见解的深度与广度取决于意识层次。明确成果并落实行动的方式取决于意图层次。

例如，萨拉是一名实干家层次的管理者，当退后一步时，她激活了一种强有力的事后反思才能。通过在散会后、教练课程中、开车回家路上的停顿与反思，她从体验中学习。当明确了所需的成果并采取行动时，她接近实干家层次的意图：希望以符合自己价值观的方式实现所需的成果。

萨拉在实干家层次内追求进一步发展的过程中，该层次的意识与意图对她很有帮助。要发展至促变者层次的领导力敏捷度，她需要运用促变者层次的意识与意图开展反思性行动。这就要求她形成下述才

---

① 当被激活时，同每个敏捷度层次匹配的意识与意图都会逐步把你的心智才能与情感才能发展到该层次上。例如，更深刻的意识与意图使我们更容易理解表面对立的双方如何相互关联。因此，你越把共创者层次的意识与意图带到面临的问题上，就越自然地运用共创者层次的联结意识来理解并回应问题。

能：当场反思自己的想法、感受、行为。她还需要改变潜在意图，聚焦营造能够持续实现所需成果的环境。

在讲述该过程的真实例子前，让我们回顾一下意识与意图的五个层次（请注意，意识与意图的每个层次都包含并超越了先前层次）。[1]

英雄式层次	
专家	意识：适度的反思才能
	意图：改善并完成事务
实干家	意识：强有力的反思才能
	意图：以符合自己价值观的方式实现所需的成果
后英雄式层次	
促变者	意识：从当前退后一步的本领；直接但瞬间注意当前假设、感受、行为（否则会被你忽略）的本领
	意图：营造环境；促进有意义且令人满意的过程；推进持续实现所需成果的过程
共创者	意识：稍微持续地注意当前的体验流；赋予你更强有力的才能来处理痛苦的感受，理解不同于你的整个参照框架
	意图：实现不断完善的人生使命；通过在日常生活中与他人深度合作来实现该目标
协同者	意识：持续地、广泛地、以当前为中心地注意自身的实体存在，包括五种感官、思考过程、直觉、情绪反应
	意图：全心全意地生活，造福自己和他人

---

[1] 每当人们发展至新的敏捷度层次，他们都保留了恢复至先前意识与意图层次的本领。如第9章所言，降低层次有时是有意的，有时是无意的。
以患者为中心的心理治疗师卡尔·罗杰斯在经典著作《成为一个人》(*On Becoming a Person*) 中提出心理治疗的过程理念，五个意识层次对应这种理念的第三至第七阶段。要了解近期提出的类似的意识层次框架，请参阅约翰·威尔伍德 (John Welwood)：《迈向觉醒的心理学》(*Toward a Psychology of Awakening*) 中"反思与存在"一章。

成长至新的敏捷度层次

亚当在总部位于芝加哥的一家通信企业工作，最近被提拔为主管核心服务业务的副总裁。他有8名直接下属，主管的部门中有数百名员工。亚当40来岁，是一名聪明能干的管理者。尽管企业正面临严峻形势，但他始终充满热情地工作。近年来企业多次重组，还出现了几次大规模裁员。

作为复兴战略的构成部分，企业面向高潜力的管理者推出了一个领导力开发项目。作为项目参与者，亚当获得了360度反馈信息，并可以选择一位领导力教练。幸运的是，老板非常支持亚当，经常给他提供坦率的、建设性的反馈意见。

亚当是一名充分发展的实干家（属于典型的英雄式领导者），不喜欢向他人求助。亚当很少让团队成员参与决策，但也认识到这种做法会妨碍自己成为一名理想的领导者。当了解到促变者层次领导力敏捷度的信息时，他明白，这正是自己下一步成长的方向。他想要构建一个参与型团队，拿出更多时间培养直接下属，并为部门提出一个有吸引力的愿景。

由于亚当想要体验工作与人生更深刻的意义，所以他憧憬促变者层次的领导力敏捷度。他告诉教练，自己最近参加了某位退休商界领袖主办的一次论坛，此人与自己一样都是非洲裔美国人。

这让我反思自己的人生。我希望有一天能够担任首席执行官，但不是为了赚钱或成为人上人。我过于关注"专业"，一定程度上忽视了真正的热情所在。我是谁？有哪些比我自己更重要的事业需要得到关注？我想弄清楚这些，每天都更好地生活。这是我的追求。我确实知道，我想要开创事业，从而让世界变得更美好。我真心乐于助人，但不清楚该采取什么方式。我与妻子志愿参加了一个精彩的课后项目，担任孩子们的家庭教师、营养师或导师，帮助他们打理生活中的一切。我们公司为该项目捐赠了多台计算机。我要志愿从事更多事务吗？我要加入某家非营利组织的董事会吗？我不太清楚。

与此同时，亚当正忙于准备一次面向其他部门副总裁的陈述。他将提出一套新指标来衡量客户对企业产品与服务的满意度。亚当确信，新指标会在多个方面让企业受益，但这群副总裁会持反对态度。他说："我最多有20分钟时间陈述。老板告诉我，在陈述时我有时表现得不够自信。为了让他们相信其价值，我该如何表现出对这套新指标的信心呢？"

这是实干家层次领导者的典型问题。亚当把陈述视为一场表演：他认为不得不施展自己的人格魅力来说服这群关键利益相关者支持他的举措。[1] 教练引导他抵达了实干家层次与促变者层次之间的临界点："在陈述时，不仅要强调企业的收益，还要置身于这群人中间。就个人而言，他们能否从新指标中获益？"

亚当说："当然。"听完他的具体阐述，教练说："从你谈论此事的方式，我可以发现你的动机绝非争强好胜，而是真心关怀他们，想要帮助他们取得成功。"亚当点点头，教练指出："我认为，这才是你真正的热情所在。既要强调企业的收益，也要阐明他们将如何受益。不要试图热情洋溢地说服他们，而要发自肺腑（个人对个人）地表达想帮助他们取得成功的真情实感。"

此次会议非常顺利。尽管仍有人持怀疑态度，但整体反应非常积极。会后，执行副总裁称赞亚当的陈述非常精彩，并向他保证将接受

---

[1] 在这个例子中，"把陈述视为一场表演"意味着，亚当一心想着自己给他人留下的印象。然而，也有某些后英雄式方法把陈述视为一场表演，请参阅哈尔彭（Halpern）、卢瓦尔（Lubar）：《当前的领导力》(*Leadership Presence*)。

这套新指标。一周后,教练问亚当此次陈述的收获,他说:

如果你真心想要与某些人交流,那么必须进入他们的世界,找出他们关切的问题,进而做到真实可信,说话发自肺腑。过去的一周,我经常这么做。以那两个刚调入我们团队的家伙为例。在我初次与他们一对一谈话时,他们每个人都谨小慎微,谈话仅仅流于表面。因此我决定更充分地进入他们的世界,询问更恰当的问题,对他们更坦诚。效果非常明显。这种方式甚至改善了我与妻子的交流效果。

当教练发现亚当已经能够轻松地作出这种新行为(并且能够迅速地举一反三)时,他认为,亚当已经为促变者层次的自我领导做好了准备。在下一次谈话时,亚当提出了一个问题,这提供了开启该过程的机会。每当男性直接下属遇到工作难题时,亚当能够直截了当地、建设性地设法解决问题。然而,他发现难以给女性直接下属负面反馈信息,"最终我成了老好人,这只是在回避问题罢了"。

当思考回避问题的原因时,亚当认识到,自己担心女性下属哭泣。当被问及对女性哭泣的感受时,他说会有一种深深的负罪感。在对待6岁的女儿时,亚当也存在类似的难题。妻子抱怨,亚当被女儿的牢骚控制,任由她胡作非为。

教练建议亚当从关注父女关系着手。接下来的一周内,每当女儿试图胡作非为时,他都体会自己当时的情绪反应,但不会试图分析产生该反应的原因,也不会试图改变行为。他只是单纯地注意这种感受,然后顺其自然。这会培养促变者层次的自我意识才能,并且会更充分地理解曾经具有妨碍作用的情绪反应。

令亚当吃惊的是,尽管没有试图改变行为,但经过几个晚上的练习,他开始更坚决地回应女儿的牢骚。换言之,随着他对行为背后的感受有了更多的认识,感受随之改变,行为也发生了改变。亚当的妻子感到很惊讶。

每天傍晚，亚当和女儿至少进行一次练习。两周后，亚当决定与一位女下属会面，以前他一直回避同此人谈论绩效问题。围绕此人工作的优缺点，他们进行了几次坦率交谈，最终使她对自己的工作产生了新的认识。

当亚当开始在其他情景中练习促变者层次的意识时，他注意到其他适得其反的情绪反应。例如，他注意到每当遭遇挑战时，都感到自己"必须正确无误"。

这种感受是：如果我错了，那就是我出了问题。例如，我邀请了几位顾问评估某个部门并提出建议。该部门的主管向我抱怨，他认为一切尽在掌握之中，而我绕过了他。就在那时，我注意到自己的感受：必须正确无误。我急于捍卫自己的观点，以至于没有进入对方的世界，也没有理解对方产生某种想法的理由。

教练告诉亚当，英雄式领导者经常会有这种感受，但往往意识不到。教练知道亚当想要成为一名参与型领导者，因此要求亚当考虑对"这位主管所在的部门需要外部帮助"的看法。教练向亚当展示了如何根据这种看法（以及其他类似看法）采取行动，促变者层次领导者会首先与这位主管讨论相关问题，把主张与探询结合起来，开展对话，让每个人的看法及理由都得到充分表达。然后，如果他仍然认为需要顾问，那么可以运用权威作出该决策。

亚当比多数管理者的复原力更强。但当公司计划新一轮裁员时，亚当告诉教练自己的压力越来越大。他已经在定期开展有氧运动：每天跑步。教练建议他开展本章前面提到的另外两项复原力练习。亚当不确定是否想要学习冥想，但决定每晚拿出15分钟独处时间来放松和减压。谈到选择一种创造性练习时，亚当说自己一直想学习飞行。当然他不能每天飞行15分钟，但多数晚上都会拿出15分钟阅读有关飞行的书籍，并且每个周末都去参加飞行课程。亚当发现，这是一段令人兴奋的经历。

接下来的几个月里，亚当发现，无论在公司还是家里都有许多机会来转变为促变者层次的意识。尽管许多同事焦虑不安，但亚当变得更平静、更自如，注意力也更集中了。先前，他的自信基于自认为绩效突出。现在，他对自己越来越自信。亚当说："我感到，我可以让人们看到人性的一面，看到真实的我。我感到正在同更多人面对面交流。"亚当的老板也注意到了这种变化，他说："你说话时更自信了，能够询问更多问题，不再像以前那样鲁莽。好极了！"

此外，亚当与直接下属（尤其是经验丰富的下属）的关系变得更像教练与学员的关系。

我过去常常密切关注詹森（Jason）的一举一动，总是着眼于控制和发号施令。由于詹森负责非常重要的项目，所以我觉得自己的行为并无不妥。我要求他有事与我商量，如果对他的方法感到不放心，那么我们会一直讨论，直到他接受我的看法。但在他负责的上一个重要项目中，我尝试采取了一些新做法。这是一个员工敬业度调查项目，在整个企业内备受关注。我对该项目的设计与管理几乎没有任何不同意见。我的所作所为都旨在指导他成为一名更高效的领导者。例如，我帮助他识别项目的利益相关者，并思考同他们合作的最佳方式。

之所以能够做到这些，部分是因为我了解了主管们的内在动机。因此，我的任务不是推动他们前进，而是创造条件，把他们内心的愿望（学习、取得成就）引导至正确的方向。

另一项转变是，我不再感到需要赢得荣誉。对我而言，这个项目事关詹森及其成长。从我本人所处的实干家层次看，我自认为并未真正作出什么贡献。但从促变者层次看,我的贡献是在下述方面提供指导:询问、倾听、充当参谋、给予鼓励。如果他误入歧途,那么我会介入以帮助他重回正轨。但实际上,通过定期的指导,他的表现非常出色。我现在认为,自己的部分任务是把下属培养成更优秀的领导者,帮助他们在一家不知道如何合作的企业内学会合作。

同样,亚当开始让团队成员参与重要决策。下级主管对此反应非常积极,他们开始像一个真正的团队那样运作。例如,由于公司陷入财务困境,人们认为某些最高管理者自私自利,所以大部分部门士气低迷。为了践行自己的和组织的价值观,亚当召集团队成员讨论在困难重重的环境中他们能做什么。关于其领导方式的消息逐步扩散,甚至有其他部门的人询问亚当主管的部门中是否有空缺岗位。

当公司最高管理层要求亚当和同事推进新一轮裁员时,他召集团队成员开会,共同作出相关决策。亚当后来说:"这项决策令人非常痛苦,但我们做得非常好,且在3个小时内就完成了,比我自己做决策快得多。"两周后,亚当召集直接下属共同制定了一项愿景和战略,随后向部门内其他员工公布。亚当认为这是一个重要步骤,不仅因为这可以把管理团队聚在一起,确定明确的方向,还因为这给组织内其他人树立了榜样。亚当说:"我想要员工把我们视为一个真正的领导团队,希望这能为他们日后的工作定下基调。"

亚当把自己在工作和生活中的大部分改变都归功于下述新本领:转变为促变者层次的意识与意图。

现在我经常自问有什么感受,然后顺其自然。如果你误入歧途,这个小技巧有助于重回正轨。如果你路线正确,它会让事情变得更有趣。

由于工作需要,我经常出差,但每次出差的时间一般不会超过两周。最近一次,我出差的时间长达四周。在第三周,妻子打电话告诉我，女儿非常想念我，她的学校将在两天后举办一场"爸爸与甜甜圈"的特别活动。但当时我在密西西比州的杰克逊市，预计需要参加一整天的会议。

打完电话后我一直在开会，但脑海中不断思考：真正重要的是什么？如果我明天死了，那么生命有什么意义？幸运的是，第二天会议的参会者是我的直接下属，而不是客户。于是我定了晚上飞回芝加哥的机票，第二天上午参加了女儿学校举办的"爸爸与甜甜圈"活动。活动结束后，我及时返回杰克逊市与同事共进晚餐。我对所做的一切感到非常高兴。这对女儿来说也意义非凡。

妻子说我发生了明显变化，哪怕是三个月前，我也不可能这么做。我感觉自己越来越能够按照自己奉行的价值观为人处世，把全部琐事从生活中清除。工作时，我想要全神贯注。回家时，我想要忘掉工作。上周末，有生以来我第一次彻底忘掉了工作。星期天，在我们从教堂回家的路上，我突然产生一个想法："去给无家可归的人拿几条毯子，就这么决定了。"所以我这么做了。

注意力练习

反思是一个心智过程，促使你回忆和思考先前的想法、感受、行为。在领导力发展的任何层次（英雄式或后英雄式），反思都非常有效。实干家层次意识的巨大优势在于强有力的反思才能，关键缺陷在于总是发生在事后。作为实干家层次的管理者，你可以行动，也可以反思，但两者无法同时进行。

对亚当而言，必须正确无误的感受、对女性哭泣的恐惧、从下属的成功中获得荣誉的渴望、不能离开工作岗位拿出一天时间陪女儿的假设,都是反应性感受与假设的典型例子,往往被实干家层次的意识忽视。要发现这些反应在现场如何发挥作用,你需要更敏锐的反思性意识,这种意识会在促变者层次上形成。

通过直接注意(否则会忽略)某种假设、感受、行为,你可以像亚当那样激活促变者层次的意识。在这些高度自觉的时刻会形成新的见解,赋予你更大的自由来调整自己的行为。然而在促变者层次上,远离直接体验(通过行动或分析)的冲动很快就会出现,这会限制见解的深度与力量。虽然某些行为可能很容易遵从促变者层次的意识与意图,但更根深蒂固的反应性模式通常不会。为了形成更深刻、更强大的意识,你需要提高注意当下体验的本领。

注意力的力量

正如我们的定义,注意力是对当下身体、精神、情感体验的非概念性直接意识。用来表示注意力的其他术语还有临在和正念。多数人往往更熟悉反思而非注意力。每个人都拥有一定的自由注意力。但注意力通常集中于我们的体验与反思,以至于我们意识不到它是一种独特的意识模式。然而,正是通过发展这种活在"注意力中"的才能,你可以形成并突破后英雄式领导力敏捷度层次。①

更持续地注意想法、感受、行为,使得成长至共创者敏捷度层次成为可能。例如,当出现胸口闷、心神不宁的感受时,你正在办公室中准备一场会议。此时此刻进行反思,你认识到自己感到焦虑。当你

---

① 我们使用的术语"注意力"不同于认知心理学中的用法。在认知心理学中,注意力是指选择性关注某件事而忽略其他事的认知过程。在我们的定义中,注意力是一种跨越认知的意识。这种意识确实存在一个焦点要素。然而,随着该意识的发展,它变得越来越宽泛。请参阅托伯特:《平衡的权力》中"行动探询的愿景"部分;图尔库(Tulku):《时间、空间与知识》(*Time, Space and Knowledge*)。

注意焦虑感时，就会认识到这是一种对遭到拒绝的恐惧，这种恐惧会在你生活的不同方面出现。你发现第一反应是希望消除这种感受。但当你以非评判方式注意焦虑时，就会逐渐放松下来。

在直接注意体验和反思体验的意义之间反复转换是共创者层次意识的特征。然而，由于注意力仍然集中于自己的体验（焦虑）以及对这种体验的反思，你可能意识不到注意力在形成这种层次的意识过程中发挥的作用。

练习注意力的方法：冥想

对多数人而言，作为一种独特的意识模式，注意力首先通过活在当下的直接感官体验而变得清晰明显。培养这种注意力最可靠的方法是进行冥想练习，这种练习强调注意当下的意识。我们发现，相比于先前敏捷度层次的领导者，共创者和协同者更可能进行冥想练习。在我们的共创者样本中，40%经常进行冥想练习，另有10%不定期进行冥想练习。在我们的协同者样本中，50%每天进行冥想练习，另有35%"半定期"进行冥想练习。然而我们也发现，所有敏捷度层次的领导者都能够学会冥想。

只要有助于发展注意力，你可以选择任何形式的冥想。例如，本书中提到的领导者练习不同形式的冥想。

一些领导者是特定宗教的信徒，他们练习的冥想与此相关，但也有许多领导者并非如此，他们练习的冥想具有明显的非宗教色彩。[1] 其中一个例子是哈佛大学医学院的赫伯特·本森（Herbert Benson）医

---

[1] 我们访谈的其他协同者练习的冥想植根于下述教导：承认生命的神圣性，但与特定宗教无关。例如葛吉夫（Gurdjieff）：《寻找存在：知觉的第四种方式》(*In Search of Being: The fourth way to consciousness*)，邬斯宾斯基（Ouspenski）：《寻找奇迹》(*In Search of the Miraculous*)）以及斯坦纳（Rudolph Steiner）提出的冥想方法。参见斯坦纳：《超越生死门：高等灵界知识与修证法门》(*Knowledge of the Higher Worlds and Its Attainment*）。

生开发的冥想——放松反应。① 诀窍在于，找到某种适合自己的冥想，并且每天留出小段独处时间加以练习。

培养注意力的其他方法

在我们的样本中，有些领导者找到了其他方法来培养共创者层次和协同者层次的意识。例如，思瑞尼和玛丽莲（见第 7 章）通过参与各种形式的心理治疗来培养共创者层次的意识。多年来，劳拉（见第 8 章）每周参加一次某宗教的集体鼓乐活动，这深化了她的意识，发展了她的直觉。尽管斯坦（见第 8 章）在 20 多岁时经常练习瑜伽和超觉冥想，但现在不再练习任何一种。然而，数十年来他在日常生活中主动培养了一种活在当下的意识。

对于没有定期进行冥想练习的协同者，我们发现：无论在生活还是工作中，他们都承诺要反复进入当前的体验流。劳拉驾驭悲伤和抑郁的本领、克里斯蒂娜练习"感受恐惧并想方设法去做"，都体现了这一点。② 通过在日常生活中充分地、不断地这么做，他们频繁地突破共创者层次的全神贯注意识，成长至协同者层次更丰富的意识。

注意力与领导力敏捷度

冥想对心理健康与生理健康的益处已经得到充分证明。③ 静坐冥想

---

① 参见赫伯特·本森和克利佩尔（Klipper）:《放松反应》(The Relaxation Response); 赫伯特·本森、普罗克特（Proctor）:《超越放松反应》(Beyond the Relaxation Response)。
② 杰弗斯（Jeffers）:《感受恐惧并想方设法去做》(Feel the Fear and Do It Anyway)。
③ 墨菲和多诺万（Donovan）:《冥想的生理与心理效应：当代研究综述》（第 2 版）(The Physical and Psychological Effects of Meditation: A Review of Contemporary Research, 2nd ed.); 奥斯汀（Austin）:《禅与大脑》(Zen and the Brain)。

可以成为从日常生活的重重压力下解脱的真正绿洲，是一种触及每个人内心深处平和喜乐源泉的方法。如果定期练习，那么你在冥想过程中体验到的心智状态至少在一定程度上会渗透到日常生活中。斯科特是一名内部领导力开发专业人员，在向促变者敏捷度层次转变时，他开始每天进行静坐练习。大约六个月后，斯科特描述了这种练习带来的影响：

> 我精力更充沛了，变得更专注、更容易恢复活力。每次进行冥想练习后，我不一定立刻感到受益。有时候，我在早上进行冥想练习，当时似乎一无所获。但我还是坚持这么做，因为我发现当天晚些时候自己会变得更容易恢复活力。

如果你进行了这种练习，那么可能会在一天中体验到自发"在场的瞬间"。起初，这些瞬间通常出现在心平气和的情景中：打扫院落、攀爬楼梯、坐在椅子上等。当你留心这些高度注意的时刻时，请放松地体验。无须刻意停下或干扰正在做的任何事，即使仅持续一会儿，也要让它自我扩展。怀着"让这一天变得更关注当前"的意图开始每一天，有助于促进该过程。

如果你期待立竿见影的效果，那么可能会失望。然而，如果你每天多次回到这种意识，那么注意力就会成长并变得更强。随着时间的推移，注意力会逐步自我扩展，变得更宏观、更广泛。如果你坚持进行这种练习，最终能学会如何在更复杂的环境中注意当下。① 请回忆一下杰夫如何准备与汤姆共进晚餐：即使在杰夫反思过去并展望未来时，他也能够注意当下。在与员工产生棘手的情绪冲突时，肯多数时间内都能够注意当下。多年来，杰夫与肯都致力于把注意当下的意识融入

---

① 最终，注意力将取代反思成为你的基础方式，重要的是，你会发现自己就是注意的对象。

日常生活。

即使在进行冥想练习的最初几个月，增加对挑战性环境的注意也能够帮助你培养所需的心智才能与情感才能，从而提高领导力敏捷度。例如，如同亚当，斯科特通过增加对感受与假设的现场注意，加速成长为促变者。斯科特表示：

> 冥想练习让我看待生活中发生的事情更客观。当我这么说时，并不是指对自己的经历变得更超然，而是更充分地意识到自己的感受，也更能与它们建立联系。
>
> 更充分地意识到自己的感受，改变了我与同事的相处方式。通过理解如何对自己的感受作出反应，我也认识到他人如何受自动的反应驱使。即使同事的所作所为给我造成了困扰，但这仍让我自然而然地少了些评判，多了些同情。昨天的会议上，有人暗示我犯了错误，导致项目进展缓慢。我意识到了自己的反应，因此没有像以往那样予以反击，而是采取更有效的方式处理。

斯科特的说法包含以下几个要点。第一，冥想练习使他更容易把促变者层次的意识融入日常生活。第二，在工作中运用这种层次的意识，帮助他形成了促变者层次的心智才能与情感才能。他特别提到的才能是自我意识和利益相关者理解。在自我意识方面，他更直接地意识到了反应性感受，而在以前他会忽略。他更能与自己的感受建立联系，矛盾的是，他对这些感受变得更客观了。认识到他人受情绪反应的驱使，所以即使遭到他人批评，这种新层次的自我意识也让他有较少的防卫心理，更有同情心。①

---

① 把注意当下的意识融入日常生活的方方面面，这极其重要。某些冥想者把冥想生活与日常生活分开。据此他们保持了某些支配其生活的反应性模式，使其免受高度注意的变革性影响。关于该主题的更多论述，请参阅麦克劳德（McLeod）:《清醒地生活》（*Wake Up to Your Life*）。

关于领导力敏捷度的发展，在本书开头我们阐述了整合方法（由外而内和由内而外相结合）的力量。从由外而内的视角看，重要的是设立领导力发展目标，确定你想要改变的具体行为。斯科特的例子强调了当你由内而外发展领导力时产生的效果：当你在行动中不断培养一种新层次的意识时，心智才能与情感才能会随之发展，这些才能进而可以支持更敏捷的领导行为。

未来的挑战

在本书开头，我们指出了两个深刻的世界性趋势：日益加速的变革与不断增加的复杂性。我们描述的领导者身处各种行业和部门，然而在每个例子中，面临的挑战都要求他们有效应对复杂多变的环境。无论相应的举措涉及关键对话、团队领导还是领导组织变革，这始终是核心挑战。

为了打造能够有效预测并应对变革和复杂性的组织，我们需要敏捷的领导者——不仅在组织高层，而且在其他所有层级。然而我们面临显著的"领导力敏捷度差距"：在当今的管理者中，约10%仍处于前专家层次，约45%处于专家层次，约35%处于实干家层次，仅仅约10%已经发展至后英雄式层次。贝丝（见第4章）和萨拉（见第9章和第10章）的例子已经表明，即使在当前的敏捷度层次内，英雄式领导者也可以更高效。但是，新时代对持续变革、团队协作、合作解决问题提出了更高的要求，后英雄式领导者的比例至少需要提高1倍。设想一下，如果一半管理者成长至当前层次的下一个层次（也就是说，5%管理者仍保持在前专家层次，约28%管理者仍处于专家层次，约40%管理者处于实干家层次，约27%管理者处于后英雄式层次），那么会带来什么影响？

更形象地说，如果当前一半的专家（如托尼、贝丝、盖伊、卡洛斯、凯文）像盖伊和卡洛斯那样成为实干家，那么会带来什么影响？如果当前一半的实干家（如蕾切尔和马克）像环保与安全主管布伦达、软件公司执行副总裁戴维、咨询公司首席运营官琼、石油公司总裁罗伯特那样进行领导，那么会如何？这会如何改变你的组织？如何改变我们生活的世界？

如果想要组织和世界变得更美好，我们不能无所作为，更不能寄希望于他人会拥有相应的智慧和技能。20世纪最伟大的领导人之一圣雄甘地有句名言："在这个世界上，你必须投身于希望看到的变革。"无论他人选择做什么，我们每个人都可以作出承诺，成为让事情朝更好方向发展的领导者。

通过与领导者开展合作，我们已经确信敏捷领导力与个人成长息息相关。对多数人而言，约有一半清醒的时间用来工作。工作可以碾碎你，也可以像打磨宝石一样锻炼你，具体取决于你的处理方式。通过采用更多正念来应对领导力挑战，你可以提高敏捷度，让世界变得更美好，同时实现自己的理想。果然如此的话，我们希望本书能够在未来的岁月里成为你的向导和伙伴。

附录A

本书立足的研究

本书的框架立足于下述两个基础：
- 20世纪70年代初开启的一个分为三个时期的长期研究项目。
- 30多年来，面向美国、加拿大、欧洲各国的组织领导者开展教学、教练、培训、咨询的直接经验。

本附录分为两个部分。第一部分概括这个长期研究项目取得的成果，并阐述对我们思考领导力发展阶段问题产生的主要影响。第二部分介绍我们在大力研发的第三个时期使用的研究方法，并说明我们估计各个领导力敏捷度层次管理者的比例时的依据。

三个时期的研究项目

第一个时期：理解成长阶段

1972年，我们选修了托伯特讲授的一门名为"走向行动科学"的课程，首次接触领导力以及成长阶段心理学。通过上课期间的学习，我们撰写了一篇研究生论文，把现有的成长阶段理论纳入一个原创性框架，该框架聚焦五个成年阶段，后来成为本书的主要内容。这篇论文的最终版本完成于 1976 年，吸收了洛文杰所著《自我成长》中的许多结论，该书就是关于个人成长阶段先前研究和理论的精彩综述。

这篇论文还引用了我们对许多领导者的深入访谈，这些人都发展到了促变者层次、共创者层次或协同者层次。此外，有几位领导者慷慨地向我们提供了相关成长阶段的日记。当时，我们主要关注自我领导敏捷度。从上述来源收集的信息大幅提高了我们对该领域的理解水平。

这些信息以及我们对自身经历的反思，共同引出了这篇论文最初的结论：我们介绍了文中描述的五个成长阶段背后不同的意识层次。一年后，哲学家、心理学家肯·威尔伯出版了第一本著作《知觉谱》（*The Spectrum of Consciousness*）①，证实了我们的结论。

第二个时期：把阶段与领导力联系起来

在 20 世纪 70 年代后期的毕业生培训和咨询工作中，我们启动了一个新研究项目，利用一种名为"模仿"的深度访谈技巧了解思维模式，该模式奠定了高绩效领导者和其他专业人员各种行为的基础。然而，直到 20 世纪 80 年代初，我们才启动一个把成长阶段与领导力有效性明确联系起来的研究项目。这个项目是该时期开展的一系列更广泛研究项目的组成部分，证实了成长阶段与领导力有效性正相关。

20 世纪 80 年代前期大量有关成长阶段的著作得以出版，深化了我们对该主题的认识，例如：罗伯特·凯根的《不断完善的自我》；詹姆斯·福勒的《信仰的阶段》；肯·威尔伯大量更概念化的著

---

① 《知觉谱》于 1977 年首次出版。——译者

作。①1982年，我们最早产生了把成长阶段与领导力研究推进到一个新阶段的想法，当时我们参加了哈佛大学哈利·拉斯科教授开设的关于成年人发展的研究生课程。此前，拉斯科刚刚启动了第一项学术研究，探讨不同成长阶段管理者之间的差异。②

在研究期间，为评估每位管理者所处的自我成长阶段，拉斯科使用了华盛顿大学填句测验，这是一个由洛文杰及其助手设计并精心验证的研究工具。③这项研究确认了成长阶段与有效领导力正相关。拉斯科还领导了许多培训项目，旨在帮助管理者超越当前所处的成长阶段。这些经历让拉斯科对洛文杰提出的各个阶段的内在心理有了更深入的了解，证实并扩展了我们早期的研究结论。④

1983年，受拉斯科的研究启发，我们接受了使用填句测验所需的培训，并且启动了一个为期六个月的研究项目，从而进一步加深对成长阶段与领导力有效性关系的认识。这项研究的参与者都是来自金融软件系统公司（见第6章）的客户。

为了推进项目，参与者完成了洛文杰的填句测验，接下来我们对参与者的回应打分，并开展访谈，在此期间我们与参与者共同评估其成长阶段。⑤由于每位参与者都参加了合作技能培训项目，他们同时也

---

① 1979—1983年，威尔伯出版了6本著作，都是他现在所谓思想发展"第二阶段"的著作。当时，对我们的思想影响最大的是《没有疆界》(*No Boundary*)、《阿特曼计划》(*The Atman Project*)、《眼对眼》。威尔伯的思想发展与这些著作有关并取得突破，维萨（Visser）的《肯·威尔伯：充满激情的思想家》论述了这个非常复杂的主题。

② 参见哈利·拉斯科：《自我成长与动机：N成就的跨文化认知发展分析》（Ego Development and Motivation: A Cross-Cultural Cognitive-Developmental Analysis of N Achievement）。在讲授完我们参加的课程后，拉斯科离开了成长阶段心理学领域，在后来的20年中，他独自创立或参与创立了多家成功的企业，聚焦多媒体技术和知识管理领域。

③ 这项"测验"（我们认为这是一个不恰当的词）由经过专门培训的评估员"打分"。该工具的发展始于20世纪60年代，多年来已被大量研究、广泛使用且不断改进。请参阅希和洛文杰：《测量自我的成长》。

④ 苏珊·库克-格罗伊特的《论领导力发展框架中9个行动逻辑的详细发展过程》准确概括了拉斯科的许多新见解。

⑤ 这种方法出自托伯特和默龙（Keith Merron）。

是接受辅导的客户，所以对于专家层次、实干家层次、促变者层次领导者在关键对话行动领域中的工作方式，我们能够确定其关键差异。①

1984 年，我们受邀在宝丽莱公司（Polaroid Corporation）② 开展一个研究项目，对参加过各种个人成长研讨会的管理者进行深度访谈。这项研究再次加深了我们对个人成长与有效领导力之间关系的认识，研究结果表明展现出新行为的管理者能够为公司创造可衡量的（且在某些情况下是巨大的）经济收益。③

在这段时期，托伯特及其波士顿学院的同事立足于拉斯科的初步研究，启动了一系列学术研究项目。④ 总体而言，这些研究取得了若干重大发现，表明更高成长阶段的领导者（根据洛文杰设计的工具进行测量）能更有效地执行各种领导任务。1987 年，托伯特在《管理企业的梦想》（*Managing the Corporate Dream*）中阐述了这些发现，这是第一本论述成长阶段与领导力有效性的著作。

持续开展的实践

到 1980 年，我们全职担任领导者的教练和顾问。接下来的 10 年中，我们基于拉斯科、托伯特、凯根以及我们自己的研究找到了与领导者共事的方法。然而我们认为，在与客户共事时采用一个明确的成长阶段框架尚不是时候。我们隐晦地使用这个框架，并且随着实践的发展，我们继续学习并开发了与客户共事的新方法。

20 多年来，我们一直采用这种方法开展工作。后来，在 20 世纪 90 年代末，我们注意到，人们对成长阶段框架的兴趣日益增加。1994

---

① 新背景咨询公司（New Context Consulting）的萨莱斯（Michael Sales）是金融软件系统公司项目的主要顾问之一。

② 宝丽莱公司是一家美国企业，1937 年由发明家艾德温·兰德（Edwin H. Land）创办。——译者

③ 怀特斯通（Debbie Whitestone）是这项研究的主要调查员之一。

④ 这些项目包括托伯特与波士顿学院的同事费舍尔（Dal Fisher）进行的研究，以及托伯特指导的博士学位论文。本附录的研究方法部分将进一步介绍这些研究。

年，凯根出版了《超越我们的头脑》。两年后，贝克与考恩出版了《螺旋动力学》(Spiral Dynamics)，在已故的格雷夫斯（Claire Graves）①的成果基础上提出了一个成长阶段框架。到2000年，威尔伯已经撰写、合编了17本著作，几乎全部基于他不断完善的成长阶段框架，他的思想在不断壮大的全球前沿思想家网络中广受欢迎。②

第三个时期：大力研发

撰写本书的想法诞生于2001年2月一个星期二的下午，当时我们发现，两人分别在构思同一本书。随着我们的深入交谈，一个雄心勃勃的研究计划出现了。该计划的主要目标是完成引言中提到的表 I-1，从而在关键对话、团队领导、领导组织变革三个行动领域为五个领导力敏捷度层次的管理者提供实用性指导；次要目标是回答成长阶段与领导力有效性之间关系的烦琐问题。

我们认为，该计划立足于下列三方面的知识：80年来对九个成长阶段（本书论述的五个阶段加上前面的四个阶段）的研究回顾；关于成长阶段与领导力有效性之间关系的现有研究；关于220位管理者的数据（包括客户体验、深度访谈、详细的行动学习日记等）。这项历时四年完成的研究计划取得了许多成果，加深了我们的理解，使我们对该主题的认识超越了以往任何著述。

阶段和层次

关于个人成长阶段的研究回顾与综述受益于下列研究：关于前专家阶段的研究；关于从专家阶段到协同者阶段的研究（关于我们提出的"阶段"的介绍，以及我们提出的成长阶段框架与其他观点的比较，详见附录B）。对五个领导力敏捷度层次的描述主要来自我们自己的研

---

① 经核实，格雷夫斯英文名应为：Clare W. Graves。——译者
② 到2002年，威尔伯的著作已经被翻译为20种语言，其中7本成为畅销书。

究，也借鉴了托伯特的成果（甚至采用了他提出的术语"专家"和"实干家"）以及哈里斯、默龙、史密斯三人尚未发表的博士学位论文。①

此外，我们还受益于戴维·布拉德福德和艾伦·科恩关于团队领导力方面的作品。尽管他们没有使用成长阶段框架，但对英雄式和后英雄式领导力的区分反映了因循阶段与后因循阶段的差异。具体而言，他们所谓的"技术员"和"指挥者"对应我们的"专家层次"和"实干家层次"团队领导者，他们的"开发者"涵盖了"促变者层次"与"共创者层次"团队领导者。② 与此类似，我们还受益于罗莎贝丝·坎特（Rosabeth Moss Kanter）③在《变革大师》（*The Change Masters*）中根据相关研究对"区隔者"（专家）和"整合者"（后专家）的区分。

研究方法

现在，我们介绍为撰写本书开展的研究项目在第三个时期（也是最后一个时期）采用的方法。

样本量

在本项目最近四年的研究期间，研究对象的总数是604人：其中384位管理者来自托伯特在《平衡的权力：改变自我、社会与科学

---

① 哈里斯：《支持转化式学习的经验》；默龙：《高度不确定性条件下自我成长与管理有效性之间的关系》（The Relationship Between Ego Development and Managerial Effectiveness Under Conditions of High Uncertainty）；史密斯：《自我成长、权力难题与组织中的协议》。亦可参见默龙、费舍尔、托伯特：《意义的创造与管理行为》（Meaning-Making and Management Action）。

② 参见布拉德福德和科恩：《追求卓越的管理》《活力领导：通过共享领导实现组织变革》。

③ 罗莎贝丝·坎特是哈佛商学院教授，代表作是《变革大师》。——译者

探询》(*The Power of Balance: Transforming Self, Society and Scientific Inquiry*)中提到的四项研究①，220位管理者是我们的客户、受访者或晚间MBA课程的学生。

数据源

除第2章的虚构场景外，本书中的所有例子都来自我们与客户的合作或深度访谈。较短的例子来自受访者或学习晚间MBA课程的管理者保存的日记。

访谈形式

在整个研究的第三个时期，我们都采用了深度访谈方法，每次访谈持续45分钟到两个半小时。我们采用了两种不同形式的访谈：一种旨在评估某人的成长阶段，另一种旨在评估三个行动领域（关键对话、团队领导、领导组织变革）中至少一个领域的领导力敏捷度层次。许多领导者接受了这两种访谈。

要在特定领域内有资格达到某个领导力敏捷度层次，我们需要看到确凿的证据表明领导者已经达到相应的成长阶段，并且提供的例子必须表明，在采取行动时，领导者总是具备同该阶段相符的各种素质。

成长阶段的评估

我们使用经过充分检验的专门研究工具并辅之以"临床评估"（若

---

① 参见托伯特：《平衡的权力：改变自我、社会与科学探询》，第43~49页。在托伯特引用的六项研究中，我们借鉴了四项，包括37名一线主管、177名初级和中级管理者、66名高级管理者以及104名执行官。其中1项研究的对象起初是护士和医疗专业人员（100名护士和13名医疗专业人员），由于涉及的管理责任微不足道，所以该研究被我们剔除。

领导者是一位客户）或访谈，以此评估每位领导者的成长阶段。在进行第三个时期的研究前，我们使用的工具是华盛顿大学的填句测验。第三个时期是整个研究中最重要的阶段，我们使用了一个经过充分检验的、略有不同的研究工具：苏珊·库克-格罗伊特开发的领导力发展问卷（Leadership Development Profile，LDP）。①

各阶段管理者占比的估算方法

为了大致估算每个成长阶段的管理者人数，我们参考了托伯特提到的四项研究，这些研究评估了组织各层级的 384 名管理者所处的成长阶段。② 表 A-1 列出了处于各阶段的管理者所占的百分比。

表 A-1 敏捷度层次与组织职责层级之间的相关性

敏捷度层次	组织职责层级				
	一线主管 $n=37$	初、中级管理者 $n=177$	高级管理者 $n=66$	执行官 $n=104$	总计 $n=384$
	(%)	(%)	(%)	(%)	四舍五入平均值 (%)
前专家	24	14	6	3	11
专家	68	43.5	47	43.5	46
实干家	8	40	33	39.5	36
后英雄式	0	2.5	14	14	7

---

① 苏珊·库克-格罗伊特开发的领导力发展问卷本质上与填句测验相同，只不过 36 个有待完成的句子中有几个的主干被更改，从而使其更适合工作场合（如"一位好老板……"）。库克-格罗伊特是洛文杰最早培训的填句测验专业打分人员，已经使用领导力发展问卷打分数百次，并为这种新测验方法开发了经过验证的、基于规范的记分表。

我们起初使用库克-格罗伊特测验法作为主要打分方法，并且运用我们自己的打分方法（基于我们早期使用填句测验时接受的培训和使用库克-格罗伊特测验法时接受的更多培训）进行复查。随着时间的推移，对于为领导力发展问卷打分的本领，以及评估所处阶段的临床判断，我们有了足够的信心，并且偶尔让研究对象参加一个合作性自我评估程序来额外确认。

② 参见托伯特：《平衡的权力：改变自我、社会与科学探询》，第 43~49 页。

我们基于上述 384 名管理者概括出整个管理者群体的状况，为了表明这只是我们作出的尝试，对每个层次的百分比进行了四舍五入处理。在确定如何更准确地计算这些数值时，我们考虑了已有的经验：当领导者接受访谈时，许多例子中他们实际上所处的阶段超出填句测验或领导力发展问卷表明的阶段。鉴于这个观察结论，我们把"总计"列中的前三项百分比分别调低 1%。这导致后实干家层次管理者的占比达到 10%。我们假定各阶段管理者的相对分布与苏珊·库克-格罗伊特在 4 510 个样本中发现的相对分布相同，据此计算出三个后实干家层次的数值[①]，具体如下：

阶段	百分比（%）
前专家	10
专家	45
实干家	35
促变者	5
共创者	4
协同者	1

---

① 库克-格罗伊特：《论领导力发展框架中 9 个行动逻辑的详细发展过程》。

附录B

个人的成长阶段

作为过去四年研究的构成部分，我们回顾了主要的成长阶段框架，并提出了自己的成长阶段框架，该框架涵盖了先前关于成长阶段的观点，并结合了附录 A 介绍的实证研究。在最后部分，你将看到我们的观点与威尔伯、凯根、托伯特、库克－格罗伊特等人观点的异同。①本附录的大部分内容简要介绍了我们提出的各个阶段，从前专家阶段（本书其他地方没有介绍）开始，接着概述了从专家到协同者等各个阶

---

① 参见威尔伯：《整合心理学》；凯根：《不断完善的自我》《超越我们的头脑》；洛文杰：《自我成长》；托伯特等：《行动探询》（托伯特提出的阶段称为"行动逻辑"）；库克－格罗伊特：《论领导力发展框架中 9 个行动逻辑的详细发展过程》。

我们对前因循阶段（从探索者阶段到运算者阶段）的介绍还参考了下述著作：埃里克森：《童年与社会》(*Childhood and Society*)、《认同：青年与危机》；弗拉维尔：《皮亚杰的发展心理学》；拉斯科 1982 年秋在哈佛大学开设的成年人发展课程；马勒（Mahler）、派因（Pine）和伯格曼（Bergman）：《婴儿的心理诞生》(*The Psychological Birth of the Human Infant*)；塞尔曼（Selman）和舒尔茨（Schultz）：《在青年时期交朋友》(*Making a Friend in Youth*)；威尔伯：《成长谱》(The Spectrum of Development)。

如前所述，我们的因循阶段与后因循阶段（从服从者到协同者）结合了埃里克森、弗拉维尔、拉斯科、威尔伯、凯根、洛文杰、库克－格罗伊特的论述。他们也参考了下述文献：理查兹（Richards）和康芒斯（Commons）：《系统推理、元系统推理与交叉范式推理》(Systematic, Metasystematic, and Cross-Paradigmatic Reasoning)；福勒：《信仰的阶段》；金和基奇纳：《培养反思性判断》；威廉·佩里等：《大学期间的智力与道德发展形式》。

段①，最后回答了有关成长阶段的若干常见问题，并讨论了超越协同者的阶段。②

三个前因循阶段

一般而言，前三个阶段涵盖了从出生到青春期前。如果你有读初中或年龄更小的孩子，那么了解这些阶段可能有助于你重新认识他们做某些事情的原因。你也可能发现，这是思考自己童年经历的有趣方式。③

探索者阶段

出生时，婴儿的意识沉浸在生理感受的海洋中。婴儿不能把这些感受与对实物的感知相联系，他们也不能作出目标导向的行为。然而，

---

① 关于超越协同者的阶段，请参阅附录 B 的最后部分。

有两个主要的成长阶段理论没有被我们纳入综述中。一个是 20 世纪六七十年代劳伦斯·科尔伯格提出的道德发展阶段理论。我们对该理论的评价，参见本书引言部分的相关脚注。

我们也没有采用贝克与考恩提出的螺旋动力学理论（基于格雷夫斯的早期作品）。这是由于我们对该理论的实证基础存在疑问，并且对其描述各阶段的方式持保留态度。简言之，螺旋动力学的阶段描述（他们称之为"v-模因"）包含了许多与其他成长阶段理论一致的要素，但几乎在每个阶段都增加了大量额外要素，这些对处在该阶段的部分人可能有效，但根据其他成长阶段理论，这些额外要素通常不适于处在该阶段的人。我们认为螺旋动力学的结论可能无意中导致对处于不同成长阶段的人形成刻板印象。

我们请你阅读贝克与考恩的著作《螺旋动力学》，检查该理论的实证基础，与其他理论比较，从而对该框架作出自己的评估。要评估螺旋动力学理论造成刻板印象的程度，一种方法是加入关于螺旋动力学的讨论组。我们期待阅读考恩、托多罗维奇（Todorovic）等人编辑的《无穷的探索：格雷夫斯对人性的研究》（*The Never Ending Quest: Clare W. Graves Explores Human Nature*），这本书可能有助于解答对格雷夫斯成长理论的若干实证性疑问。

② 在本附录中，我们对从专家到协同者各阶段的描述，本质上与第二部分各章开头的概述相同。

③ 这些阶段以及本附录中提到的其他阶段，都是用经济发达社会中使用的术语来描述的。相关学校是指美国的学校体系。

婴儿的生理本能和反应奠定了人类第一个成长阶段的基础，该阶段通常会持续 18 ~ 24 个月。

设想一个婴儿伸出手，抓住一个拨浪鼓，不断摇晃，然后用嘴咬住。婴儿出生后的最初几个月中经常重复这个动作，伴随每次重复，婴儿都会经历一次意识、意图与行动的循环。该循环的意识部分会留下视觉、听觉与触觉的记忆痕迹，行动部分会留下把初始冲动与特定肌肉运动联系起来的记忆痕迹。随着时间的推移，当这些冲动与肌肉记忆痕迹形成牢固的联系时，婴儿就学会灵巧地作出这个动作了。

这是初期版本的反思性行动。20 世纪 20 年代，瑞士心理学家皮亚杰开始研究成长阶段，他发现，只有通过无数次这种运动与意识的循环，探索者阶段的婴儿才能形成客体永久性，即把不同感受与可辨识的实物相联系的本领。[①] 与此同时，婴儿会形成一种持续的欲望：追求有趣的、愉快的经历，避免不愉快的经历。到两岁生日时，曾经茫然无助的婴儿已经成为蹒跚学步的孩童，能够作出简单的目标导向行为，能够体验到自己是一个健康的、有形的人，不同于物理世界的其他部分。

狂热者阶段

第二个前因循阶段始于两周岁左右（"可怕的两岁"的开端），持续到六七岁的某个时候。狂热者阶段的儿童总是在作出各种动作，情绪也迅速变化——在兴高采烈、平静、恐惧、挑衅之间不断变换。在这个阶段，儿童的成长超越了自己主要的身体认同感，并开始体验到自己有不同于他人的情感。"我要""要我""我的"都是带着真实信念

---

① 参见弗拉维尔：《皮亚杰的发展心理学》。

说出的词汇。狂热者阶段的儿童发现，尽管并非总能够如愿以偿，但他们可以表明自己的意志。

通过玩象征性游戏和学习语言，学龄前儿童形成了皮亚杰所谓的"表象思维"，即通过充满情感的文字和图像思考世界的本领。① 正如客体永久性可以让探索者阶段的婴儿把多种感受（视觉、听觉等）理顺成对特定实物的感知，表象思维使狂热者阶段的儿童能够把对同类物体的多种感知整合为文字和图像（例如狗、猫），它们代表所有这些物体的共同点。②

狂热者阶段的儿童还对时间有了最基本的理解。③ 大约三岁时，他们开始谈论自己明天想要做的事情："明天莎莉（Sally）会带着新娃娃来找我玩。"大约四岁时，他们开始预测更长远的事情："爸爸妈妈答应我，在下次生日时送给我一辆新自行车！"当儿童充分成长至狂热者阶段时，他们会对过去、现在、未来之间的差异形成连贯的认识。

狂热者阶段的儿童不会意识到，他人感知到的情景可能与自己感知到的不同。例如，当学龄前儿童与外公通电话时，外公问道："你妈妈在家吗？"儿童往往答道："在呢，妈妈在那儿。"他指着妈妈，以为外公能像自己一样看到妈妈。再如，在月光皎洁的夜晚，五岁的儿童望着车窗外，以为月亮在车外移动。这个年龄的儿童还不能想象独立于自己的感知而存在的月亮。狂热者阶段的儿童沉浸在想象中，不能

---

① 通常，18个月的儿童开始玩象征性游戏，那时他们可以运用自己的想象力来让某个物体代表其他物体，如一个枕套变成某位超级英雄的斗篷，一个大纸箱变成一座房子。到四五岁时，象征性游戏可能包括用塑料积木构建某些建筑，与同龄儿童一起玩开车游戏等。

② 狂热者阶段的儿童通过语言不仅学会了描述基本的感受与事件，也培养了追随、想象、讲述复杂故事的本领。

③ 在探索者阶段的最后几个月里，客体永久性让蹒跚学步的婴儿能够理解物理空间，但并不能真正理解时间。

区分想象与现实。与娃娃和动物玩具的生动对话体现了狂热者阶段儿童的世界充满魅力。

尽管狂热者阶段的儿童具有一定的自主性和主动性（探索者阶段时不可能出现），但他们仍然是冲动的奴隶，不能明确区分想象与现实。只有在读小学时进入新的成长阶段后，儿童才会形成调节冲动和超越直接感知的才能。

运算者阶段

上小学后，儿童会进入运算者阶段。皮亚杰把该阶段形成的意识称作具体运算阶段，即思考特定物体的属性（如颜色、形状、体积等）并据此理顺它们的本领。具体运算思维也让小学生从狂热者阶段想象的世界退后一步，能够区分想象与现实。

与此同时，通过预测特定行为的短期后果，运算者阶段的孩子会形成调节自身冲动的本领。这种才能与运算思维共同使小学生能够掌握规则和角色的逻辑，得以构思并执行各种小计划和方案，从而成为真正的（尽管是小打小闹）运算者阶段的孩子，犹如柠檬水摊老板、木偶剧制作人、珍稀物品的收藏者和商人。

三个因循阶段

在三个因循阶段中，首先是服从者阶段，紧随其后是专家阶段。多数女孩在十一二岁进入服从者阶段，而男孩通常晚一年进入该阶段。到十四五岁时，绝大多数高中学生都会完全进入服从者阶段。多数人在十八九岁时成长至专家阶段。少数人在高中最后一年成长至实干家阶段，多数人在读大学期间（25岁左右）进入实干家阶段，但也有些人更晚（通常在三四十岁）进入该阶段。①

服从者阶段

服从者阶段的意识相当于最基本的抽象思维水平，该阶段的青少年能够进行假设性思考，根据什么是可能的、什么是应该的来理解事物。这种发展对于青少年对人际关系的感知具有深刻影响。小学生知道，别人对事情的看法可能与自己不同，但他们不会想到，别人对他们的看法也不同于他们对自己的看法。然而，由于青少年具备了假设性思考的新本领，所以他们能够充分意识到别人对他们有看法和感受。他们的想象往往更多地与自己的希望和恐惧相关，而不是与他人的实际想法相关，在这个阶段他们通常很难区分两者。

服从者阶段的人非常希望获得认可，避免遭到重要人物或团体的排斥。这种考虑，再加上对冲动加以调节的本领和抽象思考的本领日益增强，使他们有动力和本领以下述方式表现自我：觉得能够与最重要的人建立想要的联系。

然而，服从者阶段的人很少意识到这是他们的潜在意图。某位管理者直到30多岁仍然处于服从者阶段，她说②：

我在田纳西州的一个小镇长大，后来进入大学读书，但在大学一年级时辍学结婚了。我们夫妻搬到亚特兰大，养育了两个孩子，并把家安在一个富人聚集的郊区。我非常想成为社区中社交团体的一员，因此积极投身各种活动，从志愿者工作到社交俱乐部、家庭教师协会的活动。我当时并没有意识到，我真正在做的是努力塑造自己想让他人看到的形象。这样度过了好几年，我并没有意识到这

---

① 参见詹姆斯·福勒：《信仰的阶段》。
② 这位管理者是第5章和第6章提到的卡伦，后来她担任一家社区发展企业的执行官。

些都不是我的真正兴趣。

专家阶段

绝大多数管理者都是在青春期晚期或此后不久成长至专家阶段。其间他们会形成强烈的问题解决导向，以及更独立地分析思考的本领。然而他们的关注点更多地在于完成任务和项目，而非实现长期目标。当面临多重任务时，由于各种原因，专家往往认为每项任务都非常重要，难以从当前情景退后一步并在行动过程中作出取舍。

服从者孜孜以求融入某些社交团体，专家则致力于脱颖而出。他们期望自己和他人都达到非常严格的标准，但下述本领非常有限：同情他人、理解那些与自己观点相左的人。当他们的优先事项与他人的观点冲突时，专家更可能坚持己见，不考虑他人的意见或不采纳他人的优先事项。专家难以平衡独断性和包容性权力风格。

专家往往孜孜以求改进工作绩效，完成工作任务。他们现在能够认识到，解决问题可能会有多种方式，而不是像处于服从者阶段时那样，试图用唯一正确的方式处理事务。然而，专家往往倾向于一次解决一个问题，把每个问题的解决都视为一项孤立的任务，并且他们难以退后一步，从而考虑各种问题可能如何相互关联。由于没有意识到这一点，他们采取的方法会受到存在局限性的个人观点和偏见的影响。他们假设自己的判断正确无误，所以不太可能用客观数据或不同观点来检验。

专家形成了一种反思意识，能够认识到反复出现的内心情绪，并发展出一种更独立的自我印象。现在，他们的自尊源自形成了自己的信念，即由于掌握的知识和技能而受到尊重，并因此能够说服他人。当他们感到在这些领域没有取得进展时，就会严厉地自我批评。这种自我批评倾向以及对正确无误的需求，共同导致他们不太可能征求他人的反馈意见。

实干家阶段

实干家形成了强有力的反思才能，并对自己生活和工作的社会与制度环境有了更深刻的认识。基于这些才能，他们形成了内在一致的世界观，以及明确的、经深思熟虑形成的人生原则与理想。他们能够战略性思考，而对未来成果的预见本领使得他们能够致力于2～5年才能实现的目标。

相比于专家，实干家具备想象自己处于他人情景的本领，这使他们具有更强的同情才能。当他们认为不同观点有助于实现所需的成果时，就会接受这些观点。在处理分歧时，他们可能独断（聚焦说服他人），也可能包容（聚焦理解或包容他人）。无论采取哪种方式，他们都很有可能在一定程度上平衡自己的主要风格与另一种风格。

在解决重要问题时，实干家想用可验证的数据诊断问题并予以解决。相比于专家，他们具有更强有力的反思才能，所以能够理解各种问题如何相互关联。他们可以使用各种框架把问题概念化或重新概念化，并能够把在某种环境中成功的方法用于其他环境，从而提出创新的解决方案。

实干家阶段形成的自我意识能够让他们反思最近发生的事情，记住自己采取某种行动的原因。通过上述反思以及新获得的本领（回忆处于人生不同时期的状况），他们形成了一种强烈的自我认同感。他们能够生动地想象自己的行动对未来的影响，所以有一种掌控自身命运的强烈意识，并且他们的职业自尊主要来自相信自己为取得的重大成果作出了贡献。

三个后因循阶段

针对大学以上学历成年人展开的研究表明，大约12%的人已经达到三个后因循阶段（促变者、共创者、协同者）中的一个或多个阶段。①

促变者阶段

促变者开始对变革与不确定性感到更得心应手，并且他们对生活与工作的环境形成了更宏观、更长期的看法。相比于实干家，他们的抱负往往更远大。他们还对生活质量和人生体验具有强烈兴趣。他们认识到，所需成果的持续实现有赖于更宏观的人际关系背景，因此强化这些关系成为重要事项。

促变者现在可以非常准确地设想处在他人的情景会如何，所以对他人具有更深刻的同情才能。他们会对不同的参照框架产生真正的好奇心，他们真心想要考虑新的可能性，所以会倾听他人的意见。在回应观点不同的人时，他们能够在独断与包容之间更自如地转换。

他们尝试不同参照框架的本领提高了，这使得他们的思考比处于先前阶段时更有创造性。他们对不同参照框架的力量有了更深刻的认识，这往往导致他们在构架问题并提出解决方案时质疑自己和他人的假设。他们更有可能把特定问题视为深层的、未解决的组织问题表现出的部分症状，并且能够更清楚地意识到解决方案可能导致意想不到的后果。

促变者形成了一种新的自我观察才能，能够识别自己的感受、假设、优先事项，否则它们会逃出自觉意识的范围。他们开始认识到，

---

① 罗伯特·凯根：《超越我们的头脑》，第185～197页。多数促变者都是在25岁左右或更年长时成长至该阶段。

自己对成就的需求在多大程度上源自对认可与赞誉的渴望。他们还发现，自尊的主要决定因素是对待成败的态度。他们会更积极地收集并利用反馈信息，更愿意接受并处理内心矛盾，更擅长应对不确定的新情景。

共创者阶段

相比于促变者，共创者形成了更充分的体验意识，这会孕育相应的心智才能与情感才能，从而构建深度相互依赖的关系。共创者致力于营造关系，开创事业，这些关系和事业反映了一种无形的、不断完善的人生使命感，增加内在满足感的同时为提高他人的生活质量指明了方向。

共创者具备更深刻地洞察不同参照框架的才能，从而强化了同情才能。他们更喜欢基于共同使命的合作关系，在这种关系中，相互承诺与尊重个人自主是相辅相成的两面。共创者营造这种关系的才能立足于下述因素：在坚持己见与适度接受他人需求之间保持平衡的本领。

共创者可以从多种参照框架（包括他们自己的）退后一步，并识别不同框架的异同。当他们面对相互对立的观点时，能够作出艰难的抉择。然而在重要问题上，他们通常拒绝立刻选边站队，而是在持有不同观点的人之间建立关系从而探索可能的解决之道。这种综合性思考才能使他们具备了下述本领：开展创造性解决问题的对话，从而产生真正双赢的解决方案。

相比于促变者，共创者形成了一种自我意识，这让他们能够更长时间与棘手的、陌生的感受共处。当他们意识到更广泛的感受与假设时，能够发现存在的内心矛盾。通过体验并解决这些矛盾，他们开始把先前忽视或隔离的"隐蔽面"与有意识的人格整合在一起。随着对自己的真实想法、感受与行为变得更熟悉，他们表达真实自我、尝试新观点和行为的才能也会增强。

协同者阶段

协同者具有强烈的愿望：全心全意地生活，高度关注人类面临的问题，人生使命感不断完善，并且这种使命在某种程度上涉及对人类问题的关注。即使在生活与工作环境中没人与他们持有共同的承诺，他们仍会继续积极行动，从而实现人生使命。许多协同者会有一种非凡的感受，自认为在正确的时间出现在正确的地点，并且对下一步行动具有强烈的直觉，这将使他们保持"有意识地觉察"。

虽然他们现在可以运用多种权力，但协同者会培养"临在的权力"，这是一种微妙的权力与敏捷度，源自活在当下的意识。随着这种才能的发展，他们可能会感觉到人、团体、组织内部微妙的能量动态，而处在先前阶段时他们不会意识到这些。他们也能够关注公共利益，同时准确地、充满同情地兼容利益相关者（包括他们自己）相互冲突的观点和利益。

当与他人共同解决非结构化问题时，协同者保持心智与情感复杂性的高超才能通常会孕育协同直觉，这种直觉会以对所有各方都有利的方式解决貌似不可调和的冲突。然而，即使直觉突破似乎做到了这一点，他们仍会通过征求他人的反馈意见并在实践中检验来测试其实际效用。

协同者全心全意生活的愿望，引导他们对自身的五种感官、实体存在、思考过程以及情绪反应形成直接的、注意当下的意识。因此，他们对思考和情绪反应的习惯模式形成了一种加强的、非评判的意识。这种意识激励他们进一步培养自己的注意力，以便能够使自己逐步从反应性心智和情感模式的支配下解脱。这也让他们体验到生活的喜乐与奇迹。

关于成长阶段的常见问题

当人们接触到成长阶段概念时，往往会有许多疑问。下面是我们对若干最基本、最常见的疑问的回答。你可以跳过与自己无关的问题。

每个人总是会以相同次序经历这些阶段吗？

是的。或许正是"每个人"和"总是"这两个在服从者阶段被过度使用的词，使人们在听到该答案时不禁一愣。生活中有多少事情对每个人而言总是如此呢？然而，多项跨文化的追踪研究反复证实，这种发展次序具有普遍性。在这些研究中，研究者从未发现有人越过某个阶段或以不同次序经历这些阶段。[①]

或许证实该结论的最简单方法是回忆自己早年的经历。在探索者阶段（婴儿蹒跚学步阶段）后，儿童会在其余的学龄前时期成长至狂热者阶段，该阶段的儿童学习语言并学会用文字和图像来思考。难以想象蹒跚学步的儿童能够跳过该阶段，也难以想象不会说话或用文字思考的儿童能够直接达到运算者阶段（小学阶段），并开始从概念上区分下述两种情况：把水从一个细长杯子倒进一个短粗杯子中，尽管水的形状发生了变化，但体积保持不变。

与此类似，难以想象狂热者阶段的五岁儿童能够跳过运算者阶段，突然形成在服从者阶段才会出现的抽象思考才能。由于每个阶段都在前一个阶段的基础上形成，所以我们更难以想象孩子能够以

[①] 参见皮亚杰：《皮亚杰文选》；科尔伯格：《道德发展论文集（第1卷）：道德发展哲学》；洛文杰：《自我成长》；凯根：《不断完善的自我》。

不同的次序经历前四个阶段。成年人阶段同样如此。如果尚未达到专家阶段,那么就不可能达到实干家阶段。若你处于实干家阶段,不可能突然达到协同者阶段,然后返回并经历促变者阶段和共创者阶段。

假如这些阶段的次序不能更改,那么个人是否可能达到某阶段之后退回先前阶段?

这种后退可能出现,并且确实曾经出现过,但几乎都是暂时的。20多年来,哈佛大学的罗伯特·塞尔曼①和同事从成长阶段视角研究玩耍的孩子,根据自己的见解设计相关方法以帮助孩子形成健康的、符合年龄的友谊。他们的研究基于长期的直接观察,表明玩耍期间的矛盾会恶化到一定程度,此时孩子的表现犹如处于先前的成长阶段。多数父母对此都非常清楚。②

同样的事情也可能发生在成年人身上。你可能会从自身的经历中想到某些例子。为了研究该问题,发展心理学家拉斯科与哈佛大学的研究生开展了一项研究。当学生参加非胜即败的竞争性游戏时,他们的表现往往犹如仍处于先前的成长阶段。一旦实验结束,他们就会恢复如初。③

在引言的脚注中,你曾经说,这些阶段并非指特定年龄的人生时期,也不是指两个阶段之间的"通道",如中年危机。但在描述许多阶段(尤其是早期阶段)时,你提到了人们最可能在什么年龄发展至该阶段。这些阶段是否与年龄相关呢?

在人生的早期阶段,通过年龄来预测成长阶段相对容易。然而研究表明,随着人们成长至每个新阶段,成长阶段与年龄之间的联系日

---

① 罗伯特·塞尔曼,美国教育心理学家,专门研究青少年的社会发展问题。——译者
② 塞尔曼和舒尔茨:《在青年时期交朋友》。
③ 我们通过拉斯科1982年秋在哈佛大学开设的成年人发展课程了解到该见解。亦可参见我们在第9章中关于情绪绑架的讨论。

益模糊。到 20 岁出头时，成长阶段与年龄之间的任何联系都已经消失。① 成年人的年龄与成长阶段在统计上无关，这反映了下述事实，即成年人的成长阶段不是自动实现的。因此，尽管早期的成长阶段与年龄密切相关，但不可能通过成年人的年龄来预测所处的成长阶段。我们已经提供了关于成长阶段与年龄的已知信息，以便帮助你更容易地把成长阶段与自己的人生联系起来。

高智商的成年人是否比其他人处于更高的成长阶段？

根据标准智商测试，高智商的成年人可能处于专家阶段，也可能处于协同者阶段或两者之间的任何阶段。② 我们把成长阶段界定为整个人的成长。随着人们从某个阶段成长至更高阶段，他们会获得相应的才能，从而更有效地应对变革和复杂状况。

当你说处于更高阶段的人比其他人更成熟时，是否主张以等级主义或精英主义方式看待人类？

本书提出的框架涵盖了人类发展的各个阶段，但不是一种等级地位体系。我们并没有说，当今处于商界、政界、社会顶端的人一定是更成熟的人。（我们可以很容易地想到，大量处于顶端的人并非很成熟。）我们说的是，随着自身的发展，你有效应对变革和复杂状况的本领会提高。换言之，各阶段的成长并非旨在实现完美，而是趋向完整。③

这种成长不会让你超越他人，但有助于你在当今复杂多变的世界中成为一名更高效的领导者。事实上，随着超越实干家阶段，你对自己和他人的态度会变得不那么自以为是，也不那么评头论足和等级分明。仅仅因为他人也是人类同胞，你就会表示尊重。

---

① 请查阅拉斯科开设的成年人发展课程。
② 请查阅拉斯科开设的成年人发展课程。
③ 在此我们感谢布拉克（Tara Brach）提出该构想。请参阅她的著作《彻底的接纳》(*Radical Acceptance*)。

超越协同者的阶段

20 世纪 50 年代，多数成长阶段心理学家认为，实干家阶段意味着成年人实现了全面发展。①现如今，许多人认为，共创者阶段或协同者阶段代表人类成长的顶点。我们赞同威尔伯、托伯特的观点：协同者阶段是通往人类下一个成长阶段（更少人能达到的成长阶段）的潜在门户。

威尔伯在早期作品中把协同者阶段称为"半人马"（the centaur）②阶段，这个术语旨在表达身心之间更有意识的联系。③尽管协同者代表着后因循阶段的顶点，但也可以作为威尔伯的第一个"超个人"成长阶段。④威尔伯使用这个术语指代一个转变过程，该过程超越了个人性格的发展。尽管超个人成长可能影响性格，但主要是指培养更无私的内在潜能，例如内心的宁静、智慧、怜悯等。

威尔伯的框架立足于广泛考察古代和现代形式的个人转变，超个人成长可能包含九个不同阶段。在《整合心理学》以及其他著作中，威尔伯把这九个阶段概括为四个发展层次，分别称为通灵层次、精微层次、自性（或无相）层次、不二层次。⑤托伯特在《行动探询》《平衡的权力》以及其他早期著作中描述了三个超越共创者层次的阶段，分别为：炼金术士阶段、讽刺者阶段以及用"？"表示的下一个阶段。托伯特的炼金术士阶段相当于威尔伯的通灵层次和精微层次；托

---

① 爱利克·埃里克森是这方面的例外，他提出的"繁殖感"（generativity）和"完善"（integrity）阶段暗示着超越了实干家阶段。参见科尔斯（Coles）：《埃里克森：观点的演变》（*Erik Erikson: The Growth of His Work*）。

② 半人马是希腊神话中的一种生物，上半身是人，下半身是马。——译者

③ 参见威尔伯：《阿特曼计划》。

④ 这是威尔伯在自己的语境中使用的术语，出现在《整合心理学》结尾处的图表中。

⑤ 此处以及表 B-1 中威尔伯提出的各阶段名称，采用了简体中译本的译法，参见威尔伯. 整合心理学：人类意识进化全景图. 聂传炎，译. 合肥：安徽文艺出版社，2015：235。——译者

伯特的讽刺者阶段相当于威尔伯的自性（或无相）层次；托伯特的?阶段相当于威尔伯的不二层次。① 在托伯特的三个最高级阶段与威尔伯的四个发展层次中，每个都包含多个阶段，所以可称为成长区域，类似于前因循区域、因循区域、后因循区域，每个区域都包括多个阶段。

注意，本书中所谓的"协同者层次"仅相当于托伯特炼金术士阶段的开端。与其试图更清晰地界定协同者阶段终于何处，下一个阶段始于何处，我们更希望把该问题（尤其是适用于领导力时）留待进一步研究，各种成长阶段的比较见表B-1。

表 B-1　各种成长阶段的比较

威尔伯	凯根	洛文杰	库克-格罗伊特	托伯特	乔伊纳和约瑟夫
前个人阶段					
感觉运动	合并	前社会化	前社会化		探索者
玄想-情绪		共生	共生		
具象思维	冲动	冲动	冲动	冲动者	狂热者
具体运思	专横	自我保护	自我保护	投机者	运算者
个人阶段			因循阶段	因循阶段	英雄式阶段

---

① 在《整合心理学》中，威尔伯试图比较自己的框架与托伯特的框架。到托伯特的实干家阶段，威尔伯的比较非常准确，但更高阶段的比较并不准确。

为了阐明自己提出的最高阶段与托伯特的阶段之间的关系，库克-格罗伊特基于回复"领导力发展问卷"的高级阶段个人的数据，并参考了有关超个人成长的文献，提出了两个超越我们所谓"共创者层次"的阶段。她把第一个阶段称为构建意识（construct-aware）阶段，第二个阶段称为合一（unitive）阶段。参见米勒（Miller）和库克-格罗伊特：《从后因循成长阶段到超越阶段》（From Post-Conventional Development to Transcendence）。根据我们对托伯特提出的最高级阶段的理解，库克-格罗伊特的构建意识阶段和合一阶段都属于托伯特提出的炼金术士区域，该区域包含多个阶段。更具体地讲，构建意识阶段相当于我们的协同者阶段，合一阶段相当于超越协同者的阶段，但正如她本人承认的那样，合一阶段的某些方面"可能涵盖几种不同的更高层次的知觉"。参见库克-格罗伊特：《论领导力发展框架中9个行动逻辑的详细发展过程》。

续表

威尔伯	凯根	洛文杰	库克-格罗伊特	托伯特	乔伊纳和约瑟夫
形式运思	人际	顺从	顺从	圆滑者	服从者
		谨慎/顺从	谨慎/顺从	专家	专家
	制度	谨慎	谨慎	实干家	实干家
			后因循阶段	后因循阶段	后英雄式阶段
后形式运思/统观逻辑		个人主义	个人主义	个人主义者	促变者
	个人间	自主	自主	战略家	共创者
		整合	构建意识	炼金术士	协同者
超个人阶段					
通灵			合一		
精微					
自性(无相)				讽刺者	
不二				?	

相关资源

为方便你了解关于领导力敏捷度的最新资源，我们建立了一个网站，网址是：www.changewise.biz。

这个网站旨在满足两类人的需求：管理者和从事领导力开发的专业人员（包括教练），提供的最新资源包括：

- 评估工具
- 讲座、研讨会、远程会议
- 论文与白皮书
- 关于领导力开发策略的咨询
- 行动学习项目
- 聚焦下列三个行动领域的领导力敏捷度工作坊
  - 关键对话
  - 团队领导
  - 领导组织变革
- 领导力敏捷度教练
- 对教练和研讨会主持者的培训与认证项目

如果你想要打造更敏捷的团队和组织，可以访问该网站寻找相关的咨询、培训与教练服务。

鸣　谢

本书的撰写时间超过四年，不仅有赖于我们自己的努力，也多亏许多人的无私指导与宝贵支持。

首先要感谢托伯特，是他介绍我们两位作者相互认识。托伯特还向我们介绍了成长阶段心理学，他主持或指导的许多早期研究项目确认了成长阶段与有效领导力之间的关系。托伯特无疑是我们的良师益友。

我们还要向客户、受访者、学生表示感谢，正是他们促成了本书的诞生。感谢他们与我们分享一切，感谢他们勇于尝试更敏捷的、更高效的领导方式。看到他们取得卓越的成就，我们感到与有荣焉。

感谢经纪人哈瑞克达肯（Sabine Hrechdakian），即使我们对某些内容仅有模糊的想法，他也能够深刻地理解。多亏了哈瑞克达肯的聪明才智与商业头脑，在本书出版过程中的许多关键时刻他给予了我们宝贵的指导。

感谢 Jossey-Bass 出版社的威廉姆斯（Susan Williams），她满怀热情，勇于同首次出版著作的作者开展合作。非常幸运的是，施耐德（Byron Schneider）担任我们的开发编辑。施耐德的周到建议与合作精神让我们深感愉快。还要感谢本书的审稿人，他们研究了大量早期材料，提出了对最终定稿具有决定性影响的合理建议。

我们还要感谢库克－格罗伊特的完美打分以及对领导力发展问卷的解释。她的专业知识与大力支持使我们的研究项目受益匪浅。感谢休利特（Dane Hewlett）慷慨地分享了关于更高级成长阶段的研究成果，帮助我们增加了这些阶段的领导者样本数量，并在维拉诺瓦大学成立了关于本书的第一个研究小组。我们期待库克－格罗伊特和休利特继续在该领域作出贡献。

特别感谢戴维斯（Sandy Davis），他是复原力领域的开拓者，也是ChangeWise公司的长期合作伙伴。戴维斯的坚定支持和鼓励，以及对相关实践的一贯承诺，让我们受益匪浅。

非常感谢约瑟夫（Alice Josephs），她以高度的敏感性和极大的毅力编辑了全部手稿。感谢卡尔萨（Sahib-Amar Khalsa），她愉快、迅速、可靠地撰写了高质量的采访记录。我们还要向所有为本书初稿提供宝贵意见的人表示感谢，他们是：怀特斯通（Debbie Whitestone）、德鲁斯特（Jeff Drust）、霍洛维茨（Mark Horowitz）、乔伊纳（Paul Joiner）、卢夫特曼（Michael Luftman）、普拉达（Roberta Prada）、坦尼森（Jean Tennyson）、韦斯曼（Mark Weissman）。

在本书的构思阶段，霍洛维茨（Stuart Horwitz）提供了宝贵的指导与鼓励，感谢他的见解、幽默与友谊。布拉克（Tara Brach）、卡瓦诺（Chris Cavanaugh）、科布尔（Kristin Cobble）、多金（Jill Docking）、杜梅因（Deborah Dumaine）、埃利斯（Sara Ellis）、埃弗雷特（Vivian Everett）、弗赖伯格（Marion Freiberg）、戈德费舍尔（Trevor Goldfisher）、戈德史密斯（George Goldsmith）、克鲁斯维茨（Nina Krushwitz）、莱塞（Marc Lesser）、诺瓦克（Bill Novak）、瑞安（Bill Ryan）、沙茨（Steven Schatz）、塞沙斯（Abby Seixas）、坦南鲍姆（Ann Tannenbaum）、威尔逊（Tom Wilson）等人也向我们提

供了宝贵的建议与支持。

　　最后，感谢我们的老师，从他们那里我们学到了许多真知灼见和宝贵做法。

比尔·乔伊纳

斯蒂芬·约瑟夫斯

Leadership Agility: Five Levels of Mastery for Anticipating and Initiating Change by Bill Joiner and Stephen Josephs

Copyright © 2007 by Bill Joiner and Stephen Josephs

Simplified Chinese translation copyright © 2023 by China Renmin University Press Co., Ltd.

All Rights Reserved.